붓다, 장애를 말하다

−장애란, 부러진 가지 옆에 새로 핀 꽃이다

智空 최재혁 지음

붓다, 장애를 말하다
- 장애란, 부러진 가지 옆에 새로 핀 꽃이다

초판 1쇄 펴낸 날 / 2016년 10월 17일

지은이 • 智空 최재혁 | 펴낸이 • 임형욱 | 디자인 • 예민 | 영업 • 이다윗
펴낸곳 • 행복한책읽기 | 주소 • 서울시 종로구 창신6나길 17-4
전화 • 02-2277-9216,7 | 팩스 • 02-2277-8283 | E-mail • happysf@naver.com
CTP출력 • 동양인쇄주식회사 | 인쇄 제본 • 동양인쇄주식회사
등록 • 2001년 2월 5일 제30-2014-27호 | ISBN 978-89-89571-95-7 03330
값 18,000원

• 이 책은 한국출판문화산업진흥원 2016년 우수출판콘텐츠 제작 지원 사업 선정작입니다.
• 이 책의 수익금 일부는 〈장애를 함께하는 부모마음회〉 등 장애관련 단체에 지원됩니다.

불교인문학총서 · 1

붓다, 사랑을 말하다

智空 최재혁 지음

행복한책읽기

세상이 아름다운 것은 다양해서입니다. 모든 것이 다르고 또 개성이 있고 이런 것들이 어우러지고 조화를 이룰 때 아름답다고 합니다. 한때는 획일적인 것이 멋있다고 생각한 적도 있습니다만 변화무쌍한 환경을 가진 우리는 획일적이어서는 생존을 할 수가 없습니다. 아직도 우리는 획일적인 것에 미련을 못 버리는가 봅니다. 그래서 자기의 시선으로 만남을 평가합니다.

그렇지 않습니다. 아름다움은 다양성이고 빛은 어두워야 밝아집니다. 우리는 이러한 진리를 한동안 잊고 살았습니다. 우리는 장애우들을 우리의 시각에서만 쳐다보았습니다. 아닙니다. 그들은 우리보다 더 밝고 더 맑습니다. 사실 그들은 우리입니다. 이 책은 우리가 한동안 잊었던 진리를 깨우쳐 줍니다.

강제상

현)경희대학교 행정학과 교수

전)한국인사행정학회 회장

전)경희대학교 입학관리처 처장

늘 현장에서 재활을 위해 환자치료를 하면서도 장애로 인한 그분들의 어려움을 깊이 생각해 본적이 없었습니다. 이 책은 장애에 대한 인식과 편견을 바꾸고 그분들의 어려움을 이해할 수 있는 좋은 계기가 될 것입니다.

현상욱

현)대구보건대학교병원 재활치료센터장

현)대구보건대학교 물리치료과 겸임교수

이 책은 장애라는 틀 안에서만 바라보았던 우리의 시각을 완전히 벗어나게 해주었습니다. 그들도 우리와 다름이 없는, 함께 살아가고 있는 존재임을 다시 한 번 느꼈습니다. 장애라는 두 글자만으로 우리와 분리된 현실을 살아가야만 했던 그들이, 함께하는 밝은 세상 속에서 희망을 품고 살아갈 수 있도록 우리 모두가 힘을 모았으면 합니다.

안나영

현)한국유소년스포츠학회 이사

현)한국발육발달학회 이사

현)부산여자대학교 겸임교수

이 책을 읽으며 '평등한' 이라는 단어가 떠올랐습니다. 부모의 마음으로 읽었습니다. 선생님의 마음으로 읽었습니다. 그리고 비장애인이 아닌, 똑같이 동등한 입장의 한 사람으로서 책을 읽었습니다. 한 구절에 가슴이 따뜻함을 느꼈습니다.

"마음 짐은 내려놓고 몸의 짐은 나눠 들자."

'평등한' 이란 '똑같다' '동일하다' 는 뜻을 가지고 있으며 이러한 마음가짐을 인생의 여정 속에서 얼마만큼 실천하고 살아갈지가 늘 저에게 숙제였으며 고민이었습니다.

이 책을 읽어 내려가는 동안 그 해답을 찾았습니다.

"마음 짐은 내려놓고 몸의 짐은 나눠 들자."

다시 노력하려 합니다.

이 책에서 그 힘을 받았기 때문입니다.

현장에서 무엇을 실천해야 할지, 무엇을 고민하고 함께 가야 할지 답을 얻었습니다.

장애인들의 인식과 편견을 위한 노력이 아닌, 동일하고 같이 나눠야 할 권리와 의무에 대해서 인식시켜 주셔서 너무나 감사합니다.

이 책은 그러합니다.

감사하고, 고맙고, 따뜻하고,

행복의 의미를 전달해주는.

몸과 마음의 일치를 위한 실천적인 방법을 제시해주셔서 감사하며 이 책이 앞으로 장애인들의 권리와 의무를 찾기 위한 초석이 될 것이라 믿습니다.

귀한 글, 귀한 내용에 감사드립니다.

김선희

한국재활필라테스연구회 회장

사)한국생활스포츠문화협회 부회장

영산대학교 겸임교수

현)The 퀸필라테스 대표

장애를 비추어 비장애인의 삶을 밝히며…

"내 온몸이 바로 뿌리야!"

'장애인'이라는 이름 아닌 이름을 이 땅에서 완전히 없애버리기 위한 해답을 자연으로부터 얻기로 생각하고 천년의 지혜를 가진 은행나무에게 장애에 대한 불변의 근본진실을 청했을 때 들려온 말입니다.

이 말을 듣는 순간 온몸에 전율이 찌릿하게 흐르며 '아! ~ 바로 이거구나' 하는 생각이 들면서 너무 기뻤습니다. 이렇게 해서 이 복음으로부터 글이 시작되고 위대한 성인의 위없는 지혜를 바탕으로 이 한 마디 구절이 글 전체를 끝까지 꿰뚫고 있습니다. 그렇게 온몸 가운데서 장애 속에 은밀하게 숨어있는 삶의 중대한 의미를 밝히는 동시에, 안팎의 장애를 자연스럽게 받아들이고 부드럽게 다루어가면서 근본적으로 넘어서는 길을 두루 펼쳐 장애의 몸이 가지고 있는 무한한 가능성의 문을 활짝 열고 희망의 빛을 환하게 밝혀봅니다.

우리는 머리 따로, 팔다리 따로, 몸통 따로, 눈과 귀와 입 따로, 마음 따로 각각 굳게 나누고 있지요. 그래서 어느 부분이 손상되면 그만 막히게 되고 절망하고 맙니다. 우리는 장애에 지배되어 사느냐, 아니면 장애를 부리며 사느냐 하는 선택을 할 수 있습니다. 발을 동동거리거나 마냥 열심히 해서만 될 일이 아닙니다. 상황이 중대한 만큼 더욱 진지하게 제대로 알아야 되겠지요.

이 글을 통해 '내가 그 몸의 주인이며 장애란 없고 장애가 아니' 라는 은행나무의 자비로운 가르침이 과연 사실인지 한 번 확인해봅시다. 그러면 온몸이 뿌리가 되어 부러진 가지 옆에 새로이 인생꽃을 이전보다 더욱 예쁘고 강하게 피울 수 있게 됩니다. 그 때 장애는 삶의 끝이나 최종결과가 아닌 것이 되고, 또 다른 능력을 발휘하는 계기가 되며, 내가 길을 새로 정하는 출발점이자 내 고유의 여정이 될 뿐이지요.

장애인은 결코 약자가 아닙니다. 몸이 단점인 만큼 알고 보면 장애가 가진 장점은 비장애의 장점을 크게 뛰어넘습니다. 이 글에서 장애가 가지고 있고 발휘하는 특출난 능력과 그 이치를 간략하게 드러냈습니다. 그래서 장애를 가지고 있으면서도 극복하고 큰 일을 해낸 인물들이 어떻게 가능했는가 하는 점이 이해될 것입니다. 그리고 평범한 장애인인 나 자신도 두려움이 수그러들고 포기와 망설임을 넘어 새로운 안목으로 용기를 갖고 힘차게 앞으로 나아갈 길이 자연스럽게 보일 것입니다. 긍정적인 마인드로 한계를 스스로 단정짓지 않고 장애를 크게 극복할 수 있다는 사실을 알게 됩니다.

착한 이들의 따뜻한 손길로 장애인을 힘껏 여러모로 돕는다고 하더라도 이것만으로는 부족한 법이지요. 여전히 장애와 비(非)장애를 나누어 생각하고 있는 이분법에서 벗어나지 못하고 있기 때문입니다. 그래서 도움을 줄지언정 장애인의 마음이 정녕 비장애인과 똑같아지지 못하고 삶 그 자체는 밝은 지표가 없이 방치되어 있게 되며 진정 하나가 되어 한마음으로 함께 하지 못하게 되니 서로가 모두 힘들게 됩니다.

그래서 장애인에게 편견을 갖지 않고 있는 그대로 보고 존중해야 되는 근본이유를 자연으로부터 밝히고 장애의 특수성을 비장애의 보편성 속에 녹여 갈등과 다툼을 없애며 한마음으로 상생(相生)할 수 있도록 소통시켰습니다. 또한 우리 모두가 장애로부터 마음이 빠져나오게 되어 장애와 장애인이라는 허상에 더 이상 놀아나지 않을 것입니다. 그리고 은행나무의 말이 비단 장애인에게만 해당되겠습니까?

이 글에서 장애(장애인)라는 용어는 장애를 벗어나기 위한 전제로서의 장애일 뿐이고 장애가 있다는 의미에서의 장애가 아님을 밝힙니다. 또한 진실과 지혜는 항상 생각과 인정(人情)을 살짝 넘어서므로 진정한 자유를 얻게 해준다는 엄연한 사실도 고려해주시기 바랍니다. 알수록 조심스러운 것이 정상이고 장애일수록 당당한 것이 바른 모습이듯이 이 글을 기반으로 장애를 보다 큰 안목으로 보고 살펴 장애에 대한 인식과 대처가 새로운 차원으로 옮겨졌으면 합니다.

아울러 가볍지도 않고 무겁지도 않은 이 조그마한 글을 쓰게 된 계기를 마련해준 제자 이창영 박사님께 감사드립니다. 장애아동을 열성껏 재활치료하고 그 가정을 돌보면서 삶에서 무엇이 가장 소중한 것인가를 깨닫고 잘 지켜나가고 있으니 정녕 내가 나 자신에게 그리고 세상에게 이미 귀한 사람입니다.

"장애를 비추어 비장애인의 삶을 밝히고 비장애를 비추어 장애인의 삶을 밝힌다."

2016년 4월 20일

도봉산 화광선원에서

智空 최재혁 씀

차례

추천사······ 5

머리말······ 9

1장 장애란 부러진 가지 옆에 새로 핀 꽃······ 15

2장 꽃을 피우면 잎을 보지 않는다······ 51

3장 진주를 품는 조개의 뜻······ 115

4장 마음 짐은 내려놓고 몸 짐은 나누어 들자······ 163

5장 함께 피워올린 사랑꽃 속에서 마음껏 웃다······ 205

6장 장애를 연꽃 위에 살며시 앉히다······ 257

7장 붓다, 꽃 한 송이 들고 장애 속으로 걸어 들어오다······ 315

맺음말······ 350

1장

장애란 부러진 가지 옆에 새로 핀 꽃

1장
장애란 부러진 가지 옆에 새로 핀 꽃

"장애와 비장애의 모습에 대한 생각은 모두 망심(妄心)일 뿐이고

양자 모두 진여(眞如)로서 일미(一味)이니 차별이 없고 평등하다"

— 원효대사

불의의 사고로 두 다리를 잃은 어느 중년의 현자(賢者)가 휠체어를 몰고 동네 어귀의 천년된 은행나무 아래에 힘들게 이르러 바람을 쐬며 잠시 휴식을 취하고 있었다. 늦가을 고즈넉한 정취에 현자의 마음이 온통 노란 빛깔로 물들었을 때 문득 은행나무가 자기와 비슷한 신세라는 처량한 생각이 들어 은행나무에게 마음속으로 무심코 물었다.

"어떻게 천 년이나 버텨올 수 있었습니까?"

그러자, 순간 은행나무의 웃는 표정과 더불어 따뜻한 말이 전해온다.

"내 나이는 아직 천년에 조금 미치지 못한다네. 그런데 나이가 무슨 상관인가? 일 년 속에 천년이 들어 있고 천년이 일 년인 걸. 어느 시간을 갖는가는 나 자신에게 달려 있지."

살아온 세월과 남아있는 시간을 헤아리던 현자는 문득 시간으로부터 자유로움을 느꼈다.

"내 몸을 잘 만져보게나. 어디 매끈한 곳이 있는가?"

현자가 이리저리 살펴보니 과연 그렇다. 노인의 생생한 주름처럼 온 몸이 울퉁불퉁하게 깊은 골을 이루고 있다. 오랜 세월 비바람을 품어온 흔적이다.

"내 몸 속에 무엇이 들어있는지 보이는가?"

아무리 정신을 집중해서 쳐다봐도 나무의 속살만 보일 뿐 다른 것은 보이지 않았다.

"비바람이 세차게 몰아쳐 가지가 부러지면 많이 아팠지. 하지만 생긴 것은 언젠가는 사라지는 법이니 조금도 미련 둘 것 없지. 그리고 사라진 그 자리가 곧 새로 생기는 자리가 되니 그 자리를 뿌리삼아 그 옆에 또 다른 가지를 만들어냈지. 힘들게 새로 만든 가지마저도 부러지면

땅 속으로 뿌리를 더욱 깊이 내려 땅의 힘을 얻어 또 새로운 가지들을 끊임없이 만들어내 노란 옷을 입었지. 그러니 내 온몸이 바로 뿌리야. 그러다가 타는 가뭄에 온몸이 메말라 비틀어지면 마을사람들이 와서 술과 음식을 대접하며 내가 힘을 내 무사하기를 간절히 기원했어. 나는 사람들의 그 마음을 얻어 가뭄을 이겨냈어. 땅이 내 잎과 열매를 받아먹고 있으니 아무리 메마른 땅이라도 내 몸과 둘이 아니라서 땅이 없어지지 않는 한 결코 내가 죽지 않는다는 믿음은 큰 도움이 되었어. 그렇게 해서 나는 천 년의 세월을 지금과 같은 모습으로 바꾸었네. 내 몸속에는 그 마음들이 잔뜩 들어가 있지. 노란 부채와 동그란 알을 사람들이 주워 가지만 이것들이 바로 자기 자신들의 마음인 것을 알고 있는지 모르겠네, 그려."

은행나무가 천 년 동안 묵혔던 말을 담담하게 꺼내 보여주자, 죽는 것보다 사는 게 더 두려웠던 현자는 한여름 버들잎처럼 축 늘어져 있던 온몸이 꿈틀거리면서 세상을 뒤덮고도 남을 정도의 자신감이 충만해졌다. 그래도 마음 한 구석에 자리잡고 있는 갑갑함은 여전히 사라지지 않았다.

"한 자리에만 오랫동안 움직이지 못하고 있으니 갑갑하지 않습니까?"

"자네는 그 동안 여기 저기 돌아다녀서 행복했는가?"

"……."

사실 그랬다. 어딜 가나 조금 지나면 지루해지고 또 새로운 자리와 인연을 따라 발걸음을 옮기는 짓을 태어나서부터 지금까지 반복해오고 있었으니 고독은 예나 지금이나 여전하고 바람 따라 구름 따라 흐르는 고달픈 인생길이었다. 지금 가만히 앉아 은행나무와 자기 자신을 바라보고 있는 이 순간이 가장 행복한 시간이었다.

"나는 묵묵히 이곳에 머무르면서 쉬지 않고 먼 길을 걸어왔네. 자네는 때가 되면 힘 없어지고 사라지는 두 다리만 있었지만 나는 보이지 않는 발을 가지고 움직이지. 여기서 스스로 지키며 도를 닦은 탓에 다른 자리를 가보지 않고도 모두 보고 알게 되었어. 그러니 내 온 몸이 바로 발이야. 자네가 언제 어떤 모습으로 어디에 있건 자네 꿈속에까지 들어가 볼 수 있지. 허허허!"

현자는 놀랐다. 실은 어젯밤 꿈속에서 이 은행나무를 보고 오늘 찾아온 것이기 때문이다.

"이 자리가 내 몸이 되니 나를 찾아오고 나를 스쳐지나가는 모든 이들을 아무 거리낌 없이 반길 수 있게 되었네. 그러면서 이들이 원하는 만큼 내 힘과 마음을 줄 수 있게 되었지. 내가 중심이 되니 햇살과 별빛,

바다가 모두 나에게 늘 머물러 그다지 외로울 것도 없어. 자네는 이제서야 겨우 눈과 귀를 찾아 나를 보고 내 말을 들을 수 있게 되지 않았는가? 그나저나 잃어버린 두 다리는 도대체 언제 찾을 건가?"

다리가 없어지고 하루하루를 창밖을 바라보며 힘들어했던 현자는 다리뿐만이 아니라 눈과 귀까지 멀어 있었음을 미처 모르고 있었던 사실에 부끄러움을 느꼈다. 그리고 걸림 없는 마음이 곧 부러진 가지 옆에 새로 꽃을 피우는 원동력임을 깨닫게 되어 더 이상 다리 때문에 불행을 느끼지 않게 되었다. 다리가 사라진 탓에 오히려 마음이 열렸던 것이니 태어나 처음 느낀 기쁨이었다. 그리고는 사람들에게 외쳤다.

"나는 다리를 잃고 다리를 얻었다!"

이 말을 듣고 많은 이들이 크고 작은 깨달음을 얻었고 현자 역시 진정한 현자가 되었다.

붓다가 말한다.

"몸의 장애가 마음의 빛과 희망을 결코 짓밟을 수 없다. 어떻게 살게 될 것인지는 오로지 마음에 달려 있다. 그 마음이 청정하다면 몸이 그대를 결코 붙잡지 못할 것이니 해탈은 평등하다."

몸이 불편할수록 마음이 더욱 더 소중해진다. 몸이 자유스러우면 마음을 잘 단속해야 되고 몸이 부자유스러우면 마음을 더욱 자유롭게 해야 되는 법이다. 몸의 장애는 마음의 자유를 얻으라는 독촉장이라고나 할까. 마음이 자유로워지면 몸은 비로소 마음을 따르게 된다.

어느 사회를 막론하고 전체 국민의 7~8%는 영구적인 신체장애를 가진 시민으로 구성되어 있다고 한다. 또한 5~7%에 해당되는 각종 정신질환자와 정신지체인을 포함하면 전체 국민의 12~15%가 장애인이라는 결론을 내릴 수 있다.

우리나라는 2015년 현재 장애인 250만 명 시대, 이 가운데 지체장애가 거의 절반을 차지하고 있다. 장애인가족까지 합치면 거의 1,000만 명 가까운 사람이 장애의 직접적인 영향권 내에 들어 크고 작은 고통에 오랫동안 시달리고 있으니 일가친족을 포함하여 그 가운데 장애인 한 명 없는 집은 찾아보기 어려울 지경인지라 정녕 남의 일이 아니게 된다.

인구 64만 명에 불과한 제주도에만 장애인이 5만 명쯤이나 된다. 우리나라 장애인들 가운데 약 90%가 멀쩡한 몸으로 살다가 각종 불의의 사고나 병변 등으로 인해 장애인이 된 사람들이며 선천적으로 장애를 가지고 태어난 사람은 불과 10% 안팎이다.

우리나라 장애인의 40% 가량이 65세 이상 노인이고 가족과 떨어져 혼자 지내는 1인 가구 비중도 꾸준히 증가하고 있다. 모든 가구원이 장애인인 가구도 증가하였다. 북한은 인구의 5.8%인 140만 명 정도가 장애인이라고 한다. 남북한 합해서 거의 400만 명 정도가 장애인이니 놀랍지 않은가? 이 정도면 가히 우리는 보이지 않게 장애와 늘 함께 살고 있다고 해도 과언이 아니고, 장애가 인간의 삶에서 예외나 비정상이 아니라 처음부터 인생의 한 부분이라는 사실도 분명하게 알 수 있다.

지금 이 시간에도 테러와 범죄, 사고 등으로 수많은 장애인이 생겨나고 있으며 영구장애인도 늘어가고 있는 중이다. 그러므로 누구나 살아가면서 직간접적으로 장애를 얻어 그 신체로 살아갈 수가 있다는 점을 알아야 할 것이다. 나 또한 현재 멀쩡한 몸 가치에서 장애인을 이해할 것이 아니라 향후 장애인으로서 살아갈 수도 있다는 차원에서 장애인들을 바라보고 이해해야 할 것이다.

장애인들이 원하는 것은 크게 도움을 받는 것이 아니라 그나마 몸이 성한 사람들의 조그마한 배려다. 배려란 존중이 바탕에 깔린 도움이기도 하다. 누군가의 평범한 일상이 어떤 사람에게는 아주 견디기 힘든 일이 될 수 있다. 몸이 불편해져 말 한 마디, 표정 하나에도 큰 영향을 받는 상태인 만큼 조그만 배려라고 할지라도 장애인에게는 결코 사소한 것이 아니다. 그러므로 그 마음을 살피는 작은 배려 하나가 큰 기쁨을 만들어낼 수 있게 된다.

페이스북에 최근 올랐던 사례다.

미국 조지아주 더글라스빌의 한 레스토랑에 점심 무렵 어느 남성이 들어섰다. 그는 두 손이 없었다. 음식을 주문할 수는 있지만 떠먹을 수가 없다. 레스토랑 종업원 알렉스 루이즈(22)는 잠시 후 자기를 도와줄 수 있느냐는 남성의 말을 들었다. 알렉스는 망설이지 않았다. 그는 남성 앞에 앉아 시종일관 미소를 잃지 않고 직접 숟가락으로 음식을 먹였다. 어떠한 불평도 없었다. 알렉스는 남성이 밥을 다 먹을 때까지 약 30분간 자리를 떠나지 않았다. 알렉스의 훈훈한 행동에 주변 손님들 시선이 쏠렸고 감동을 받았다. 알렉스는 남성이 자리를 뜬 뒤 동료의 박수를 받고는 "옳다고 생각하는 일을 하게 돼 기쁘다"라고 말했다.

장애인은 용기있게 비장애인에 대한 믿음을 드러내고 비장애인은 망설이지 않고 장애인의 마음을 깊이 배려하며 영혼의 음식까지 제공했다. 여기에 어디 장애와 비장애가 있는가? 오로지 하나가 된 아름다운 마음만 그 자리를 가득 채운다. 그 향기를 맡고 우리는 인간성에 대한 희망을 발견하고 믿음을 이어갈 수 있게 된다.

우리의 옛 선조들이 장애를 어떻게 보고 장애인을 어떻게 대했는가를 살펴보면 놀랍게도 우리나라가 단연 전 세계에서 장애인들에게 최고의 복지국가였음을 알 수 있다.

"나라에 흉년이 들었더라도 외롭고 의지할 데 없는 사람과 장애인에게는 우선적으로 관가에서 양식과 필요한 물품을 마땅히 내주어 굶는 일이 없도록 하라. 그리고 여든이 넘은 노인들과 장애인들에게는 제각기 그들을 돌봐줄 시정(활동보조인) 한 사람씩 보내거라."

이는 『고려사(高麗史)』에 수록된 내용 중 하나다. 이때 벌써 도우미를 24시간 국가에서 지원해주었고 일반인들은 굶어도 장애인들은 굶지 않도록 했으니, 똑같이 굶어도 마음이 다르게 되는 것을 경계하였다. 장애로 인해 스스로 일반인과 차별된 다른 마음을 갖지 않도록 세심하게 배려했던 것이다.

이는 반드시 재정이 넉넉해서 그런 것이 아니라 휴머니즘 정신을 갖고 있었던 것이라고 볼 수 있다. 지금은 일반인이 우선이고 장애인은 뒷전인지라 쥐꼬리만한 돈을 남겨 이들에게 복지라고 외치며 던져주고 있다. 그만큼 차가운 사회가 된 것이다.

전통시대의 장애인정책은 가족부양이 원칙이었다. 만약 가족이 장애인을 부양할 수 없을 때에는 친척과 이웃 등 마을공동체에서 지원해주었다. 장애인에게는 많은 사람들의 집단적인 지원이 필요함을 알고 가족만이 그 부담을 감당하도록 내버려두지 않았다. 마을 전체가 장애인에게 음으로 양으로 지지가 되어 주었으니 그 마을의 장애인들이 얼마나 든든했겠는가? 그리고 몸이 멀쩡한 사람들도 역시 혹시 장애를 입었을 때의 사회적 소외나 편견의 큰 두려움에서 늘 벗어나 있었다. 지금은 공동체의식이 붕괴되어 요양원 등 시설에 격리시키는 고통에 사로잡혀 있다.

장애가 있는 부모를 극진히 모신 자식들에게는 효자비를 세워 가문의 명예가 되게 해서 부모님을 힘들게 모시는 데 대한 위로와 용기를 불어넣어주었다. 또한 장애인을 학대하거나 구박한 사람에게는 그 죄질에 따라 지위고하를 막론하고 당시 법정최고형인 참형이라는 극형으로도 다스렸다고 한다.

그 예로, 조선의 3대임금인 태종의 조카 이조가 맹인을 폭행하여 사망케 한 일이 있었는데 왕족임에도 불구, 왕명에 의거 모든 재산을 다 빼앗고 귀향을 보낸 사실이 있었고, 장애인이 무고하게 살해되는 사건이 발생하게 되면 제도적으로 사고가 발생한 고을의 등급이 떨어지게 하여 불이익을 주었으니 장애인의 목숨을 더없이 소중하게 존중해주었다.

지금 시대에는 사람 목숨이 돈으로 환산되고 그것도 싸구려가 된 세상이니 사회적으로 쓸모없는 인간으로 취급받는 장애인에게는 또 다른 지옥이 되고 있다.

조선시대에는 고려시대에 이어 복지정책이 훨씬 더 체계적으로 발전했다. 왕궁을 짓거나 도성을 쌓을 때 모든 백성이 동원되어야 할 때도 장애인을 제외시켰으며, 조선 태조 때에는 장애인들에게 위와 같은 잡역을 포함하여 조세와 부역까지도 모두 면제해 주었다. 그리고 장애인 죄인에게는 형벌을 가하지 않고 베로 대신 받게 했으며 연좌제에서도 제외시켜주는 특혜도 주어졌다.

이것은 장애인을 사회의 일원에서 배제시킨 것도 아니고 무능력자라고 생각해서 얕보는 것도 아니고 불쌍하다고 동정하며 단순히 봐주는 것도 아니다. 이는 비장애인에게 사회로의 적극적인 참여를 유도하기 위해 자립정신을 중요시한 것을 보면 알 수 있다. 장애인들이 자신에게 맞는 최상의 능력을 발휘할 수 있도록 차별화된 직업을 가지도록 하여 특별히 그 기회를 보장해 주었으니 장애인의 사회참여는 물론 정치참여까지 대단히 중요한 문제로 다루었다. 단순히 생계유지나 하는 단순하고 저급한 일자리가 아니었으니 장애인에게 주어진 일자리 차원이 지금과는 전혀 달랐던 것이다. 많은 장애인들 역시 자기만의 특기를 갈고 닦아 익혀 일반인에게 전혀 뒤지지 않고 오히려 더욱 뛰어났던 것이다. 지금의 장애인 교육에서 크게 본받아야 될 점이기도 하다.

장애인을 위한 점복사(점을 보는 사람), 독경사(자리에 앉아 북을 치며 경문을 읽는 것으로 가정에 복을 빌어주거나 재앙을 물리치는 한편 질병을 예방하기도 한 직업), 악공(악기를 연주하는 사람) 등의 전문직 일자리를 부여해 주었으며 당연히 훌륭한 장애인예술가들도 많았다.

그리고 양반계층의 장애인은 과거를 통해 관직에 나아가는 데 아무런 제약이 없었으며 능력만 있으면 적재적소에 배치하여 높은 벼슬을 할 수 있도록 우선적으로 배려해 주었다. 그 결과 척수장애, 간질장애,

지체장애, 청각장애, 시각장애, 정신장애 등의 온갖 중증장애를 갖고서도 정승과 대제학, 대사헌 등 최고위직에 오른 인물들이 많았다. 장애인의 정치참여가 이 당시에 이미 완전하게 실현되어 있었다. 장애인에 대한 편견과 소외는 우리 민족에게는 애당초 눈꼽만큼도 없었던 것이다.

조선시대의 시각장애인들 가운데 특히 점술가가 많았다. 조선왕조실록에 나오는 유명한 점술가들(김숙중, 김학루, 박종선, 지화, 승려 유담 등)이 모두 맹인이었다.

지화(池和)라는 맹인점술가는 조선 전기의 태종·세종·단종 3대에 걸쳐 왕실의 크고 작은 일에 참여할 만큼 이름이 알려지기도 했다.

세종 27년에는 국가에서 최초로 시각장애인들을 대상으로 하는 직업교육을 실시하기도 했는데, 운명을 점치는 학문을 배운 젊은 맹인들 중 뛰어난 실력을 보인 인재들은 관직에 나아가기도 했다.

조선 명종 때는 타고날 때부터 맹인이었던 유명한 맹인점술가 홍계관(洪啓觀)이 있었다. 그의 점술이 너무나 신통방통하여 조선을 떠들썩하게 했고 큰돈을 벌었으며 사람들이 그의 이름을 팔고 다녔다고 한다. 이른 바 맹인점술가의 시조인 셈이다.

『홍길동전』을 지은 허균(許筠)의 문집에는 점술로 유명한 이광의(李光義)라는 맹인점술가가 소개되어 있다.

이광의는 본래 사족 출신으로 충의위(忠義衛)의 6품 관리인데, 어느 날 눈병으로 시력을 잃고 말았다. 그래서 관직을 버리고 그때부터 음양

학을 공부하였다. 그런데 점치는 기술이 매우 신이하여 점을 쳤다 하면 모두 들어맞았다고 한다. 허균의 앞날에 일어날 일도 척척 맞추었다. 임진왜란 중에는 강원도에서 병화(兵禍)를 피하였는데, 번번이 왜적이 쳐들어올지 여부를 미리 점쳐 사람들을 인솔하였다. 그 때문에 목숨을 구한 사람들이 매우 많았으며 사람들은 그를 신(神)이라고 불렀다. 그는 자신의 집 이름을 '탐원와(探元窩)'라고 했는데, 이는 '근원을 탐색하여 군생을 교화한다(探元化群生)'는 말에서 따온 것이었다.

진리는 장애인에게도 늘 열려 있다. 그러나 조선 후기에 들어서면서 고루하고 인간적인 틀에 국한된 사상인 성리학의 영향이 커져 장애인에 대한 편견이 점차 심해지게 된다. 장애인들의 초월적이고 신령적인 능력들을 알고 개인적 성취와 공익을 위해 활용하는 것에 눈을 감아버린 것이다. 점복과 독경은 점차 유학자들의 비판을 받았고, 시각장애인들의 사회적 지위는 크게 낮아지고 말았다. 한국전쟁 때는 맹인점술가들이 종로 3가에서 남산으로, 그리고 미아리에 자리잡으면서 지금의 미아리 점성촌이 탄생하였다.

국가에서 직접 운영하거나 지원해주는 장애인단체도 많았다. 시각장애인의 예를 들면, 이들의 먹고 살 길을 관장하는 국가기관인 명통시(여기 소속된 시각장애인들은 나라 안위 기원과 기우제 등 국가의 공식행사를 담당하였으며 해마다 곡식을 지급), 장사하는 시각장애인들이 모여 만든 명통, 시각장애 음악인단체 장악원 등이 있었다.

시각장애인도 눈 뜬 사람과 같이 밖의 세상과 밝게 통하고 있음을 알고 '명통(明通)'이라는 이름을 붙여주었다. 그리고 장애인들이 살아가는 데 불편함이 있으면 언제라도 임금님께 집단행동으로 상소할 수도 있었다. 장애인이 정부에 대한 불만이 없고 임금을 진심으로 존경하게 해주었으니 권력의 진정한 권위는 완전한 소통에서 나오는 법이다.

고려시대와 조선시대에는 수시로 장애인을 위한 잔치를 정기적으로 실시하고 끝나면 장애인을 위한 전용물품을 나눠 주기도 하였다.

『심청전』이 효심을 강조하기 위한 소설이라고 하지만 그 배경에는 장애를 대하는 개인적, 사회적 마음이 깔려 있기도 하다. 봉사인 아버지의 목숨을 살리기 위해서가 아니라 단순히 아버지가 살아있는 동안 눈을 뜨고 세상의 모습을 잠깐이나마 보도록 해주기 위해 이팔청춘의 꽃다운 몸을 인당수에 던졌다. 안구이식수술이 없었던 시대의 안타까운 모습이다. 다행히도 용왕의 도움으로 살아나 왕비가 된 심청이가 시각장애인들을 초청하여 잔치를 벌이며 아버지를 찾고 눈을 떠서 모두가 기뻐하였다. 지극한 효심이 눈을 뜨게 했다는 것은 몸보다 마음이 우선이라는 것을 강조하고 있으며 이런 마음은 신의 도움을 크게 받는다는 사실도 일깨워주고 있다.

위 역사적 사실들을 되짚어 보건데 옛 시대의 장애인들에게는 참으로 사람답게 살만한 세상이었던 것이다. 우리 선조들은 장애를 단순히 질병 중의 하나로 여겼다고 볼 수 있으며 장애의 모습에 따른 주관적 차별성은 전혀 없었다. 일반인과 똑같이 능력만 가지고 있으면 출세했고 기회가 주어졌으며 사회 속에서 전혀 눈치보며 살 필요가 없었다. 이들이 사회의 낙오자가 되지 않도록 애쓰고 소질과 능력을 개발하고 발현할 수 있도록 다양하게 지원하는 등, 주어진 인간의 권리를 서로 평등하게 나눌 수 있도록 얼마나 덕치행정(德治行政)을 세심하게 펼쳤는가를 잘 알 수 있다. 특히 임금을 비롯하여 왕정에서 주도하여 먼저 모범을 보였으니 정치인들이 본받아야 할 점이다.

불교의 자비와 평등, 유교의 충효와 인(仁), 고유의 민간신앙 등이 하나로 어우러져 장애인은 사회의 당당한 일원이었던 것이다. 숭유억불 시대의 조선도 장애인에게만큼은 철저하게 불법(佛法)의 가르침을 따랐다.

우리 민족은 불교와 유교, 민간신앙의 영향으로 자비와 평등, 그리고 인과사상이 유전자 깊숙이 스며들어 있다. '장애인도 곧 부처고 장애 자체가 고정됨이 없이 공(空)' 이라는 혁명적인 가르침은 장애와 비(非)장애의 모순과 대립을 해소하고 장애인에게 신성한 존엄성을 갖추어주면서 비장애인과의 절대평등을 이루었다. 또한 현상계의 안이비설신의(眼耳鼻舌身意)와 색성향미촉법(色聲香味觸法), 즉 생긴 모습과 처지는 본래 무(無)이므로 여기에 마음을 붙이거나 마음이 걸리면 오히려 업(業)이 된다고 하면서 장애로부터 마음을 철저하게 해탈시켜 자유를 얼도록 해주고 있다. 나아가 대승(大乘)사상은 미물까지도 포함한 일체생명을 평등하게 자비심으로 구제하는 것이니 하물며 같은 인간인 장애인은 포용하고 함께 도우고 살며 진리를 향해 나아가는 동반자의 지위가 됨은 당연하다.

그리고 원효대사도 "장애와 비장애의 모습에 대한 생각은 모두 망심(妄心)일 뿐이고 양자 모두 진여(眞如)로서 일미(一味)이니 차별이 없고 평등하다"고 했다. 모습의 차별에 따른 다툼을 화쟁(和諍)시켜 평화를 이루었다. 그리고 몸의 장애도 삼매(三昧)에 들어가는 데 아무런 걸림돌이 되지 않는다. 또한 일체유심조(一切唯心造)이니 인생이 몸이 아니라 오로지 근본마음에 달렸을 뿐이라서 장애는 전혀 문제가 아니고 또한 마음의 힘으로 장애를 얼마든지 극복할 수 있음을 알려주었으니 장애인에게 가장 큰 용기와 희망이 되었다. 또한 장애인을 괴롭히면 천벌을 받고, 도와주면 공덕을 쌓고 업장이 소멸되며 복이 주어진다는 인과법을 일깨워 장애인에 대한 악행을 경계하고 선행을 키우도록 하고 있다. 그리고 인과법으로 획일적인 평등을 피하면서 개개인마다 고유의 의식을 갖게 되므로 장애인도 인과를 받아들여 스스로 안팎에 대해 지나친 분노심과 투쟁심을 갖지 않도록 해준다.

이렇게 천지자연의 대도(大道)와 인성(人性), 개인과 전체가 치우침이 없이 하나로 융합되어 있는 부처님의 지혜를 바탕으로 해서 집단전체의 상호관계는 장애인에 대해 자비와 평등이 근본의식을 이룬다. 이것은 장애에 대해 배타적 인식을 갖지 않으며 장애를 아무렇지도 않게 비장애와 차별 없이 동등하게 받아들이고 또한 (장애에 대한 개인적인 책임은 비록 있지만) 공존하면서 함께 잘 살아야 된다는 사고방식으로 자연스럽게 나타난다. 장애로 절망하지 않도록 상호존중과 통합과 공동복지를 추구하게 된다. 동시에 인과를 넘어서 장애인의 마음과 능력을 밝히고 가능성을 더없이 크게 해주니 불법(佛法)은 장애인과 그 사회에게 영원한 복음이자 어둠 속에서 활활 타오르는 등불이 아닐 수 없다.

동양의 도(道)에서는 '인간의 몸이 곧 소우주(小宇宙)' 라고 했으니 장애의 몸 또한 인간의 몸이므로 소우주에 다름이 없음을 의미하여 우주를 구현하고 있는 몸이 된다. 또한 자연과 인간은 일체이니 인간의 장애 역시 혼돈이나 특별난 것이 아니라 비장애와 같이 질서가 있고 자연스러운 현상일 뿐이었다.

그리고 유교의 충효(忠孝)와 인의(仁義)의 덕목 역시 장애인에게 큰 도움이 되었다. 이를 어기면 인간으로서 금수만도 못하게 되어 부끄럽다고 했다. 충(忠)은 나라와 임금에 대한 충성이고 나라와 임금은 백성을 하늘이자 근본으로 삼고 있으니 장애인백성 또한 비장애인백성과 동등한 입장이라서 나라와 임금이 베푸는 덕(德)의 중요한 대상이 된다. 효(孝) 또한 자연스럽게 장애를 가진 노인과 부모도 존경하며 정성을 다해 잘 모시도록 만들었다. 장애로 인해 사람구실 제대로 못한다고 자녀로부터 배척당할 걱정이 없었던 것이다.

또한 인의(仁義)는 너그러움과 포용, 정의를 중점으로 하고 있다. 역지사지(易地思之)로써 장애인의 입장에서 그 마음을 헤아려 받아들이고 약자의 편에 서서 지키는 것이니 장애인을 비롯한 사회적 약자에 대해서는 억누르거나 배척하지 않고 적극적으로 도움을 주는 것으로 나타난다. 겉모습의 차이는 너그럽게 포용하고 겉모습보다 마음을 더욱 중요시 여기니 오히려 몸은 멀쩡하지만 마음이 고약한 소인배는 배척당하고 미움을 받게 된다.

나아가 우리 고유의 민간신앙에서는 영물(靈物)에 대한 경외와 존중이 있다. 영물은 신령스러운 능력을 가진 존재인데, 몸의 분별과 차이를 따지지 않고 오로지 그 영혼의 품격과 힘과 지혜에 대한 존중과 경외를 갖는다. 주로 오래 되어 타고난 모습의 한계를 넘어선 존재들이다. 위대한 역사적 인물과 도를 닦은 사람을 비롯하여 산의 우람차고 기기묘묘한 바위봉우리와 오래된 나무 등은 마을의 수호신령으로 모셔졌고, 오래 산 잉어와 거북이, 여우와 호랑이 등은 영물로 존중받았다. 영물을 해치려다가 액운을 당한 사례는 너무도 많다.

선조들은 일체생명이 모습의 차별을 넘어 그 무엇이든간에 영물이 될 가능성을 갖고 있음을 알았다. 그러므로 장애인을 비롯한 일체생명을 잠재적인 영물로서 영혼차원에서 평등하게 대하게 된다. 특히 장애인이 보여주는 특수한 자질은 비장애인이 보여주는 자질과 동등하다고 할지라도 영물에 더욱 가까운 사람으로 보여 더 신비스럽게 존중받았다. 여기서 우리 민족은 표면적인 신분차별을 뛰어넘어 마음의 근원에서는 진정으로 능력을 우대하고 최상의 신령적(神靈的)인 능력은 모든 존재가 동일하게 가진 것으로 보고 있음을 알게 된다. 이 점은 불교와도 상당히 통한다.

권력자와 부자들을 두려움에 떨게 하는 고유의 의식이 또 하나 있었으니 바로 한(恨)이다. 살아 있을 때는 비록 약하고 장애를 가진 보잘 것 없는 사람일지라도 한이 맺히면 사후 무서운 귀신이 되어 큰 재앙을 불러오게 되니 약자라고 함부로 대하지 않았고 장애인의 요구를 가볍게 무시하지 않았던 것이다. 즉, 장애인이 설움과 한을 가지지 않도록 배려했던 것이다. 인과사상과 결합되어 장애인이 한을 가지고 죽으면 많은 장애인들이 생겨난다는 무의식을 가진 것이다.

우리 선조들은 맺힌 한을 풀어주기 위해서라면 그 무엇이든 마다하지 않았고 상대가 한을 가지는 것을 가장 두려워했던 것이다. 그래서 총각귀신(몽달귀)과 처녀귀신(손각시)을 특별히 우대했던 것이다.

한은 자기를 스스로 죽이는 데서 힘을 키우고 오로지 한 대상에 있는 힘을 몽땅 집중하는 데서 크게 힘을 발휘하는 것이니 무서운 한을 가진 존재는 더 이상 약자가 아니라 무서운 영물이 되는 것이다. 그래서 무속에서도 억울하게 죽은 장군들을 비롯한 역사적 인물들을 신령으로 모시고 그 큰 힘을 빌어 소원성취를 이루고 있다.

영화 〈서편제〉에서도 소리꾼인 부녀가 딸이 득음(得音)을 하도록 만들기 위해 아버지가 딸의 눈을 멀게 하여 시각장애인을 만든다는 내용이 나온다. 눈으로 보는 데서 생기는 잡념과 번뇌망상을 없애고 보지 못하는 데서 생기는 한의 힘을 활용하여 뜻(意)을 오로지 소리와 말에 집중하도록 해서 타고난 한계를 극복하도록 하는 것이다.

갑(甲)질을 하게 되면 을(乙)이 가지게 되는 한이 나중에 갑에게 무서운 살기를 불러일으켜 갑은 결국 쇠락하게 된다. 한이 극해 달해 인간의 마음을 잃고 큰 악(惡)이 된 존재가 바로 싸이코패스 등이다. 원래 눈에 보이고 드러난 힘은 일부분에 지나지 않는다. 하물며 때가 되면 소멸되는 그 모습에야 뭐 그리 중대한 가치를 부여하겠는가?

우리 민족이 본래 가지고 있는 의식들은 이와 같이 생명의 가치를 노동의 유용성보다 존재 그 자체에 근본을 두고 겉모습을 완전히 초월해 있는 것이니만큼 장애인을 특별하게 여기거나 쓸모없는 인간으로 보지 않았고 보통사람으로 자연스럽게 대했으니 장애인에게는 전 세계 어디에도 없는 최고의 민족이었던 것이다.

장애란 말도 없고 장애 자체는 부끄럽지도 않고 아무 것도 아니었던 것이니 장애를 극복한다는 말조차 필요 없었다. 얼마나 이상적인가?

중세 서양에서는 장애인을 돌봐주기는커녕 '마녀의 자식'이나 '악마의 자식'으로 여기고 경멸하며 학대하였다고 한다. 신(神)이 비정상적인 모습의 인간을 창조했다는 것은 곧 신이 창조에 있어서 오류를 범

했거나 실패한 것임을 의미하고 이는 신의 전지전능함에 부합되지 않으니 장애인을 도저히 일반인과 똑같은 신의 피조물로 인정할 수 없었던 때문이다. 그리고 설사 신의 피조물로 인정하더라도 너무나 큰 죄를 가지고 있어 하나님에게 버림을 받은 사람이고 악마와 더불어 있는 사람이라고 생각하여 동등한 인간으로 받아들이지 못했다. 흑과 백, 빛과 어둠, 신과 악마, 천국과 지옥, 은총과 원죄 등의 이분법과 투쟁에 사로잡혀 있던 어리석음으로 인해 당연히 장애인을 악마의 탓으로 돌릴 수밖에 없었고 장애인은 이에 대해 항변할 수도 없었으니 장애가 곧 지옥이었다. 한마디로 그 당시의 장애인은 근본적으로 왜곡되어 있는 신앙의 불쌍한 희생물이 되고 말았다.

예수님의 행적을 기록하고 있는 복음서 전체의 15%가 장애인들과 관련되어 있다. 그런데 앉은뱅이와 소경 등 장애인들이 믿음을 통해 하나님의 기적으로 나았다는 것에만 중점을 두고 정작 예수님이 장애인과 함께 하며 사랑하고 차별을 두지 않았다는 핵심적인 사실은 소홀하게 여겼던 것이다.

이슬람교의 마호메트는 '신 앞에서 만인은 평등하다' 는 사상을 내세우고 유일한 신 알라 앞에서 장애인도 일반인과 평등하다고 가르쳤다.

그런데 이런 유일신 종교들에서 장애인의 문제는 꼭 신을 하나 내세우고 그 앞에서라야 우리 모두 평등하다고 외치니 여러모로 한계가 있을 수밖에 없다. 그것은 인간을 왜소화시키고 순치시키므로 가능성이 제한되도록 억누르고 부분적인 평등만 되면서 진정한 휴머니즘과는 여전히 다소 거리가 생길 수밖에 없다. 오히려 이런 종교들이 무의미한 종교전쟁을 일으켜 서로 죽고 죽이는 가운데 수많은 장애인들을 양산하지 않았던가? 유일신종교의 한계가 분명한데도 현대에 와서도 이 어리석은 짓을 아직 완전히 멈추지 않고 있다. 신과 상관없이 우리끼리 평등하면 어디가 덧나는가?

다행히도 르네상스 이후 휴머니즘과 생명과학기술의 발달, 진화론 등이 나오고 니체가 '신은 죽었다'고 선언한 덕분에 드디어 장애에 덧씌워진 기독교의 지독한 굴레를 벗어나게 되고 종교의 영향력이 점차 희미해지고 사회와 어느 정도 분리되면서 장애라는 것도 자연의 한 모습이며 신과 관계없이 무조건 차별의 근거가 되지 못한다는 사실을 어느 정도 깨닫게 되었다. 그리고 민주주의의 인권과 평등사상을 바탕으로 지금은 미국과 유럽이 장애에 대해 매우 관대해졌다. 그러나 여전히 종교적 신과 장애의 모순이 깔끔하게 해소되지 못하고 어정쩡하게 남아있으니 내면 깊은 곳에서는 늘 대립의 긴장감이 흐르고 있어 편견이 여전히 살아있게 된다.

종교와 달리 서양철학자들은 대체적으로 장애에 대한 편견이 없었다.

소크라테스는 장애인과 비장애인 가릴 것 없이 "너 자신을 알라"고 외침으로써 자기 자신의 본래모습은 장애의 모습을 넘어서 있고 장애의 모습은 푸른 하늘의 뜬구름일 뿐이라는 사실을 일깨워주었다. 본인 스스로도 몸은 죽든 살든 아랑곳하지 않았다. 자기 자신을 모르는 사람이 바로 장애인이다.

플라톤은 감각적으로는 접촉할 수 없는 무형의 실재 또는 본체로서 가장 이상적이며 불변하는 진리의 궁극적인 본질인 '이데아(Idea)'를 내세우고 인간은 오직 이데아를 목표로 살아가야 한다고 주장했으니 이데아 앞에서 장애는 비장애와 조금도 다를 바 없다. 그리고 이데아를 목표로 살아가지 않는 사람이 바로 장애인이다. 또한 장애인이라도 도덕적으로 완벽하고 지혜와 용기, 절제의 덕을 모두 갖추면 이상적이고 정의로운 인간이 된다. 장애인이 지혜를 통해 욕구와 정념을 잘 다스릴 때 삶을 올바른 방향으로 이끌 수 있고 나아가 이성과 지성이 탁월하다면 진리를 깨달아 신과 같은 존재가 될 수도 있다. 또한 장애인도 감각 경험을 통해 보는 그림자세계가 아니라 실재하는 세계를 보고 알며 학문을 많이 익히고 지혜를 갖춘 사람(철학자)이 됨으로써 정치에 얼마든지 참여하고 국가지도자가 될 수 있다.

아리스토텔레스 역시 지적인 탁월함과 성격적(도덕적) 탁월함을 가져 행복을 누리게 되는 마음이 근본적으로 중요하다고 생각했다. 그러므로 지성을 갖추지 못하거나 이기적이고 악한 성품이 오로지 문제이고 이런 사람이 바로 장애인으로서 불행할 뿐 몸의 장애는 행복을 얻지 못하게 하는 요인이 아닌 것이다. 장애인도 지식과 지혜를 갖추고 원만한 성품이 되면 크게 행복해지는 것이다.

데카르트는 "나는 생각한다. 고로 나는 존재한다"고 함으로써 인간을 몸이나 모습이 아니라 생각에 그 존재가치를 두었다. 당연히 인간의 사고(思考)능력에 합당한 생각을 하는 사람은 장애인이 아니게 되고 몸의 장애는 인간으로서의 존재가치를 조금도 손상입히지 못하게 된다. 또한 자기 안팎에 대한 성찰없이 즉흥적이고 동물적인 욕망과 쾌락만 추구하며 사는 사람이 장애인이고 사고의 폭과 깊이가 모자라 '나'라는 것이 존재하지 않게 된다. 또한 돈과 권력 등을 많이 소유할수록 자칫 장애인이 되기 쉽다.

칸트는 순수이성(純粹理性)을 내세웠다. 순수이성은 현상에 상응하는 이성을 넘어선 초월적 차원의 이성으로서 두뇌를 거치지 않고 마음에 즉(卽)하여 나오는 지혜이니 곧 시공을 넘어선 영혼의식, 영적 감각, 통찰력 등을 일컫는다. 그러므로 물질과 모습에 매이지 않는 이성이다. 인간은 순수이성이 본성이고 알맹이이므로 장애의 몸과 마음은 단순히 존재하고 살아가는 데 있어서 하나의 주어진 물리적 조건에 불과하고 변화하는 것일 뿐이다. 당연히 장애는 자기존재의 근본에 걸리지 않고 무관하게 되며 장애인도 타고난 능력을 그대로 갖고 있으며 개발할 수 있게 된다. 영적 감각을 발휘하지 못하고 두뇌의 생각만으로 사는 사람, 양심을 어기고 욕망에 굴복하는 사람이 바로 장애인이 된다.

혜겔은 정반합(正反合)의 개념으로 변화 속에서 모순을 해결해나가는 변증법을 정형화했으며 자유를 본질로 하는 절대정신(絕對精神)을 내세웠다. 즉, 장애와 비장애가 있어 서로 모순을 갖게 되니 자유를 위해 장애와 비장애가 대립과 갈등을 해소하면서 평화로운 합(合)에 도달한다. 이 과정을 통해 궁극적으로는 장애와 비장애의 대립이 모두 사라지고 최고의 지점인 절대정신에 도달한다. 그러므로 각 개인과 사회에 있어서 고정된 모습은 없고 본질적으로 끊임없는 변화과정에 있는데 변화 속에서 늘 장애에 매이지 않은 절대정신을 가져야만 되는 것이다. 장애인을 차별하고 비장애인과 다른 사람으로만 보는 이가 바로 장애인이다.

그런데 혜겔의 생각과 같이 장애와 비장애를 서로 다른 것으로만 보면 저절로 다툼이 생겨 둘이 하나로 뭉쳐지는 합(合) 가운데 여전히 상처와 고통이 들어가 있게 되므로 서로에게 손해가 되고 당연히 각자 평화와 자유는 얻지 못하게 된다. 즉, 장애(비장애)의 비장애(장애)에 대한 상대적인 마음이 곧 자기 자신의 총체적인 모습—불완전한 합(合)—을 결정하는 것이다. 그러므로 자유와 평화를 위한 절대정신을 완성하기 위해서는 불교에서 가르치는 바와 같이 장애와 비장애를 처음부터 대립되는 둘이 아니라 본래의 하나로 보아야 되는 법이다. 장애(비장애) 속에 비장애(장애)가 있는 동시에 각각 그 속에 장애와 비장애의 상대성을 초월한 텅 빈 본질을 갖고 있음을 깨달아야 되는 것이다.

야스퍼스는 장애라는 한계상황에서의 좌절을 직시함으로써 이성의 한계를 알고 장애를 오히려 보이지 않는 '포괄자(초월자)'의 세계로 자신을 나아가게 하는 중요한 계기로 삼아야 한다고 했다. 이성의 한계 이면에서 모습을 드러내는 '포괄자(초월자)'는 우리 삶의 지평을 구성하고 있으며 삶의 기반이기 때문이다. 이렇게 나아가지 않는 한 비장애일지라도 이성의 한계에 갇혀 고통스럽게 되고 마니 장애와 별반 다를 바 없게 된다.

장애의 몸에 생각이 갇혀 굴복하는 사람이 바로 장애인이다.

프로이드는 장애의 몸 그 자체보다 그 몸이 주는 마음의 장애를 중점으로 다루었으니 마음에 스스로 장애를 초래하지 않는다면 장애의 몸은 단순한 물질적 현상 그 이상도 이하도 아니었던 것이다. 삶 속에서 마음의 장애가 자기와 타인에게 훨씬 더 큰 악영향을 끼치니 단순한 몸의 장애보다 더욱 중대한 일인 것이다. 본능적인 '이드(Id)'를 자아인 '에고(Ego)'가 자제하지 못하거나 초자아인 '슈퍼에고(Superego)'로 이드의 원시적인 힘을 현실적인 새로운 차원의 힘으로 바꾸어 승화(Sublimation)시키지 못하여 무의식적 충동의 힘들이 내면에서 다투고 갈등이 심해지며 정신이 분열되거나 양심의 명령을 거부하거나 범죄를 저지르는 사람이 장애인이다.

이와 같이 서양철학자들은 기독교와 똑같은 이분법(二分法)의 한계를 가진 사상 속에서도 대체로 장애의 몸 그 자체는 인간의 가치나 행복, 그리고 삶에 있어서 자기존재를 구현하는 데 큰 걸림돌이 되지 않는 것으로 여겼다. 그리고 장애인의 개념이 각각 다르고 장애인의 모습과 비장애인의 모습에는 별로 차별을 두지 않았음을 알 수 있다.

반면 히틀러 등을 비롯하여 강자의 논리를 갖고 있거나 생명을 경시하는 악인일수록 차별을 크게 둠을 알 수 있다. 욕망을 추구할수록 차별은 커지고 생각이 깊어질수록 편견은 줄어드는 법이다.

장애는 일단 겉모습에 따른 이미지 차이로 인해 편견을 초래하는 경향이 큰 만큼 몸과 물질에 중점을 두는 사회의식 속에서는 몸은 그 자체가 목적이고 정신과 영혼도 몸의 부수적인 일부일 뿐이다. 당연히 몸은 욕망달성의 주체가 되고 몸이 바라는 것을 최대한 추구해야 되며 소유욕이 정상으로서 많이 가질수록 성공한 인생이 된다. 몸을 화려하고 편하게 가꿀수록 잘 사는 것이다. 그리고 사회 속에서 강자가 되기 위해 필요 이상을 원하고 남보다 많이 얻기 위해 무한경쟁을 하게 된다. 탐욕을 경쟁으로 포장하여 미덕으로 삼으니 믿을 것은 결국 자기 자신과 강제적인 법률 외에는 없게 된다.

그러므로 내면의 고요함을 추구하는 것은 게으름으로 여기고 물질을 생산하고 소유하며 축적하는 움직임이 주된 미덕이 되며 절제와 겸손보다는 집착과 과시가 능력으로 비치게 된다. 그리고 열심히 노력하면 된다는 소수만의 성공론이 사람들의 머릿속을 지배하게 되어 다수는 결국 자기 자신과 삶을 잃게 된다.

결과적으로 이런 가치관 하에서는 상대적으로 눈에 보이는 움직임이 적고 탐욕도 적으며 노력해도 몸의 한계가 엄연한 처지의 장애인은 사회적 가치에서 더욱 소외된다. 적은 소유로 만족해야 되는 장애인은 자연히 사회적 낙오자이자 약자로서 사회에 부담만 주고 쓸모없는 존재이며 태생부터 실패한 사람이라서 존재가치가 작은 사람이라는 편견과 차별이 생겨난다. 장애인을 돕는 것도 강자의 입장에서 약자를 도와주는 것이니 무의식에서 보면 불평등한 차원에서 단순히 동정을 베푸는 일이 된다.

지금 시대 법으로 평등의 껍데기를 뒤집어쓰고 경제력에 따라 장애인에게 복지혜택이 주어지면서 편견이 다소 잠잠해 있지만 알맹이는 여전하므로 강한 자극이 주어지면 언제든 다시 드러나게 된다. 물적 환경에 마음이 온통 매여 사는 한, 단순히 같은 인간이라서 평등해야 된다는 주장은 구호에 그치고 항상 끝나지 않는 논쟁을 불러일으키므로 설득력이 빈약하다.

불교에서 몸은 장애냐 아니냐가 본질이 아닐뿐더러 분별하는 의미도 전혀 없다. 다만 나타난 모습은 있는 그대로 우주이며 부처의 자격으로서 존중할 뿐이다. 몸은 내 정신체인 색수상행식(色受想行識)—무의식의 본체로서 모습을 갖고 있어 오온(五蘊)이라고 부른다—과 지수화풍(地水火風)이라는 우주공간의 4가지 요소가 인연에 따라 결합하여 각자에게 임시로 생겨난 것에 불과하다. 이 속에서 살아가니 몸은 업보를 받는 대상이자 업(業)을 짓는 주체일 뿐이다. 몸은 4대요소가 흩어지면 소멸되니 장애인이나 비장애인이나 할 것 없이 근본적으로 허망한 것이고 본래의 자기모습도 아닌 것이다. 또 한편으로는 몸의 욕망이 영혼의 해탈에 큰 방해물이기도 하다.

몸의 가치를 볼 때 천지자연이 사람마다 각자의 업과 숙명과 영혼의 지에 따라 맞춤으로 만들어 수명을 정해 준 몸이니 장애든 아니든 이미 제각기 고유의 의미를 지닌 객관적 차별의 몸이라서 우열이 없이 각자에게 나름대로 최상이다. 그러므로 장애의 모습을 불평하거나 차별하는 것 자체가 나 자신과 타인에게 큰 죄를 짓는 것이 된다. 그리고 어떻게 생겼든 윤회하여 몸을 갖는 것 자체가 어리석은 중생의 일이므로 비장애인이 장애인보다 나은 것은 근본에서 없게 된다. 오십 보 백 보인 것이다.

그러므로 돈 버는 데 몰두하는 비장애인보다 마음을 밝히며 참선수도하는 장애인이 비교할 수 없이 더 나은 사람이다. 무소유와 청빈의 정신에 따라 몸에 대한 집착을 버리고 장애인도 삶을 이렇게 이끌어간다면 잘 사는 것이고 몸을 충분히 가치있게 활용하는 것이다. 그러므로 조현병 등 정신장애보다는 욕심을 부리고 남을 해치는 못된 성품이 더 중대한 문제가 되는 것이다.

장애인의 모습과 삶은 비장애인과 마찬가지로 그 자체로 고생을 통한 고행인욕과 업장소멸의 과정일 뿐이고 그 과정에서 고요함을 근본으로 오로지 부처와 같은 마음이 중요할 뿐이다. 또한 인과법에 따라 장애인은 사회에 부담을 주는 의존적 존재만이 아니라 비장애인에게 복을 짓게 해주는 고마운 대상이 된다. 양자 모두 서로가 서로를 돕는 협동의 대상일 뿐이다.

불과 얼마 전까지만 해도 불교국가인 우리나라가 도(道)의 차원에서 장애를 대했으니 장애에 대한 사상은 세계적으로 최고도의 수준이었고 장애인에 대한 진정한 선진국이었음을 알 수 있다.

옛 선조에 비하면 지금 우리의 장애에 대한 인식은 거의 미미하다고 해도 과언이 아니다. 그만큼 장애를 지탱하는 모든 위대한 정신이 한꺼번에 무너져 내렸기 때문이다. 물질과 겉모습에 온통 고귀한 정신을 빼앗기면서 생명을 소중히 여기는 마음과 영성이 크게 퇴보했으며 또한 공동체의식이 사라지고 개인주의가 자리를 잡고 있다. 이렇게 되면 우리는 그 누구나 장애에 대한 공포에 떨 수밖에 없어지고 장애가 생기면 그 자체가 곧 소외와 고독이 되어 인생이 위태로워지게 된다. 물질적으로는 각자 자기의 보험을 갖지만 정신적으로는 서로가 서로의 보험일 수밖에 없다.

오늘날 역사학자들은 어떠한 연유로도 불이익을 받지 않고 비장애인들과 동등한 대우를 받고 살아갈 수 있도록 최대한 배려하였던 전통사회에 비해 "장애인에 대한 인식은 조선 후기와 현대를 거치면서 오히려 후퇴한 감이 있다"는 견해를 보이고 있다.

북한의 장애인은 불구자(不具者)로 불리며 인격이 존중되지 못하다 보니 거주나 교육 등 기본적인 인간의 권리도 보장받지 못하고 있는 실정이다. 최근의 국제인권보고서에 따르면 부상군인을 제외한 신체적·지적 장애인들은 평양 밖으로 추방돼 수용소에 격리되고 심지어 생체실험의 대상이 되기도 한다. 또한 사회주의 풍경을 해치기 때문에 장애인마을에 따로 모아놓고 생활하게 하면서 자기들끼리 결혼하게 하며 사람들 앞에 나서지 못하게 하고 있다. 사랑할 자유도 없는 것이다.

장애아동에 대한 차별도 심각해 태어나면서부터 보건과 교육, 사회 서비스 등에서 지속적인 차별을 받고 있는 것으로 전해졌다. 당연히 대학도 가지 못하게 하고 국가가 정해주는 직업만 가져야 되며 재활은 물론 특별한 혜택이나 보조가 없는 등 장애인차별과 멸시는 극에 달해 있다.

한마디로 북한에서의 장애인은 인민이 아닌 이방인이며 중세 서양과 같이 지옥에 갇혀 있다고 해도 과언이 아니다. 타락한 자본주의도 인간의 가치를 노동력에 전적으로 두기는 하지만 사회주의는 유물사상으로 인해 인간을 물질로만 고려하므로 모습이 온전하지 못한 인간은 그 자체로 일단 배척받는 까닭도 있고 사회적 생산성에 도움이 되지 못한다고 해서 쓸모없는 인간으로 간주되기 때문이기도 하다. 여기에다 특히 북한은 신과 같은 수령님과 주체사상과 자존심으로 인해 완전한 이상 사회를 주창하고 있는 만큼 장애를 용납하지 못하는 것이다. 비장애인에게도 기본적으로 인권이 열악한데 하물며 장애인을 대하는 것은 더 말할 나위도 없다.

우리나라는 2008년부터 '장애인 차별금지법'을 시행하고 있지만 실효성 면에서는 거의 선언문 수준에 지나지 않고 있으며 오히려 장애인 차별에 대한 면죄부를 주고 있는 실정이다. 장애인정책 수립 및 시행에 있어 정작 주체인 장애인은 여전히 객체화되어 소외되고 있으며 복지 정책도 단순한 시혜적 관점에서 벗어나지 못하고 있다.

이것 자체가 근본적인 장애인 차별이 된다. 단순히 장애인 차별을 금지하는 것 정도가 아니라 좀 더 적극적이고 진취적인 법이 되어야 한다. 장애인 차별금지와 복지는 현실에서 격리하고 소외시키는 시설 중심에서 '탈(脫)시설화'되어 소통하도록 하는 것이 우선이다. 장애인을 집단수용해서 돌보는 시설들이 가끔 큰 물의를 일으키는데, 처음부터 불순한 목적으로 시설을 운영하는 악당들이 있지만 근본적으로는 장애인이 지역사회 속에서 어울리는 데 필요한 시스템을 갖추지 않은 채 단순히 먹여주고 사회로부터 격리시키는 데서 사회적 역할을 다하는 것으로 보는 관점에도 문제가 있기 때문이다. 그래서 괜찮은 극소수의 시설조차도 본질적으로는 강제수용소에 다름 아니게 된다.

실제로 장애인거주시설에 들어가는 것부터 나오는 것까지 황당하고 그 속에서 지낼 때는 인간으로서의 기본적인 인권과 자유도 없고 나라의 법도 없으며 원시시대의 폭력이 지배하고 있는 것이 당연시되는 실정이다. 이 점은 북한의 장애인 실정과 다를 바 없다.

시설의 필요성을 설사 인정하더라도 반드시 지역사회 속에서 완전히 오픈되어 자유롭게 교류와 소통이 이루어져 시설은 그야말로 자유로운 집이 되어야 된다. 사회에 쓸모없다고 여겨 장애인을 영혼이 없는 고장 난 기계로 취급하는 유물론적 사고방식은 우리 자신을 스스로 타락시 킨다. 그리고 우리 모두에게 미래는 공포로 다가오게 되니 행복은 물 건 너가고 만다.

그러기 위해서는 근본적으로 장애인이라는 개념부터 사라져야 되고 비장애인과 차별이 없이 평등한 근본이치를 알아야 되며 인간으로서의 품위를 지킬 수 있도록 되어야 한다.

진리에 따라 완벽한 평등심을 갖추고 실천해온 것이 우리의 전통의 식이고 이것은 우리의 무의식 속에 여전히 자리잡고 있다. 재정이 문제 가 아니라 정신이 진짜 핵심인 것이다. 작은 행복은 물질이 주지만 큰 행복은 정신이 준다. 우리 선조는 장애인들에게 근본적으로 큰 행복을 주어왔던 것이다. 비장애인들은 장애인들이 살아가는 데 편견과 차별 등으로 좌절하지 않고 밝은 마음을 잃지 않으며 자연스럽게 살아갈 수 있도록 그들의 버팀목이 될 도리가 분명히 있다.

보지도 듣지도 말하지도 못했던 극심한 장애를 극복하고 성인이 되 서 사회주의운동과 정당활동까지 했던 헬렌 켈러. 많은 장애인들에게 몸은 부자연스럽더라도 누구보다 강한 영혼의 모습을 당당하게 보여준 그녀의 어록이 스쳐 지나간다.

"나는 눈과 귀와 혀를 빼앗겼지만 내 영혼을 잃지 않았기에, 그 모든 것을 가진 것이나 마찬가지입니다."

보이는 것이 전부가 아니며 보이지 않는 것이 더욱 소중한 근본이 된
다. 안이비설신의(眼耳非舌身意)에 마음이 걸리지 않으면 모든 것을 가
지고 있는 또 하나의 차원이 자기 자신에게서 실제로 드러남을 체득한
외침이다.

2장

꽃을 피우면 잎을 보지 않는다

2장
꽃을 피우면 잎을 보지 않는다

"내 언어의 한계가 곧 내 세계의 한계를 의미한다"

— 비트겐슈타인

울긋불긋한 꽃들이 한창 흐드러지게 핀 어느 따스한 봄날, 마을 어귀에 라일락나무가 은은한 연보라색 꽃송이들로 몸을 장식하여 산들바람과 어울리고 있다. 마을사람들이 꽃을 보고 향기를 맡으며 나무를 칭찬하고 기분좋아하고 있었다. 그런데 꽃을 활짝 피운 라일락나무는 오히려 무척 슬퍼하고 있다. 그런데 한 맹인이 라일락나무 앞에 서자 나무는 갑자기 향기를 짙게 내뿜으며 생생하게 밝은 표정으로 빛을 발한다. 이 마을에 도를 닦는 스님이 한 분 있었는데, 자연과 대화하며 소통한다고 해서 존경을 받고 있었다. 스님이 이 광경을 보고 라일락나무에게 물었다.

"너는 왜 사람들 앞에서 슬픈 표정을 짓고 있었니?"

라일락나무는 불만에 잔뜩 차 있는 표정으로, 대답했다.

"내 꽃만 보고 잎은 보지 않잖아요! 왜 내 평소의 몸은 보지 않지요?"

꽃이 좋다고 기뻐하는 동안에 잎은 어디로 갔나?

"미안하구나, 네 전체를 봐주어야 하는데 내가 그만 눈이 멀었어. 그렇게 꽃을 보시해서 그 공덕으로 너 자신의 땅을 넓히고 있었구나. 그런데 아까 맹인이 왔을 때는 왜 기분이 좋아졌니? 그 사람은 널 보지도 못하는데 말이야?"

"그 사람이 나를 보지는 못하지만 내 몸 전체를 온몸으로 느끼고 자기 마음속에 받아들여주었어요. 더구나 내 뿌리가 가진 향기까지 맡아주니 얼마나 고마워요? 당연히 기분 좋아지지요."

"내가 너에게는 맹인보다 못한 사람이었구나. 조그만 너 하나의 모습도 보지 못하니 부끄러워 고개를 들지 못하겠다. 눈을 뜨고 있어서 보지 못하고 눈을 감아야 보인다는 것이 무엇인지 알았다. 고맙다."

스님이 기거하는 절에 돌아왔다. 그 절에는 스님이 애지중지하며 기르고 있던 난(蘭)이 있었는데 몇 년 동안 도무지 꽃을 피우지 않고 있었다. 스님도 그 연유를 모르고 있는 중이다. 그런데 스님이 옆에 앉자 난이 비로소 말을 건넨다.

"이제 아시겠어요? 내가 꽃을 피우면 잎을 초라하게 생각해 봐주지 않아서 그 동안 꽃을 피우지 않고 있었던 거예요. 그러면 기다림으로 나를 더욱 열심히 쳐다봐줄 테니까요."

"그랬구나. 꽃과 잎이 똑같이 귀한 걸 알았다. 늘 내 곁에 있었던 네 마음 하나 제대로 몰라주었구나."

스님은 크게 깨닫고 그 이후로 그 어떤 대상을 대하든 간에 보이고 들리는 부분적인 모습에만 치우치지 않게 되었다.

붓다가 말한다.

"꽃을 피우면 잎을 보지 않는다. 그러므로 지혜로운 이는 꽃을 속에 몰래 피워놓고 평범한 모습으로 아름다운 향기를 전한다."

열매를 보면 꽃을 잊고 꽃을 보면 잎을 잊고 잎을 보면 뿌리를 잊고 뿌리를 보면 씨앗을 잊는다. 찰나에 눈에 들어온 모습에 온통 마음이 빼앗겨버리고 만다.

지혜로운 이는 꽃과 열매를 드러내 자랑하지 않으니 사람들로 하여금 탐스럽고 화려한 부분적인 모습을 보게 해서 사람들을 눈멀게 하지 않고 귀먹게 하지 않으며 늘 소박하고 순수한 정신을 지켜준다.

꽃을 보는 순간 푸른 잎과 몸은 소외되어 정작 꽃이 나무 자신의 걸림돌이 되고 꽃을 보는 사람 역시 눈에 뻔히 들어오는 잎들을 보지 못하니 눈이 멀게 된다. 그러므로 서로가 서로에 대해 스스로 장애인이 되는 법이다.

장애의 모습만 보는 비(非)장애인 역시 마찬가지로 장애인이 되고 만다. 장애인의 장애 아닌 모습을 보면 서로 모두 비장애인이 된다. 그러므로 장애인과 비장애인이 다르지 않고 모두 장애인일 뿐이거나 아니면 비장애인일 뿐이다. 니체는 장애(장애인)란 단지 그 모습에 대해 주관적이고 선별적인 해석일 뿐이라고 했다. 노자(老子)도 내가 어떤 이에게 장애인이라는 이름을 붙이고 부르는 순간, 정작 대상인 장애인은 없고 하늘에서 보면 내가 장애인이 된다고 했다.

왜 겉모습에 마음이 쏠려 스스로 장애를 만들고 이어가는가? 땅 속에 보이지 않는 뿌리가 단 한 가닥이라도 남아있거나 새로 얻는다면 천 년 고목도 마침내 꽃을 피우게 되니 정녕 살아있음과 죽어있음은 보이지 않는 법이다.

장애가 생기면 '왜 나에게?' 하는 의문부터 시작해서 '왜 살아야 되고 무엇을 위해 살아야 하는가?' 하는 회의감이 들게 되고, 최종적으로는 장애아이가 자신보다 하루 앞에 가는 것이 부모의 유일한, 소원 아닌 소원이 되어버리고 만다. 이런 기막힌 현실 속에 사회의 위로와 지원은 마냥 미약하게만 느껴지는 것이 당연하다.

인류가 탄생한 순간부터 지금까지 인류를 괴롭히는 큰 의문 가운데 하나가 '도대체 삶의 의미가 무엇인가?' 하는 점이다. 삶의 의미가 불명확하면 어떤 인생을 살았건 간에 결국은 모든 것이 허망해질 따름이기 때문이다.

마음이라는 주관과 현실의 삶이라는 주관적 객관이 얽혀 있는 가운데 나름대로 찾아보지만 그리 명확하지 않다. 삶의 의미는 나 자신이 생각대로 부여한다고 해서 되는 것도 아니고 타인이 규정해준다고 해서 되는 것도 아니다. 오로지 삶 속에서 자연스럽게 드러나는 것인데, 이것을 발견하기란 만만찮다. 더구나 객관적으로 장애인과 그 가족의 삶에는 당연히 남다른 의미가 있을 수밖에 없다.

평범한 것조차 얻기 어려운 사치가 되어버린 이런 상황 속에서도 내가 왜 살아야 되고 어떻게 살아야 하며 그것이 단순히 살아있는 것 외에 무슨 가치가 있는가? 나 자신의 처지와 숨어있는 진실을 두려워하지 않고 꽃과 열매와 잎은 물론 뿌리와 씨앗까지 두루 살펴보면 다양한 삶의 의미 가운데 어느 하나는 건질 수 있지 않을까?

그침에서 큰 움직임을 얻는다

한 가난한 청각장애인이 필자에게 왔다. 귀가 거의 들리지 않는 탓에 모든 일에 자신감을 잃고 삶이 위축되어 아무 것도 할 수 없다는 자괴감이 극에 달해 있었다. 삶이 딱 멈추어버린 느낌일 수밖에 없었다. 더구나 알고 지내며 사랑하는 여자가 다른 남자를 사귀고 있는데 거절당할까봐 말을 꺼내지도 못하고 속으로 끙끙 앓고 있었다. 가만히 살펴보니 여자가 이 총각을 싫어하지 않고 있음에도 자기에게 아무 말도 하지 않고 있으니 마음이 없는 줄 알고 다른 남자와 사귀고 있었던 것이다.

하소연을 듣고 있다가 정신 차리도록 크게 혼쭐을 내주어야 되겠다는 생각이 들었다. 그리고 이 남자의 눈을 뚫어지도록 쳐다보면서 내 평생 가장 크게 소리쳐야만 했다.

"내가 들리지 않는다고 해서 내 주위가 이전과 달리 변한 것은 아무 것도 없지 않은가? 그런데 내가 스스로 그쳐버리니 주위의 움직임도 스스로 그쳐버리는 것은 당연하다. 내가 움직이면 내 주위도 따라 움직이게 되어 있으니 지금 이렇게 된 것은 도대체 누구 잘못이오?"

"……제 잘못이네요."

책상을 주먹으로 쾅! 내리치며 고함쳤다.

"당신같이 못난 남자는 내가 여자라도 사정없이 걷어 차버리겠소!
살다 보면 누구라도 큰 장애를 입을 수 있는 법인데, 지금 벌써 고작 귀
가 잘 들리지 않는다고 빌빌 기는 남자를 어찌 믿겠소? 당장 여자에게
달려가 사랑한다고 말하고 콱 붙잡아보시오. '내가 귀가 잘 들리지 않
으니 당신은 어떤 부인보다 남편에게 큰소리치며 살 수 있는 부인이 된
다'고 말하면 되잖소! 요즘 여자들은 남자에게 큰소리치며 살기 원하니
분명 오케이할 거요."

이 청각장애인 남자는 속이 후련하다는 듯 얼굴에 화색이 돌았다.

얼마 후 다시 찾아왔다. 이 여자와 결혼하기로 했다는 것이다. 그리
고 같이 일본에 가서 살기로 했고 전통한방 찻집을 하기로 약속했다고
한다. 그리고는 내게 물었다.

"귀가 잘 들리지 않는데 어떻게 손님을 맞아 장사를 하지요?"

움직이려고 할 때마다 귀가 걸려 걱정이 끝도 없이 생겨난다. 두뇌가
크게 손상되어 손발이 제멋대로 움직이지 않는 한 장애인이라는 사실
이 서비스업에 종사하지 못할 결정적인 이유가 되지는 못한다. 단지 스
스로 당당한 마음만이 중요할 뿐이다.

"멍청하기는……. 웃으면 되지. 그리고는 예쁜 종이에 글씨를 예쁘게 써서 '귀가 잘 들리지 않으니 큰소리로 말씀해주시거나 주문할 메뉴를 적어달라'고 미리 요청하면 거절할 손님은 아무도 없을 것이오. 적극적으로 귀가 들리지 않는다는 것을 널리 알리면 손님들은 오히려 많이 올 것이오!"

이 부부는 일본에 가서 까페를 열어 일본인들 상대로 장사하고 있고 일본의 유명 음식잡지에도 실렸다고 알려왔다.

이 청각장애인의 오랜 친구인 한 노총각 역시 내세울 것이 딱히 없는 데다가 성격도 다소 소심하여 결혼에 자신감을 잃고 있다가 이것을 지켜보고 덩달아 용기를 얻어 아는 여자에게 장기간 적극적으로 구애하여 마침내 결혼에 골인하였다. 이들 두 부부 모두 현재 필자의 제자가 되어 있고 행복한 가정을 꾸리고 있는 중이다.

스스로 주위를 움직이고 스스로 주위를 그치게 만든다. 마음이 몸으로부터 쏙 빠져나와 진정으로 움직인다면 몸의 장애가 전혀 걸림돌이 되지 않는다.

그침에서 움직임이 나오고 움직임에서 그침이 나온다. 크게 그치면 크게 움직일 수 있게 되고 크게 움직이면 크게 그칠 수 있게 된다. 그쳐 있으면 에너지를 품고 있고 움직이면 그 에너지가 뿜어나오기 때문이다. 그러므로 크게 그치면 비장애로서 움직일 때보다 훨씬 큰 움직임을 만들어낼 수 있게 된다.

크게 그친다는 것은 곧 장애로 생긴 마음까지 그친다는 것이다. 그래야 그침이 가진 에너지가 소모되거나 분산되어 흩어져버리지 않고 또한 몸과 마음이 가진 각각의 에너지가 한 덩어리로 드러난다.

크게 움직인다는 것은 장애를 지배하는 움직임이다. 우주가 다차원이므로 인간도 다차원이라서 그 누구라도 장애뿐이라거나 비장애뿐이란 것은 없게 되어 있다. 그러므로 장애인의 희망은 영원히 사라지지 않게 되어 있다. 그리고 큰 움직임을 만들어내기만 하면 되고 반드시 그럴 수 있게 되어 있으니 곧 자연의 이치다.

생명체라면 예외 없이 움직이거나 그치거나 하면서 이 두 가지의 리듬과 조화로 삶이 이루어져 있다. 움직인다는 것은 곧 생명력을 느끼고 활동을 하면서 생생하게 삶의 감각을 가지는 것이다. 그침은 고요함 가운데서 드러나지 않고 있는 생명을 느끼고 찾아내 누리는 것이다.

움직임에만 치중하면 표면적인 활동은 많지만 밖과 마찰이 커지므로 헐떡거림이 심해져 결국 지치고, 지나치면 큰 병까지 얻게 된다. 그침에만 치중하면 고요하고 편안해서 좋기는 하지만 인연 속에서 마땅한 활동은 약해지고 침체되면서 삶의 감각이 떨어져 스스로 가라앉고 만다.

그러므로 어느 쪽이 좋고 나쁜 것이 아니라 양자가 조화와 균형을 이루어 물질과 마음이 두루 갖추어져야 하는 법인데 그리 만만치 않다. 최근에는 어쩔 수 없는 움직임이 많아지고 그침이 부족해지면서 편하게 숨을 쉬어보고자 그침을 얻으려는 열망이 가득차고 있다. 그러나 움직임과 그침을 각각 나누어서 따로 보고 가치를 달리 부여하여 한 쪽에만 치우치는 것은 본래의 하나를 둘로 쪼개는 일이니 양자의 부덕(不德)을 얻게 되고 결국 스스로를 망치고 만다.

본래 움직임과 그침은 둘이 아니므로 그 가치도 역시 똑같다. 그러므로 근본에서는 항상 움직임 속에서 그침을 유지하고 그침 속에서 움직임을 이루는 것이 이상적이다. 그러면서 때에 들어맞게 어느 한 쪽을 주로 삼고 다른 쪽을 보조로 삼아 나아가면 된다. 그렇게 되면 양자의 미덕(美德)을 동시에 얻을 수 있다.

장애인과 그 부모는 아무래도 활동반경이 좁아지게 되고 당연히 사회에서 얻을 수 있는 것이 적게 되어 있는 것은 그 처지상 자연스러운 현상이다. 그래서 그 때 그 때의 운(運)과 무관하게 삶 전체가 늘 그침이 위주가 되고 움직임은 부수적이 될 수밖에 없다. 하늘이 나에게 장애를 준 것이라고 보면 그침을 위주로 살아가는 것이 명(命)이 되고 삶의 의미가 된다. 누구든 간에 어떤 처지에서건 천명(天命)을 잘 따르면 결국은 하늘이 움직여 큰 도움을 주게 되어 있다.

그렇다면 무엇을 그칠 것인가?

움직임이 가져다주는 좋은 것에 대한 갈망이다. 그것만 살짝 그치기만 해도 오히려 그침이 가져다주는 좋은 혜택을 많이 얻는다. 잡념과 탐착을 그칠수록 지혜는 커지게 되고 지혜는 어떤 상황에서건 그 속에 숨어있는 다양한 유무형의 이익을 보고 헤아릴 줄 아는 것이다. 무형의 이익이 더욱 크고 오래 지속되니 이는 마음속에서도 계속 이어지기 때문이다.

장애를 바라볼 때마다 생기는 안타까움은 당연하지만 잡념이 많으면 안타까움만 커지고 개선되는 것은 없게 된다. 인간은 아무리 힘든 상황이라도 탐착이 그친 속에서 삶의 의미를 찾으면 의욕과 힘이 생겨나 밝게 살아갈 수 있다. 역경을 이겨내는 큰 힘은 내면 깊이 들어있고 크고 지속적인 움직임은 마음까지 그치는 큰 그침에서 나오기 때문이다. 그래서 마음을 크게 그칠수록 장애는 점차 아무 것도 아닌 것이 되어감을 묘(妙)하게 알 수 있다. 기본적으로 마음을 스스로 복잡하게 만들지 않도록 유념해야 한다.

어떻게 그침을 이룰 수 있을 것인가? 마음을 억지로 그치게 하면 내면에 긴장과 스트레스가 더욱 압축되므로 나중에 부작용만 커지게 된다. 참다못해 폭발하는 것이다. 자연스럽게 마음이 그쳐져야 되는 법이다. 그러려면 장애와 비(非)장애의 상대성을 벗어나 스스로의 마음을 보전하며 독자적인 가치관을 갖추어야만 된다.

우선 생각을 재조정하는 것이 요구된다. 장애와 비장애로부터 한 발짝 물러서서 비(非)장애를 바라보지 않고 나 자신만의 인생관(人生觀)을 새롭게 가져보는 것이다.

예를 들면, 복 많고 잘난 자녀를 가져서 부모가 웃으며 한평생 사는 것도 좋겠지만, 남들처럼 살기 어려운 생명체가 자녀로 왔을 때 그 생명을 유지시켜주고 사는 동안 밝게 살 수 있도록 해주는 부모의 삶이 가치면에서는 더욱 크다고 본다. 겉으로 보이는 삶이 전부가 아니고 내가 사는 동안 다른 생명체에게 얼마나 큰 도움이 되었는가 하는 사항은 인간 세상에서는 물론 하늘에서도 삶의 절대기준이 되어 있기 때문이다. 내 마음과 힘이 그만큼 더 많이 들어가기 때문에 스스로도 무게가 있고 깊은 인생이 되므로 나중에 허망함이 별로 없게 된다.

남과의 비교에 자기마음을 빼앗겨버리는 습성도 조금은 그치도록 해야 한다.

시각장애인 아들을 둔 엄마가 왔다. 말끝마다 한숨을 쉬며 신세를 한탄하였다. 그리고는 꼭 다른 아이들은 그렇지 않은데 왜 자기 아이만 이런지 모르겠다고 한다. 들다못해 한 마디 해주었다.

"그 애는 나보다 좋겠네요. 나쁜 것도 나보다 덜 볼 테고 귀도 나보다 더 잘 들을 테고 어두운 곳도 나보다 더 잘 다닐 테니까요. 참, 그리고 나보다 냄새도 잘 맡을 테고 촉감도 더 좋겠네요. 아이고, 부러워라."

"선생님, 지금 약 올리시는 겁니까? 왜 선생님과 내 아이를 비교하십니까?"

"아니오, 어머니가 말끝마다 아들을 다른 아이들과 비교하고 있어서 나도 어머니 따라 아들과 나를 한 번 비교해본 것뿐입니다. 그래서 화가 난다면 아들도 아마 지금 어머니 심정과 비슷할 거예요."

"…… 죄송합니다. 잘못했습니다. 다시는 제 아들을 다른 아이들과 비교하지 않겠습니다. 그런데 듣고 보니 아들이 다른 아이들보다 나은 점도 많네요."

참 어렵다. 비교습성이 무의식이 되니 알고서도 모른다. 그래서 무섭다. 왜 꼭 다른 아이들보다 자기 아이가 더 나은 점이나 같은 점을 찾으려고 하는지 모르겠다.

비교는 인생의 그림자만 있고 실체란 없게 되는 것이니 진정 잘 사는지 또 왜 사는지 삶의 의미도 깨닫지 못하게 됨은 물론 나 자신만의 좋은 장점도 놓치게 된다. 그래서 삶의 가치를 스스로 창조하지 못하고 키우지도 못하여 짝퉁인생으로 끝나버리니 내가 장애의 노예가 되어버린 슬픔만이 남는다.

개인과 전체가 하나로 돌아간다

"언제쯤이나 제 운(運)이 풀리겠습니까?"

선천적인 발달장애 아들을 키우고 있는 엄마가 와서 묻는다. 운이 풀린다는 것이 지금의 처지에서 무엇을 두고 말하는 것인지 애매하다. 풀릴 것이 없기 때문인데, 본래 꼬인 것이 없기 때문이다. 아마 아이가 훨씬 나아지거나 뭔가 좋은 일이 생겨서 좀 편해지는 것을 염두에 두는 것이라고 볼 수 있겠지만 이 엄마의 마음은 거기에서 나아가 조금 다른 곳에 있는 것이 엿보인다. 아예 아이와 남편에게서 완전히 벗어나고 싶은 것이다.

"아이가 사라지면 운이 풀리지요."

엄마의 눈동자가 갑자기 둥그레지더니 이내 진지한 표정이 된다.

"제 마음을 어찌 아셨어요? 이 아이만 없으면 집안에 걱정이 없게 되니 사실 그럴까 생각하고 있는 중이에요. 남편과도 이 아이 때문에 맨날 다투고 이제 지쳤어요."

　　그러면서 조금씩 흐느낀다.

　　"지금 집안 식구 모두 별탈 없이 편안하지 않습니까? 이것은 모두 이 아이 덕분입니다."

　　말귀를 알아듣고 고개를 끄덕인다.

　　"원인이 뭔가요?"

　　"그것이 지금 중요한 것이 아니지요. 어머니는 앞으로 어떻게 사시렵니까?"

　　"아이를 버리지는 않겠으니 좀 알려주세요. 어떻게 살아야 되는지……."

　　"죽을 자격이 있어야 살 자격도 있고 살 자격이 있어야 죽을 자격도 있는 법이지요. 죽을 자격을 갖게 되면 죽음을 잘 통과하기 위해 저절로 잘 살아지게 되는 법이니 그 자격을 갖추어야 하지 않겠습니까?"

　　"그러면 어떻게 해야 그 자격을 갖출 수 있겠습니까? 아직 엄마의 자격도 없는 것 같은데, 아이에게 이런 몸을 주었고 버릴 생각까지 했으니 말입니다."

"세상에 혼자 산다는 것은 없으니 아이와 함께 하는 것이 죽을 자격을 갖추는 것이지요. 그러면 운이 술술 풀릴 겁니다."

"지금까지 내 몸을 돌보지 않고 아이와 함께해왔는데요?"

"아이의 진짜마음을 들여다본 적이 있습니까? 지금까지 아이와 떨어져 아이의 드러난 모습만 보고 마음대로 추측해왔지요. 그래서 내 슬픈 마음을 아이에게 주고 그것을 다시 내가 받아왔으니 나 혼자, 아이 혼자라서 항상 따로였지요. 아이가 본래 가지고 태어났던 아이만의 마음을 전혀 보지 못하고요. 그러니 함께한 것이 아니지요. 그래서 엄마나 아빠나 아이나 할 것 없이 사는 것이 점점 힘들어지는 것입니다. 운이 어디 혼자 있는 데서 옵니까? 운이라는 것도 사람 사이에서 오가는 것인데요. 이제부터 눈을 감고 진정으로 아이의 마음을 느껴보고 받아들여 보세요. 아이를 향해 눈을 뜨고 있는 것이 지금 엄마의 자격조차 박탈당하고 있으니까요."

다행히도 아이의 마음을 들여다보니 엄마에 대한 원망은 전혀 없고 착하고 밝은지라 이렇게 말해주었다. 얼마 후 다시 찾아온 엄마의 마음이 아주 밝아져 있었다.

"이제야 제가 스스로 어둠을 만들고 있었다는 어리석음을 깨달았습니다."

"자기 마음에 자기가 갇혀 있는 것이 곧 장애지요. 사실 제가 처음 보았을 때 아이보다 어머니가 더 심각한 장애인이었어요. 이제 아이와 마음이 진짜 오가니 서로의 몸에서 벗어난 한마음이 좋은 운을 가져다줄 것입니다."

과연 그 후로부터 남편과의 다툼도 크게 줄어들고 아이와 엄마의 건강도 많이 회복되었다고 한다. 장애인가족이 운이 풀리려면 마음을 따로 두면 안 된다. 좋은 운이 오는 자리는 바로 지금의 이 자리이니 벗어나봐야 운을 찾을 수 없게 되어 있다. 단지 서로에 대해 마음의 문을 잘 열어두고 합하고 있으면 되는 일이다.

본래 면면히 이어지는 것은 잘 보이지 않고, 딱딱 끊어지는 듯이 보이는 것만 눈에 들어오지만, 하나가 곧 전체요, 전체가 곧 하나인 것이 실상이다. 그래서 개인의 고유한 경험에 따라 갖게 되는 일체의식이 강약의 차이는 있지만 인연의 흐름을 타고 주위 모두에게 물결처럼 퍼져나간다. 혈연은 물론 사회 전체가 무의식의 연결성을 통해 서로를 공유하고 있어 상대의 장애가 내 속에 들어와 떡하니 앉아 있으므로 장애와 비(非)장애의 분별이 없다.

하나는 전체의 결과물이고 전체를 품고 있는 동시에 개성이고 전체 역시 하나를 품고 있지만 그 하나하나가 단순히 모인 집합이 아니라 곧 개개별로 전체가 되어 있다. 원융무애(圓融無碍)한 것이다. 그러므로 우리 모두가 동시에 잘 해야 되고 서로 도우며 함께 의인(義人)이 되어야 하는 법이다.

힘든 것이 곧 불행이 아니듯이 편한 것이 곧 행복이 아니다. 그리고 함께 고생하는 것도 곧 불행이 아니다. 장애로 가족이 모두 힘들어하고 있다고 불행한 것이 아니다. 장애를 함께 하게 된 것은 곧 가족 각자의 공통된 인생길이기도 하기 때문이다. 그리고 이렇게 동일한 상황 속에서도 가족 각자의 삶의 의미는 또 차이가 있게 된다. 나에겐 행복으로 여겨지지만 다른 가족은 불행으로 되는 길도 있고 나에게는 불행이라고 여겨지지만 다른 가족은 실은 행복으로 향하는 길 위에 있는 것일 수도 있다. 겉으로 보이는 행복과 불행의 단편에 너무 매몰되지 말자. 마음이 가는 길을 잘 통찰해야 된다.

어느 집안이든 그 집안의 심리적, 영적인 유전의 흐름 속에 숨어 있던 좋지 않은 부분들이 오랜 세월 쌓여있기 마련이다. 그래서 그 영향으로 나름대로 문제없는 가정이 없고 액운들을 겪고 있는데, 장애는 하필 그것이 몸의 직접적인 이상으로 드러난 것이니 이 사람은 그 집안의 대표적인 희생자라고 보면 된다. 그래서 그 집안의 다른 사람들은 오히려 별 탈 없이 살고 있는 것을 많이 본다.

그런데 여기서 착오가 생겨난다. 그 사람이 분노와 슬픔과 미움의 집중대상이 되는 것이다. 그래서 가족이 서로 다투기도 한다. 장애인이 그 집안과 혈연의 큰 짐을 대표로 나서서 지고 있는 덕분에 다른 사람들은 그나마 무사하게 사는 것을 안다면 오히려 내가 장애를 갖지 않은 것을 그나마 고마워하고 그 사람에게 미안해하면서 집안사람 모두가 나서서 도와주어야 마땅한 일인데 전도몽상(顚倒夢想)되어 있는 세계이다 보니 장애를 반대로 대하는 것이다.

장애인이 생겼을 때 그 집안이 포용하느냐 아니면 배척하느냐에 따라 그 집안 전체의 앞날이 결정된다. 누구의 잘못으로 장애인이 생겨났는지 꼭 나누어 분별해서 정확하게 따질 수도 알 수도 없다. 조상과 나 자신을 비롯한 집안사람 전체가 둘이 아닌 까닭이다.

장애인이 생겼다고 그 집안이 무조건 끝장나는 것이 아니다. 단지 집안사람 모두 힘을 바르게 합치면 되는 법이다. 그리고 후유증이 크게 생겨나지 않도록 잘 하면 된다. 보이지 않는 집안문제의 결정체인 장애인을 모두 나서서 도와주면서 함께 간다면 그 집안의 나쁜 점들이 해소되어가므로 그 집안이 잘 유지되고 전체적으로 점점 나은 방향으로 가게 된다.

반면 장애인이나 그 부모에게만 모든 책임을 미루고 외면하거나 배척하고 숨기고 억압하며 화를 낸다면 그 집안은 점점 기우는 쪽으로 전개되고 집안사람 모두가 최종적으로는 피해자가 된다. 뭉친 힘이 흩어지는데다가 힘들어하는 생명을 외면하는 데서 생겨나는 잔혹하고 싸늘한 살기(殺氣)가 집안 전체에 서서히 퍼지기 때문이다.

그러므로 장애인의 탄생이 그 집안사람 전체에게 큰 복이 될 수도 있고 큰 재앙이 될 수도 있음은 선택이다.

생각이야 자유지만 결국 행(行)하는 것만이 중요하게 된다. 할 바를 마땅한 도리와 실상을 알아서 그대로 해나가기만 하면 된다. 생(生)과 사(死)가 끊김 없이 이어지는 가운데 희생자인 이 사람을 잘 보살펴나가면 가족과 집안의 미래가 점차 밝아지니 절망할 필요가 없다. 마음속의 불빛만 잘 이어나가는 것이 중요할 뿐이다.

인연 속에서 마땅한 도리를 행하는 것이 나의 인생이지, 인연을 제쳐두고 따로인 나의 인생이란 본래 없다. 그리고 인연을 넓게 보면 장애가정을 돌보는 데 힘을 보태는 것은 우리 모두의 행복과 나 자신의 행복을 위한 책무인 것이다.

평등의 덕을 얻는다

한 달에 몇 천만 원이라는 돈을 버는 어느 유명학원 강사가 있었다. 그러다가 아들이 발달장애로 판정나자 돈과 명예 등 모든 것을 아이를 위해 버렸다. 그리고 모든 시간과 열정을 아이에게 쏟고 있다가 국내에서 한계를 느껴 7년 후 호주로 이민을 갔다. 그리고 그곳에서 아이는 너무도 적응을 잘하고 있고 현재 너무 좋은 결과를 내고 있다고 한다. 호주에서 특별한 치료법과 교육법이 있어서가 아니고 그 곳에선 아들을 장애인으로 보기보다는 외국인으로 본다고 한다. 그런 시선이 아이에게 좋은 영향을 주고 있다고 필자에게 전한다.

이런 사실은 장애를 바라보는 사람들의 시선이 어떠하냐에 따라서 특별한 치료가 아니라도 얼마든지 좋은 결과를 낼 수 있음을 증명하는 것이라는 생각이 든다. 장애는 사람들 사이에서 생겨났기 때문이다.

장애인을 차별하는 사람은 곧 장애인에게 병(病)을 주고 있는 악행을 자기도 모르게 저지르고 있다는 사실을 깨달아야 된다. 여기서 평등의 힘이 얼마나 큰지 알 수 있다.

어둠 속의 촛불은 한낮의 태양과 같다. 부처는 대상을 분별하여 멀리하고 가까이 하거나 사랑하고 미워하는 등의 차별심이 없다. 인류 역사는 차별을 강화시키려는 욕망과 평등을 얻으려는 욕망의 충돌과 갈등으로 점철되어 있다. 근세에 대의명분으로는 평등을 어느 정도 얻었다고 하지만 물질적으로는 차별이 더욱 심화되어가고 있어 장애인을 보는 마음 역시 무의식적으로는 차별심이 강화되고 있어 심각하다.

평등을 따로 떠올리면 이미 평등이 아니다. 사실 각자 있는 자리와 모습을 서로 존중해주는 것으로부터 평등이 시작되고, 차별성이 개성으로 아름답게 완성되는 데서 평등이 원만해진다. 원의 각 점(點)을 차별만 하면 원이 붕괴되고 모두 흩어지니 각각의 점들 모두가 바람에 부질없이 날려 다니게 된다. 그래서 평등으로 단단하게 결속할수록 각자가 중심이 되니 개개인의 삶도 빠짐없이 잘 굴러가게 되고 모두 즐거워지는 법이다.

차별 속에는 자기 고통에 자기가 책임져야 된다는 의미도 들어가 있으므로 장애 역시 자기 책임이므로 스스로 알아서 해야 되는 것은 당연하고 또한 특별한 인과가 있으므로 장애인은 특히 문제 있는 사람이라는 암묵적인 인식을 가지게 되어 배척받기도 한다. 그 가족마저 죄인이 되는 것이다. 이런 단편적인 의식 속에서 장애인과 그 부모는 또 한 번 설움이 생겨난다.

그런데 장애인과 그 가족 당사자 역시 이런 무의식이 깊숙이 감추어져 있음을 부정할 수 없다. 이것이 장애인이 스스로를 보거나 부모가 장애자녀를 보는 시선 속에 무의식적으로 작용할 수 있게 된다. 장애인 스스로 타인과 너무 차별되게 자기 자신을 인식하거나 부모가 남의 자식과 비교하며 차별하는 무의식을 잘 살펴야 한다. 이렇게 되면 서로를 쳐다보는 가족 모두가 점점 불행을 크게 느끼게 된다. 지나치게 불쌍하다는 마음으로 쳐다봐도 그럴 수가 있다.

차별하는 마음이 왠지 불편한 것은 그 뿌리가 평등임을 잊고 크게 거스르는 탓이다. 행복은 평등을 거듭 확인하고 깊게 인식할수록 확고해진다. 그 바탕 위에서 차이를 존중해가는 것이 행복의 꽃을 활짝 피우게 만든다. 장애가 비장애와 평등함을 깨달을 때 장애로 주어지는 안팎의 환경이 비장애의 환경과 평등하게 되어 장애의 환경이 애씀이 없이 저절로 편안하게 극복되니 곧 평등을 깨달아 얻는 덕이다.

그러므로 장애로 인해 비록 타인으로부터 차별은 받을지언정 스스로는 평등심을 지켜내야 되고, 잊어버리면 절대 안 된다. 평등심은 부모로서 장애자녀에게 주는 사랑의 근본가치이기 때문이다.

의지함을 떠나서 독존(獨尊)을 이룬다

장애아들을 둔 엄마가 걱정스럽게 묻는다.

"내가 살아 있을 때는 이 아이가 내게 의지할 수 있지만 내가 죽고 난 뒤에는 어떻게 될까요?"

"어머니가 오래오래 살면 되지요."

"휴! 내가 이렇게 힘든데 얼마나 오래 살겠어요?"

"어머니 자신을 찾으면 얼마든지 오래 살 수 있는데……. 지금 어머니가 아이에게 너무 의지하고 있어요."

"내가 애한테 뭘 의지하겠어요?"

"어머니 몸이 어머니 마음에 의지해 그에 따라 살고 있는데, 그 마음은 아들 모습이 준 것을 받아들여 간직하고 있는 것이니 아들에게 의지하고 있는 것이지요. 아들을 갖기 전의 순수한 본인마음은 사라져버렸잖아요. 자기를 잃어버리고 애한테 의지하고 있으니 엄마가 살아봐야 얼마나 살겠어요? 또 엄마까지 자기에게 기대어 있느라고 애가 더 힘들겠어요."

"…… 제가 알게 모르게 아이에게 의지하고 있었네요. 아이를 위해서라도 제가 똑바로 서야되겠어요."

"아니오, 아이와 관계없이 무조건 똑바로 서야지요. 그래야 아이에게 오래오래 든든한 버팀목이 되지요. 그리고 죽고 사는 것이나 그 끝은 하늘의 뜻이니 벌써부터 염려할 건 없지요. 염려한다고 되는 것도 아니고요……. 다만 어머니 마음이 독야청정하다면 아마 아들보다 오래 살 겁니다. 뿌리 깊은 나무가 되니까요."

"저는 오래오래 살 겁니다. 누구를 위해서도 아니고 무엇을 위해서도 아니고 스스로 똑바로 설 테니까요."

돌아갈 때 보니 비실거리며 걸어 들어오던 다리에 힘줄이 팽팽하게 느껴진다.

장애자식 때문에 산다는 것은 부모가 괴로움을 키워 스스로를 망치는 길이다. 부모가 죽지 못해 사는 사람이 되면 마음속에 스스로 장애를 끌어들인 것이 되어 그 집안에 반드시 있어야만 될 등불은 꺼져버리고 온통 어둠 외엔 남는 것이 없게 된다. 보이는 움직임은 단순하지만 인생은 그렇지 않기 때문에 삶의 의미나 자기 가치를 어느 한 대상에 집중시키는 것은 스스로를 축소시키는 어리석음이다.

장애가족은 오히려 삶의 폭과 깊이를 한없이 넓혀가도 부족할 지경이다. 자녀는 부모 덕분에 살 수 있으므로 부모 때문에 살아간다는 것은 맞지만 부모는 자식 때문에 사는 것만은 아니다. 부모가 스스로 마음에 장애를 갖지 않도록 하는 것은 자녀에 대한 가장 기본적인 책무이기도 하다. 하물며 장애자녀를 둔 부모에게는 더 말할 나위도 없다. 건강한 마음이 자녀에게 전달되어야 자녀의 인생을 새롭게 밝혀줄 수 있다. 독존이 되어야 의지처가 될 자격이 있으니 그 때 비로소 누가 나에게 의지하고 있다고 말할 수 있다. 그리고 내가 진정한 의지처가 되어주게 되니 상대를 크게 살려주게 된다.

인연관계에서는 어쩔 수 없이 주로 의지하는 사람이 있는 반면 주로 의지처(依支處)가 되어주는 사람이 있기 마련이다. 여기에는 운명도 다소 작용하고 있다. 살다 보면 때와 상황에 따라 의지하는 입장과 의지처가 되는 입장이 서로 바뀌어야만 하는 경우도 많다. 이것이 원활하게 되면 인연관계 역시 크게 무리 없이 부드럽게 잘 이어지게 된다.

그런데 개인주의가 심해지면서 의지하면 이득이고 의지처가 되어주면 뭔가 억울하고 손해를 보는 듯한 묘한 감각을 갖게 되니 문제가 된다. 그러므로 자기가 의지할 대상을 항상 갖고 있는 동시에 필요하다면 자기 자신이 언제든지 의지처가 되어줄 수 있는 마음이 바람직하다. 이것이 되지 않으면 자기가 주로 의지처가 되어주는 편을 선택하는 것이 여러모로 차선책이다. 여기서 의지하는 자녀나 의지처인 그 부모는 서로의 인연 속에서 각자 삶의 의미를 어디에 둘 것인가? 딱 하나, 스스로를 지키는 사람이 되는 것이다.

의지하는 사람은 나약해지면 안 되고 의지처가 되는 사람은 결코 무너지면 안 되는 법이니 장애상황은 각자 자기 자신이 과연 얼마나 버틸 수 있는가를 시험하는 일종의 테스트 장(場)이기도 하다. 모든 힘을 다 모으고 끌어들이며 짜내어야 되니 자연적으로 스스로의 힘을 테스트하는 것이다. 잘 이겨나가면 내면에 잠들어 있는 힘까지 끌어내게 되니 정신력이 남다른 차원으로 한층 강화되고 거꾸러지면 한계를 맛보는 것이 된다.

한마디로 장애상황은 자기 정신력을 극도로 단련시키는 시절인 것이다. 그래서 자기가 이전보다 더 큰 의지처가 되어 비로소 주체성을 우뚝 세우게 된다. 당연히 마음의 광명을 스스로 밝히고 참된 행복을 스스로 만들어낼 수 있는 창조자가 된다. 그리고 받는 사람이 아니라 주는 사람이 된다.

정상과 비정상을 모두 벗어던진다

일본의 천재 장애인음악가 오에 히카리와 노벨문학상에 빛나는 그의 아버지 오에 겐자부로의 이야기는 유명하다. TV에도 소개된 이야기다.

일본의 오에 히카리(大江光)는 '뇌 헤르니아' 라는 질병으로 두 개의 뇌를 가지고 태어났다. 뇌의 일부가 두개골에서 분리되었기 때문이다. IQ는 겨우 65이고 소리와 언어세계와는 단절된 아이였다. 그러나 가족들은 그를 포기하지 않았고 생명이 위협받는 상황에서도 수술을 단행하여 어린 생명을 건져냈고, 아버지 오에 겐자부로(大江健三郎)는 잿빛 인생을 앞둔 아들을 위해 '빛(光)' 이라는 이름을 지었다.

장애인에 대한 편견이 이들 가족을 힘겹게 했지만 아버지 겐자부로는 아들의 성장일기를 쓰듯 하루하루를 기록했다. 그러던 중 아이가 기적같이 처음으로 새의 소리에 반응하기 시작한 것이다. 이들은 아들의 변화에 감사하며 숱한 새 이름과 새의 모습, 소리를 알려주었다. 히카리는 "엄마, 아빠"로 첫 말문을 텄고, 시간이 흘러 "이것은 흰 눈썹뜸부기입니다"라고 또박또박 말할 수 있었다.

하지만 이들의 삶이 결코 기적으로만 이어진 것은 아니었다. 사실 2차 세계대전 패망 후 일본에선 장애인에 대해 혐오할 만큼 편견이 극도로 심했다. 장애인의 모습에서 곧 망한 패전국의 모습과 유사한 이미지를 느껴 이들에게서 패전의 굴욕을 떠올렸기 때문이다.

이들 가족도 역시 언제나 주목받고 협박에 시달렸으며 심지어 12세 때는 유괴라는 무서운 일까지 겪었다. 그러나 이런 환경의 압력에 굴하지 않고 히카리가 소리에 강하다는 것에 착안해서 피아노 교습을 시켰다. 그 과정에서 아이는 놀라운 재능을 보여주었다.

절대음감을 지녔던 그는 한 번 들은 곡은 절대 잊지 않고 재현했으며 즉석에서 악보로 옮겨내기도 했다. 히카리는 2장의 앨범에 48곡을 작곡하여 담아내 무려 29만 장이나 앨범을 판매하면서 일본이 사랑하는 음악가로 성장했다.

또한 장애아를 키우는 부모의 심정과 노고를 『개인적인 체험』이라는 책으로 펴낸 아버지 겐자부로는 1994년에 노벨문학상을 받았다. "히카리는 내 인생의 발목을 잡은 인생의 빚이 아니라 내 인생에 찬란한 빛이었습니다." 아버지의 사랑에 화답하듯 아들 또한 이렇게 말한다. "저를 완전한 인생으로 이끌어준 제 인생의 빛은 바로 아버지였습니다." 부모가 스스로 장애자녀에 대한 편견이 없고, 상대적으로 정상은 아니지만 그렇다고 절대적으로 비정상도 결코 아니라는 불변의 확신이 강력한 힘을 발휘해서 마침내 아들의 몸에 갇혀 있던 색수상행식(色受想行識)을 움직여 귀를 열고 영혼이 지니고 있던 소리(聲)를 이끌어냈다. 이 때 장애는 진정으로 빛이고 축복이 된다.

그리고 아들 이름을 참 잘 지었다는 생각이 든다. 혹시 이 아버지가 아들이 결국은 빛을 보게 될 것임을 무의식적으로 예지해서 붙여준 이름이 아닐까?

무엇이 정상이고 무엇이 비정상인가? 욕망을 최대한 추구하는 것이 정상인가? 아니면 욕망을 절제하는 것이 정상인가? 오랜 관행이 정상인가 비정상인가? 몸은 멀쩡한데 마음이 못된 사람과 몸은 장애인데 마음이 착한 사람 가운데 어느 쪽이 더 정상인가? 성직자가 정상인가 아니면 일반인이 정상인가? 인간의 가치를 유용성과 노동에 두는 것이 정상인가? 그러면 힘없는 장애인과 노인들을 비롯하여 최종적으로는 모두 쓸모없고 가치없는 인간으로 죽게 되니 모두의 예외 없는 비극이 된다.

그러면 어느 쪽을 정상이라고 할 때 왜 따르지 않고 비정상에 머무르며 더욱 비정상이 되는 쪽으로 살아가고 있는가? 그러면서 장애인을 비정상으로 보고 뭐라고 할 자격이나 되는가?

생명체를 크게 보면 무엇이 인간인가 하는 것도 아직 완전히 규정되지 못하고 있는 중이다. 위대한 성인(聖人)들도 비단 인간만이 아니라 일체생명의 가능성을 최고도로 밝혀놓았으니 근본에서는 인간과 타생명체들과의 차별을 두지 않았다. 그리고 사랑과 자비와 신(神)의 인식을 인간이라는 종(種)에 속하는 기본조건으로 알려주었다. 그러므로 이런 마음이 갖추어져야 비로소 인간이라고 할 수 있고 정상적 인간이 된다. 몸으로만 인간이라고 할 수 없는 것이니 인간인지의 여부와 정상인지의 여부는 몸의 장애가 조금도 고려대상이 되지 않는다.

　장애인이나 그 부모에게 주어진 삶은 생명의 다양한 차원에서 볼 때 기본적으로 물질보다 정신을 우선하는 삶을 영위해야 되는 면이 들어가 있다. 삶의 의미가 대다수에게 불투명하지만 명확하게 눈앞에 드러난 사람이 바로 장애인과 그 가족이다. 특히 부모는 내가 아니면 꼼짝없이 죽을 수밖에 없는 생명이 눈앞에 있으니 삶의 의미가 이것 이상으로 명확하게 드러난 것은 드물다. 그러므로 내가 왜 살아야 하는가 하는 갈등은 비장애자녀의 부모보다 훨씬 적다. 이것은 별 것 아닌 것 같지만 원하는 것을 모두 가지고 이루어도 진정한 자기 삶의 의미를 찾지 못해 방황하거나 우울하거나 심지어는 자살하는 사람들이 많은 것을 볼 때 결코 가벼운 사실이 아니다. 장애인과 그 부모는 이 사실 하나만으로도 쉽게 마음을 그침 위주로 운용할 수 있게 된다.

　장애인과 그 부모는 하늘이 삶의 주된 의미를 노골적으로 드러내주고 있는 사람이다. 이것을 받아들이느냐 하는 것은 개개인의 과제가 된다. 여기서 정상과 비정상을 따지는 의식은 별 소용없다. 그러므로 장애인과 그 부모는 사회적으로 정상과 비정상이라고 하는 우리만의 이 표면적인 주관적 기준을 벗어던져야 한다. 서로 어울리되 어울리지 않는 것이 동시에 있어야 자기가 온전하게 되는 법이다.

이렇게 하는 것이 쉬운가?

쉽지도 않고 어렵지도 않다. 다만 보이는 것에 내 마음 전부를 둘 것인가 아니면 보이지 않는 것에 내 마음을 크게 둘 것인가 하는 점만 생각하면 된다. 나 자신을 땅에 매여 있는 인간 속에만 두면 아주 어렵고 하늘에 두면 너무 쉬워 애쓸 것도 없다.

하루에 단 10분만이라도 그침과 고요함 속에서 나 자신을 하늘에 두어보자. 그러면 자식에게는 내가 하늘이요, 자식을 만나기 이전의 나 자신을 그대로 유지할 수도 있게 되니 장애상황에 매이지 않는 남다른 정신이 나오게 된다. 그리고 움직여보자. 움직임에 큰 힘이 실려 장애자녀에게 저절로 전달되니 자녀 역시 그 몸을 유지할 만큼 충분한 힘을 하늘과 같은 부모로부터 스스로 얻게 된다.

영혼의 자유를 얻는다

네 손가락의 피아니스트 이○○씨는 선천적으로 손가락에 장애를 갖고 태어났다. 그녀가 여섯 살이 되던 무렵 그녀의 어머니는 손가락 힘을 키워 연필이라도 쥐게 하기 위해 피아노를 가르쳐주리라 마음먹고 피아노학원을 백방으로 찾아다녔지만 네 손가락의 그녀를 받아주는 학원은 어디에도 없었다.

그러던 어느 날, 그녀의 소식을 우연히 전해들은 한 피아노학원 원장님의 도움으로 피아노 레슨을 받게 되었다. 손가락에 힘이 없어 전혀 소리를 내지 못하던 그녀는 몸살을 앓기도 하며 비장애 아이들보다 몇 배나 힘들게 노력한 끝에 피아노 건반에서 제대로 소리가 나는 것을 들을 수 있었다.

손가락의 힘을 길러주려고 시작했던 피아노 연주는 그녀를 피아니스트로 자랄 수 있는 밑거름이 되었고, 피아노연주회에서 비장애인과 겨누어도 손색없는 실력으로 수많은 상을 휩쓸었다. 그녀는 네 손가락만으로는 절대 이룰 수 없을 것만 같았던 피아니스트가 되었다. 그리고 수익금을 자신과 같은 처지에 있는 장애인들을 위해 기부하는 등 많은 이들에게 희망을 안기고 있다.

영혼의 자유를 이끌어내었으니 마침내 자기 자신을 이긴 훌륭한 사람이다. 부자유란 본래 없지만 그렇다고 멀쩡한 몸이라고 해서 자유가 결코 공짜로 주어지지는 않으니 어느 것을 선택할지는 오로지 정신에 달려있을 뿐이다.

눈에 보이는 감옥이 있고 보이지 않는 감옥이 있다. 전자는 몸(물질)으로 드러난 것이고 후자는 마음과 영혼이 은밀하게 갇혀 있는 것이다. 우리가 모든 것을 원하고 그것들을 끊임없이 추구하는 근본적인 이유는 영적(靈的)인 자유를 얻고자 함이다. 정신이 한없이 커지면 몸과 물질로부터 해방되어 오히려 영적 자유를 얻게 된다. 그 자유가 몸과 마음에 스며나올 때 진정한 자유는 완성된다.

  장애는 마음의 부자유가 몸에 일부 드러나 굳어진 상태이니 몸은 어쩔 수 없다. 그렇다면 내 존재의 근본인 마음과 영혼의 자유를 추구하는 것이 삶의 방향이자 지표가 된다. 다행히도 마음은 몸보다 한없이 넓고 크며 영혼은 마음의 뿌리를 이루고 있으니 얼마든지 가능하게 된다.

  움직임에서 볼 때 장애인과 비장애인의 차이점이라면 비장애인은 영혼이 몸의 다양한 움직임을 통해 여러 방면으로 발현되는 반면, 장애인은 몸의 부자유로 인해 한두 가지 정도의 방면으로 드러난다는 것이다.

  여기에도 장단점이 있다. 비장애인은 그 영혼이 다양하게 발현되는 점은 좋을 수 있지만 반면 그 힘이나 집중도, 성향 등이 분산되고 흩어져 삶의 각 방면에서 부분적으로만 나타난다. 그래서 각 방면이 온전하지 못하고 어느 방면에서나 불만족이나 부족함이 생기게 되어 있다. 반면 장애인은 그 영혼이 한두 가지 방면에만 집중되어 나타나므로 영역은 한정되지만 그 힘이나 성향이 한 곳으로 집중되므로 크게 드러나게 된다. 그래서 비장애인보다 영혼의 자질을 월등하게 드러낸다. 반면 다른 방면은 상대적으로 훨씬 떨어질 수밖에 없다.

  당연히 어느 분야에서 천재성을 가진 장애인이 분명히 많이 있게 되어 있는데 단지 우리가 모르고 있을 뿐이다. 장애아가 어떻게 저럴 수 있느냐고 생각하며 놀라고 칭송하지만 이것은 지극히 당연한 현상일 뿐이다. 오히려 장애를 가지지 않았으면 그런 천재성이 드러나지 않았을 수도 있다. 또한 장애인이 천재성을 없을지라도 한 방면에서 꾸준히 노력하면 역량이 뛰어난 사람이 될 가능성이 더 크다. 몸이 멀쩡한 천재도 삶의 다양한 영역에서 어쩔 수 없이 제한을 갖고 있다.

이 점에서 보면 천재는 장애인과 몸의 차원에서는 본질적으로 크게 다를 바 없다. 결국 인간은 몸이 전부가 아닌 것이다. 몸이 장애든 아니든 간에 누구나 정신이 어디에 얼마나 집중되어 있느냐 하는 점만 중요할 뿐이다.

그러므로 장애인은 이 점에서 자유를 찾는 것이 바람직하다. 몸은 부자유해도 마음과 영혼은 비장애인과 마찬가지이고 뛰어난 가능성은 오히려 더 크게 되니 절망은 본래 없다. 어느 방면에 내 영혼을 집중해서 나타낼 것인가 하는 점은 특히 장애인생의 삶의 질을 이루는 데 핵심이다. 그러므로 단순한 복지 차원뿐만 아니라 인재양성의 차원에서 장애인의 특출한 소질을 찾아내고 익히고 발현할 수 있도록 지지해준다면 수많은 장애인이 비장애인보다 훨씬 큰 행복과 자유를 누릴 것이다.

안타깝게도 몸에 걸려 마음마저 장애 아닌 장애를 계속 만들고 이어가고 있다. 개인적, 사회적 낭비가 너무 크다. 이제 로봇과 인공지능 등이 인간의 육체와 정신노동까지 점차 대체하고 있는 중이니 몸을 가지고 서로의 우열을 따지는 것은 점차 의미가 없어지고 있다.

다양성을 받아들인다

집단을 이루고 사는 인간의 가장 큰 주제 가운데 하나는 순혈주의와 개방주의의 갈등이다. 비슷한 우리끼리만 소유물을 가지면서 계속 잘살고 이어나가려는 것이 큰 욕망 가운데 하나인데 천지자연은 이에 대해 여러 가지 엄벌을 내리고 있다. 비슷한 조건의 인연끼리만 결합하고 집단이 좁게 뭉쳐 이어나갈수록 부족한 면이 현상적으로도 점차 많이 생기도록 해놓은 것이다. 돈이 많은 집안끼리만 결혼해봐야 세월이 흘러 결국 흐리멍텅한 후손이 나와 가진 것을 모두 흩어버린다.

왕조시대도 이런 이유로 인해 막을 내리게 되는 경우가 많다. 순혈주의의 극단인 근친혼에 잘 드러나 있다. 서양의 합스부르크왕가는 권력유지와 혈통보존을 위해 5대에 걸쳐 근친혼이 성행했는데, 결국 장애후손들이 연속적으로 나와 대(代)가 끊겨버렸다.

신라의 지증왕 역시 신라왕실의 근친혼으로 인해 남근(男根)에 장애를 가졌던 기록이 삼국유사에 나와 있다.

이것은 본래 일체가 허공에서 나왔으므로 모습이 다른 타인과 하나가 되어 다양하게 어울려야 되는 자연을 거스르는 데서 생기는 현상인데, 자연은 일체의 생명과 무생명들이 빠짐없이 서로 교류하며 하나로 움직이기 때문이다. 동일한 성향의 집단이 고유성만을 고집하다가는 결국 자연의 힘에 의해 도태되고 만다. 그렇다고 타집단과 공유하자니 가진 것이 아깝다. 결국 독점은 무조건 죄가 되어 뒷날이 좋지 않게 된다.

우리 집안에 왜 이런 장애인이 나왔는가? 이유야 천차만별이지만 근본에서는 대우주의 다양성(多樣性)을 세상 속에서 받아들이라는 의미가 들어 있다. 이는 또한 일체를 겉모습만 보고 차별하지 말라는 의미도 들어 있다. 나아가 자연에 저항하지 말라는 의미도 들어 있다. 너희 모습끼리만 정상으로 여기며 살면 안 된다는 것과 그럴 수 없다는 자연의 그 의미는 개별생명체의 욕망을 여지없이 깨버리고 무화(無化)시켜 버린다.

그래서 소규모 집단을 이루고 우리끼리만 사는 것은 결국 허망하게 되는데, 마음을 일체생명에게 열고 넓히지 않는 한 이런 현상은 결코 사라지지 않는다. 포용심이 관건인 것이다. 장애든 아니든 모두가 내 자식이요, 모두가 내 부모인 것이다.

인연은 곧 자연이다. 부모와 자식 인연 또한 이러하니 장애 등 그 어떤 이유로도 거스를 수 없다.

하늘은 인간의 잘남 속에 못남을 섞고 못남 속에 잘남을 섞어준다. 그러므로 잘남으로 굳은 집안은 그만큼 장애후손이 생겨날 위험이 더 큰 법이다. 당연히 평소 덕을 쌓으며 개방적인 집안이 되도록 해야 된다. 자연스러운 현상이니 자연스럽게 해소되도록 해야 된다. 그 근본은 천지자연에 들어맞게 마음을 바르게 다시 재정립하는 것이다. 욕망으로 똘똘 뭉친 차별심으로는 더욱 악화될 뿐이다. 다양한 생명의 모습을 평등하게 받아들이는 포용성을 키우도록 요구되고 있다.

분별하면 길고 담담하면 짧다

오래 살고 싶어 하지만 실은 오래 사는 것 자체가 목적이 아니라 태어날 때 가지고 나온 욕망을 이루는 데 필요한 시간을 벌기 위해 오래 살려는 것이다. 욕망이 충족될수록 살 의미가 점점 줄어들게 되고 충족되지 못하면 괴로움이 지속되니 좋고 나쁨에 매여 있는 욕망에 따를수록 결국 남는 것은 허망함밖에 없다. 오로지 청정한 마음에서 나오는 사랑과 자비만이 장애상황에서도 정답이 된다.

수명 100세 시대에는 욕망과 관계없는 삶의 의미를 갖지 못하면 긴 세월이 힘들 수밖에 없게 된다. 욕망은 주어진 상황을 좋고 나쁜 것으로 딱 나누어 좋은 것은 오래 지속되고 나쁜 것은 빨리 사라지기를 바란다. 상황마다 시간관이 달라지는 것이니 주관이 객관을 오염시키고 만다. 사계절이 오고 가는 것은 내 욕망과 관계 없으니 겪고 있는 일이 지속되는 시간은 내 마음대로 정할 수 없다. 그런데 부족하면 달라붙고 채워지면 떠나가는 것이 자연인지라 인정(人情)을 떠나 지혜롭게 자연의 법을 잘 따르면 지속기간이 아무래도 어느 정도는 변하게 된다.

힘든 현상에 대해 좋고 나쁜 분별심을 뚜렷이 가지고 마음이 요동칠수록 부족함이 강하게 떠오르니 오래 지속되고 분별심이 약하여 무심하고 담담할수록 빨리 채워지므로 나타난 현상의 지속시간은 짧아진다. 당연히 강한 주관에 따라 취하거나 버리려고 애쓸수록 현상은 오래 지속되고 심지어는 겉모습만 바뀌어 지속된다. 인연관계 역시 마찬가지의 이치를 따르고 있다. 주관을 줄이고 모든 것을 객관으로 존중해야되는 것이 순리다.

장애를 마음에 강하게 담아둘수록, 장애로부터 발버둥칠수록, 장애를 나쁜 것으로 볼수록, 장애로 처한 현실을 원망할수록 고된 시간이 오래 지속된다.

반면, 장애에 담담할수록, 장애를 마음에서 벗어던질수록, 장애를 나쁜 것으로 보지 않을수록, 장애처지를 불평하지 않을수록 지속되는 시간은 짧아진다. 그리고 충분한 사랑을 베풀수록 나쁜 상황이 지속되는 시간 역시 짧아진다. 이는 사랑의 힘이기도 하면서 동시에 사랑을 받는 대상이 빨리 충만되기 때문에 자연의 도리에 따라 현상을 이대로 계속 더 이어갈 필요가 없게 되기 때문이다.

마음이 수시로 요동칠수록 장애에 걸려있는 집안상황은 오래 지속되며 팔자에도 없는 부작용이 연이어 생겨나게 된다. 장애상황이 빨리 사라지기를 간절하게 바라는 것은 자칫 자연을 거슬러 부작용이 크게 될 수 있으니 잘 생각해야 된다. 서두르거나 자포자기하지 않고 장애상황을 버텨내는 과정에서 힘이 크게 키워지면 빨리 해소되는 쪽으로 모든 것이 보이지 않게 움직인다. 시간은 순리이고 자연이기도 하기 때문이다.

얻음 속에서 잃고 잃음 속에서 얻는다

한 때 심한 장애인이었다가 지금은 기적같이 거의 회복된 이 남자는 예전부터 항상 꿈과 반대현상이 일어나니 재미있다. 필자에게 처음 찾아왔을 때였다.

"제가 꿈을 꾸면 이상하게도 꼭 반대 일이 생기는 거예요. 제가 꿈에서 돈이 든 가방을 잃어버릴 때마다 돈이 들어오거든요. 가방에 돈이 적게 들었을 때는 적게 들어오고 많이 들었을 때는 그만큼 많이 들어오는 거예요."

"그것은 꿈과 현실이 반대라서가 아니라 항상 가득 차 있는 공(空)의 법칙에 의해 일어나는 현상입니다. 영혼세계 차원에서 잃어버렸으니 물질세계에서는 그만큼 생기게 되어있는 거예요. 그래서 꿈에서 뭔가 얻으면 현실에서 그만큼 잃는 경우도 많지요."

"그런데 얼마 전 꿈을 꾸었는데, 누가 제게 굉장히 큰 가방을 주는 거예요. 가방을 열어보니 평생 먹고 살만큼의 돈이 들어있었어요. 그래서 기대가 되기도 하고 한편으로는 불안해지기도 하고 그래요. 좋은 꿈입니까?"

남과 달리 자기 자신에게는 스스로 꿈이 반대임을 오랫동안 경험해 왔지만 막상 꿈 내용대로 실현되기를 기대하는 마음을 은근하게 가지게 된다.

"아주 조심하셔야 되요. 그것은 곧 목숨이나 건강을 앗아가겠다는 겁니다. 그 대가로 미리 돈을 지불한 겁니다."

얼마 후 교통사고로 하반신이 마비되어 그만 장애인이 되었다는 연락이 왔다.

"죽지 않은 것만도 다행입니다. 그런데 꿈에서 보면 받은 돈이 있으니 아마 실망하지 않고 꿋꿋하게 산다면 분명히 꿈에서 받은 그 돈을 벌게 됩니다."

과연 그렇게 되었다. 보상금으로 땅을 좀 사두었는데 개발되는 바람에 그만 대박이 난 것이다. 그런데 돈 많은 장애인이 되었으니 상대적으로 몸이 더욱 아쉬울 수밖에 없는 법이다.

"그 돈을 모두 본인만 갖게 되면 당연히 평생 장애신세를 면할 수 없으니 불우이웃돕기 많이 하세요."

이후 이 분은 독지가로서 어려운 이웃을 남몰래 돕고 있다. 그래서인지 재활이 이상하리만큼 아주 빨라져 이제는 일반인과 큰 차이를 보이지 않게 되었다. 그 후 소식을 들어보니 직접 몸으로도 봉사하고 있는 중이라고 한다. 과연 멀쩡하게 살았다면 남다른 기쁨과 생(生)의 의미를 느끼게 되었을까?

이 세계에서는 얻는 것이 있으면 반드시 그만큼 잃는 것이 있고 잃는 것이 있으면 반드시 그만큼 얻는 것이 있게 마련이다. 그리고 비워지면 채워지는 것이 있고 채워지면 비워지는 것이 반드시 있다. 또한 얻고 잃음, 비움과 채움은 항상 동시에 일어난다. 그 순간은 비록 모를지라도 결국은 시간의 흐름에 의해 확인된다.

이것은 오행(五行)이 늘 생(生)과 극(剋)을 동시에 이루고 있으며 보이는 세계와 보이지 않는 세계가 하나로 돌아가고 나아가 얻는 것과 잃는 것이 본래 없기 때문에 자연스럽게 생기는 현상이다. 그래서 굳이 집착하지 않더라도 항상 손에 무엇인가를 쥐고 있게 되고 온전하게 빈손이 되기 어렵기도 하다. 또한 나에게 있던 것이 몽땅 나가고 비워진다고 하더라도 스스로 절망하지 않는 한 죽지 않게 된다.

그러므로 무엇을 얻고 무엇을 잃는다고 생각하는 것은 주관적 가치관에 따른다. 그리고 이런 실상을 보면 희망 자체도 굳이 따로 필요 없는 법인데, 내 마음이란 것이 개별적으로 있으므로 어쩔 수 없이 희망을 갖는 것이 반드시 필요해진다. 인간을 비롯한 일체생명은 영혼이 있고 마음이 있으며 몸이 있기 때문에 얻고 잃는다고 해도 그 차원이 다르고 중시하는 기준이 다르다. 그리고 시간의 길이를 얼마나 두고 따지느냐에 따라 또 다르기도 한다.

성인(聖人)은 몸(물질)은 물론 마음까지 버리고 순수한 영혼을 얻는 존재다. 대인(大人)은 몸을 버리고 마음을 얻는 존재이고, 소인(小人)은 영혼과 마음을 버리고 몸만 얻는 존재이다.

달마의 제자 2조(祖) 혜가스님은 달마에게 구도의 결심을 나타내 보여주고자 자기의 팔을 단번에 잘라버리고 허락을 얻어 제자가 되어 마침내 부처님의 법통을 이었다. 팔과 팔에 붙은 마음까지 버리고 부처로서의 영혼을 얻었던 것이다.

혜가의 법제자인 3조(祖) 승찬스님도 한센병환자였다가 성불한 후 나았으니 장애인이 연속으로 부처가 된 경우다. 인류역사상 성인이 된 가장 위대한 장애인이었다고나 할까.

장애인과 그 가족은 인생에서 얻고 잃는 것을 차원을 넓혀 살펴보아야 하는 안목이 요구되고 있다. 장애로 무엇을 얻고 무엇을 잃었는가? 그리고 더 얻어야 되고 더 이상 잃지 않아야 되는 것은 무엇인가? 장애인과 가족은 서로에게서 과연 무엇을 얻고 무엇을 잃고 있는가? 그리고 얻고 잃는 것에 대한 가치를 얼마나 두고 있는가?

행복은 하고 싶은 것을 하지 못한다고 반드시 얻지 못하는 것이 아니다. 제멋대로 변하는 감정은 잠시만 뒤로 접어두고 냉철하게 얻고 잃는 것에 대한 안목이 넓어지고 마음이 커질수록 장애는 멀어져간다. 가장 불행한 것은 장애상황에 몸도 마음도 영혼도 모두 잃어버리는 결과다. 마음만이라도 잘 지켜내면 하늘의 도움이 결국 오게 된다.

복(福)과 화(禍)는 항상 함께 있다

"미국에 이민 가서 살고 있는 제 친척이 재산이 어마어마한 사람이 있는데, 그 집에 발달장애 아들과 딸이 연속으로 둘이나 나왔어요. 세 번째 딸아이만 정상이고요. 어찌 그럴 수 있지요?"

절에 다니며 공부하는 보살이 와서 묻는다. 그렇게 돈이 많으면 분명히 복이 많은 집일 텐데 자식들이 둘이나 연속해서 그러니 확실히 예삿일은 아니다.

"이것이 인간세상의 문제이지요. 타고난 파이를 몇 조각으로, 어떤 크기로 나누는가 하는 것이 참 힘듭니다. 여러 조각으로 골고루 나누면 큰 탈은 없지만 사는 것이 밋밋하게 느껴지고요, 어느 한 조각을 크게 해버리면 작아진 쪼가리들이 고통스럽기 때문에 모순이지요. 그 집은 타고난 복밭을 거의 돈으로 채워버렸으니 자식이 들어설 몫이 없어진 것이지요. 그런데 자식들을 셋이나 낳으니 온전할 리가 없는 것은 당연한 이치입니다. 넘치는 돈으로 자식들을 잘 돌보도록 하는 수밖에 없겠네요."

"그럼 방법이 없나요?"

"불우이웃 돕기 등으로 돈을 크게 줄이면 그나마 자식들이 조금씩 좋아질 것입니다. 그렇지만 돈 욕심이 많아서 악착같이 몽땅 소유하고 있으면 신이라도 대책이 없습니다. 아마 그 분들은 자식들과 다시 바꿀 만큼 돈을 크게 줄이지 않을 테니 그대로 살 것입니다. 보시란 그 파이 자체를 키우는 것이라서 비교적 골고루 오복(五福)을 누리게 만들어줍니다. 그래도 사람들과 보이지 않는 세계에서의 시기질투가 오기 때문에 자기의 복만으로는 두루 평안하게 잘 살기에는 한계가 분명 있지요. 그래서 항상 어느 집이든지 안타까운 점이 있기 마련입니다."

〈복〉과 〈화〉는 타고날 때 그 크기가 대체로 정해져 주어지지만 그것을 어느 정도 조정할 수 있는 여지는 반드시 있기 마련이다. 자연은 고정되어 있지 않고 흐름이 쉼 없기 때문이다. 그래서 발달장애 아이 둘와 나머지 한 아이가 장차 어떻게 될 것인지는 부모의 마음에 어느 정도 달려 있게 된다.

어떤 〈복〉이 크면 반드시 그에 상응하는 크기의 〈화〉가 있게 되어 있으니 이는 하늘이 공평한 것뿐만이 아니라 〈복〉에 대한 욕망이 부르는 〈화〉가 된다. 반면 〈복〉을 나누면 〈화〉도 그만큼 저절로 줄어들게 되어 있고 줄어든 〈화〉만큼 그 자리가 다시 〈복〉으로 채워지니 묘하다. 자연은 이렇게 치우침과 고정됨을 경책한다. 분수를 알고 적당할 때 그쳐야 하는 이유다.

멀쩡한 몸이나 불편한 몸이나 가릴 것 없이 그 몸이 〈복〉이 될지 아니면 〈화〉가 될지는 오로지 자기 자신에게 달려 있을 뿐이다. 이 세계와 생명이 음(陰)과 양(陽), 생(生)과 극(尅)이라는 상호 모순된 힘으로 생겨났다. 그러다보니 인간의 의식도 자연히 좋고 나쁨, 사랑과 미움 등 모순된 마음, 분별하여 취하고 버리려는 마음, 차별심을 갖추게 되어 늘 이 상대성기준으로만 모든 것을 바라보고 있다. 그런데 무지개 색깔도 하나의 색깔에서 나왔듯이 본래 하나로 이루어져 있으며 그 출생근원 역시 일체가 평등하다.

〈복〉과 〈화〉 역시 마찬가지다. 〈복〉 가운데 〈화〉가 숨어 있고 〈화〉 가운데 〈복〉이 숨어 있어 〈복〉은 〈화〉를 부르고 〈화〉는 〈복〉을 부른다. 〈복〉과 〈화〉가 하나가 되어 장애를 준 것이므로 당장 믿어지지는 않겠지만 장애 속에도 〈복〉이 절반은 반드시 들어가 있다. 감정은 〈화〉만 찾게 되고 지혜는 그 〈복〉을 찾게 된다. 그리고 더 나아가서 보면 〈복〉과 〈화〉라는 것은 고정되어 정해진 바가 없고 또한 내가 생각하는 〈복〉과 〈화〉의 그 실체는 본래 없는 것이며 주관적이다. 당연히 어떤 인생이나 본전임을 깨달을 때 장애 속에서 뭔가 달라지기 시작한다.

단순히 〈복〉을 얻고 누리는 것은 가벼운 인생으로서 삶의 무게가 없고 이는 나 자신의 존재가 삶 속에 담기지 않기 때문이다. 그래서 누린 〈복〉이 결국은 허망하게 된다. 한 가지 결핍이나 만 가지 결핍이나 고생스럽고 불행한데는 별 차이가 없다. 오히려 한 가지 결핍은 그 특성상 더 큰 고통을 일으킨다. '장애가 아니라면 더 이상 바랄 것이 없겠다'는 생각은 늘 결리는 옆구리 같다. 그러나 아무리 다복하더라도 마지막 남은 그 하나의 결핍은 차원을 달리하고 있으니 뭘 하고 안 하고의 차원이 아니라 오로지 존재의 변형 노력과 그에 따른 하늘의 도움과 시간만이 답이다.

장애의 마음과 비(非)장애의 마음이 크게 다른 것 같지만 한꺼풀만 벗겨보면 그리 별 차이가 없다.

이런 사실을 추리하여 보면 우리의 몸 안팎에는 항상 〈복〉과 〈화〉, 장애와 비장애가 함께 갖추어져 있음을 알 수 있다. 이 가운데 단지 지금 여기서 어느 것이 주로 드러나 있느냐 하는 점만 다를 뿐이다.

장애인은 장애와 〈화〉가 몸에 크게 드러나는 반면 상대적으로 비장애인은 몸속에 그만큼 크게 장애와 〈화〉를 갖고 있다. 마음이 주로 탐착(貪着)으로 되어있기 때문이다. 몸속에는 밖에 의하여 일어난 마음만 잔뜩 담겨 있어 곧 주체적인 내가 없어 허깨비가 되니 이것이 진정코 무서운 장애이다. 돈과 명예, 권력 등을 많이 가질수록 마음의 장애는 그에 비례하여 커지게 되어 있다. 반드시 비워두어야만 될 마음의 부분까지 채워 막아버리기 때문이다. 그러므로 몸 안팎을 동시에 보면 누구나 장애인이고 동시에 누구나 비장애인이다.

장애를 갖게 되면 본인이나 가족에게 분명 물질 차원에서의 〈복〉은 아닌 것이다. 그러나 실상에 따르면 〈복〉이 아니므로 곧 〈화〉도 아니다. 또한 〈화〉라고 받아들인다면 곧 〈복〉인 것이다. 이 사실을 직접 확인하고 체득해나가는 것이 곧 삶의 의미를 밝히는 것이 된다. 〈복〉이 근본적으로는 〈복〉이 아님을 알고 〈화〉도 역시 그러함을 아는 정도는 되어야 한다. 그렇다고 해서 특별히 외형적으로 달라지는 것은 없다. 그러나 정신과 물질이 둘이 아니므로 반드시 미래의 현상에서 지금은 알지 못하는 큰 변화를 나타내게 되고 몸의 장애로부터도 크게 얻는 것이 있게 되어 있으니 이는 곧 법이라서 어김이 없다.

순경(順境)과 역경(逆境)을 만들지 않는다

바람이 부는 길이 있고 내가 가고자 하는 길이 따로 있음으로써 순탄한 경계와 거스르는 경계가 생기게 되니 순경과 역경은 나로 인해 생기는 법이다. 여기서 욕망의 조정 문제가 자연스럽게 등장하게 된다. 인간세상에서는 순탄한 경계를 만나고 역경을 극복하는 것을 좋아하고 칭송하지만 보이지 않는 큰 세계의 기준으로 보면 순경과 역경이 따로 없는 자리에 나 자신을 두는 것을 가장 이상적으로 간주하고 있다. 그리고 순경이든 역경이든 그것이 본질적인 문제가 아니라 과연 자기에게 주어져 있는 각각의 목적지에 도달하느냐 못하느냐가 궁극적이다. 본래 순경과 역경이란 따로 없기 때문이다.

삶에서 근본적인 문제는 단 세 가지에 지나지 않는다. '나 자신'과 '목적지'와 '가는 길'이다. 이것은 처음부터 끝까지 홀로 이루어지는 것이고, 인생은 이것뿐이며 단순한데도 스스로 그 도중에 얻고 잃는 것들을 강하게 내세우며 지체하고 삶을 복잡하게 만들어 혼돈 속에 스스로를 빠뜨리고 있다. 그러다가 서산에 해가 지고 마니 한탄만이 남는다. 나중에 보면 그 길에서 주워 좋아하던 것들이 아무런 도움과 의지도 되지 않기 때문이다.

장애인과 그 가족은 가는 길에 몸이 불편해져 일단 인간세상에서는 눈에 보이는 큰 역경을 만난 상황이다. 더구나 물질 위주의 이 세계에서는 평생 극복되기 어려운 역경이다. 그렇지만 그 누구에게나 고통이 모습은 다를지언정 겪는 정도는 비슷하게 주어지는 것이 모순과 상대성의 이 세계다. 돈이 많으면 돈으로 해결되지 않는 고통이 주로 생겨나고 돈이 없으면 돈으로 해결할 수 있는 문제가 주로 생겨난다. 이것 또한 인간의 마음이 한 쪽에만 치우침으로써 생기는 다른 쪽의 공백을 하늘이 알려주는 것이기도 하다. 그래서 우리가 물질과 정신, 그리고 영혼,

나아가 개인과 가족 모두를 포괄하여 두루 원만한 마음을 가지도록 일깨워주고 있다.

　장애인은 그냥 자기 모습대로 태어나거나 사는 도중에 자기 자신이나 부모 등 가족의 내면에 이미 간직하고 있던 그 모습을 육안으로 만났을 뿐이다. 그리고 그 가족은 본래 가고 있는 길에서 이미 기다리고 있는 존재로서 만난 것이다. 혼자 자기 욕망의 길을 내달음치지 말고 또 다른 마음을 내어 같이 손잡고 천천히 가라는 것이다. 본래 길 없는 길이고 끝없는 길이다. 그 가운데 특히 장애아동의 부모는 사랑을 얼마나 지혜롭고 강하게 발휘해내느냐 하는 과제를 안고 있다.

　모성애는 본래 인연에 따른 차별이 없는 사랑과 자비가 생명의 영속성을 통해 드러낸 마음인데, 자기욕망에만 한정시켜놓으면 집착이 되어 오염되므로 오히려 해를 끼치게 되어 있고 타인에게 평등하게 드러내면 신의 세계를 향하는 마음의 원천이 된다. 장애와 비장애를 구분하여 가지는 차별적인 마음은 모성애를 오염시키며 괴로움을 스스로 더욱 키운다. 인생에서 순탄하고 편한 경계와 불편한 역경을 나누어 따지는 것 자체가 큰 어리석음이다.
　장애가족을 가진다는 것은 어찌 보면 하늘에서 그 사람을 기꺼이 돌보고 함께 갈 수 있는 사람으로 스스로를 바꾸어보라는 암시가 들어가 있기도 하다. 여기에는 순경과 역경을 초월해서 살아보라는 천명이 들어있기도 하다. 장애를 좋고 나쁜 일로만 따진다면 고통이 끝없이 이어질 뿐이다. 삶은 앞서고 뒤서는 것이 없으니 자기 걸음 폭만큼 잘 옮기면 된다.

우연(偶然)은 받아들이고 필연(必然)은 뛰어넘는다

인과를 가진 장애를 한 번 살펴보자.

뇌병변을 가진 어린 딸을 두고 있는 젊은 엄마가 왔다. 남편과 함께 평소 절에 다니면서 마음을 의지하고 있지만 이런 저런 고생은 부처님도 무심하게만 느껴질 만하다. 스님에게 인과응보라는 말을 듣고 죄의식을 갖고 자기와 아이가 무슨 업장이 있는지를 늘 화두삼고 있었다.

"저나 딸이 무슨 업장이 있어서 이렇습니까?"

호기심으로 묻는 이런 질문에는 평소 대답해주지 않지만 정말 진지하게 물으니 듣고 받아들이며 참회할 수 있겠다 싶어 말해주었다.

"이 아이는 6.25 때 어린 나이에 친엄마로부터 버림을 받고 길거리에서 고생하다가 그대를 만나 양육받던 중 그만 병들어 죽었지요. 그대는 6.25 후에 이런 버림받은 고아들을 많이 데려다 돌보는 일을 했어요. 그래서 그 때 인연으로 이 아이가 그대에게 태어나면 이전처럼 버림받지 않고 평생 사랑받을 것이라는 생각에 그대에게서 태어났지요."

"제가 나쁜 짓도 하지 않았는데 이렇게 살 수도 있어요?"

"이 아이는 그대 영혼이 직접 돌봐주려고 스스로 부른 겁니다. 지금 그대 영혼은 여전히 그 때 돌봤던 아이를 자식으로 불러 돌보고 있는 중이니 참으로 부처님이 되는 길로 계속 가고 있는 중입니다."

"그런데 왜 이 아이가 지적장애로 태어났나요? 반드시 그럴 이유가 없을 것 같은데……."

"그 때 이 아이를 버린 친엄마가 바로 지금의 그대 여동생입니다. 여동생은 아마 그 업장으로 자식과 관련된 남다른 고통이 있을 겁니다. 아니면 자식이 없거나요."

"맞아요. 돈은 많은데 아기가 이유 없이 생기지 않고 시험관아기도 되지 않아 그 돈을 나중에 우리 딸에게 모두 줄 것이라고 했어요. 그리고 이 아이가 태어난 후부터 지금까지도 나서서 경제적으로 크게 도움을 주고 있고요. 그렇지 않았다면 아마 제가 견디지 못했을 겁니다. 그런데 내 동생의 잘못인데 제가 왜 받아야 하나요?"

"아이가 장애를 스스로 갖고 태어나 보여주며 자기를 버린 동생의 양심을 자극하는 것이지요. 그리고 동생 영혼도 이제 양심을 찾고 보니 자기가 버려 이렇게 되었다는 생각이 들며 미안해진 거지요. 그러니 딸과 그대를 놓고 보면 인과응보가 아니라 단순히 인연이지요. 이 아이는 동생이 아니라 그대를 택했고요. 아마 동생을 보면 아이가 평소와는 다른 반응을 보일 겁니다."

"그래요. 동생만 보면 이유 없이 인상을 쓰고 있는 힘을 다해 온몸을 발버둥쳐요. 이상하다고 생각했는데, 그래서 그렇군요. 앞으로 어떻게 해야 되지요, 선생님?"

"언니로서 동생의 잘못을 이제 알았으니 부처님께 대신 참회해주세요. 그리고 내 말을 들었다고 동생을 이전과 다르게 보면 안 됩니다. 이미 벌을 받고 있고 또 도움을 주고 있으니까요. 사람이 너무 힘들면 그만 양심을 순간 잃어버리는 경우는 흔하니까 동생을 특별히 나쁜 사람으로 보지 마세요. 금생은 동생의 잘못을 그대가 언니가 되어 마무리지어주는 입장이니 부처님이 따로 없지요. 그리고 그대가 그 때 지어놓은 복은 지금 받고 있는 중입니다. 그 증거로 아마 남편이 그대에게 굉장히 잘해줄 겁니다. 대부분 이런 상황에서는 부부불화가 극에 달하고 서로 헤어지거나 원한까지 생기게 되는 경우가 흔하니까요. 남편의 사랑이 그대에게는 큰 힘이 되지요."

"그건 그래요. 이런 딸을 낳고도 남편이 저에게 너무 잘해주고 위로 해주어서 참 착한 남편이라고만 생각했는데, 알고 보니 이런 것이 있었군요. 남편에게도 더욱 신경을 써야 되겠네요."

의문들이 시원하게 풀렸는지 오랫동안 묵혀왔던 숨을 크게 내쉰다. 이 엄마의 지금 남편은 바로 그 때의 이 딸을 버렸던 친아빠였지만 이 말만은 해주지 않았다. 참으로 착한 이 엄마를 중심으로 그 때의 친엄마와 친아빠가 참회하고 새로운 인연으로 다시 모여서 모두 이 딸을 돕고 있는 것이니 참으로 보기 드물게 절묘한 인연관계라 아니할 수 없다. 겉만 보면 모두 불행한 것 같지만 속은 전부 행복으로 가득 차 있는 상태였다. 신이 있다고 생각할 수밖에 없다.

하늘은 이렇게 인연을 고귀하게 맺어주어 함께 어울려 죄를 씻고 복을 지으며 앞으로 계속 나아가도록 인도해주니 죄와 벌은 본래 없다고 본다. 어린 딸 역시 전생부모와 금생부모의 사랑을 듬뿍 받아 내면은 아주 행복해하고 있었다. 그런데 24시간 모두의 관심과 사랑을 잔뜩 받고자 장애로 태어났으니 그 놈의 사랑이 도대체 뭔지 모르겠다.

우연이 나타나는 즉시 필연이 되고 필연이 나타나는 즉시 우연이 되어버린다. 이 둘은 대우주의 법에 의거해서 나의 마음에 따라 전개되는 것이니 근원은 같다. 우연은 자유의 근본이 되고 필연은 법의 정의를 이룬다. 당연히 우연은 마음을 비우도록 요구하고 있고 필연은 바르게 하도록 요구하고 있다. 우연과 필연이 나타난 이후의 지속 여부는 마음에 달려있게 된다. 나 자신 역시 이와 같은 우연과 필연이 결합되어 나타난 총체적인 모습이다.

필연은 미리 예측할 수 있는 부분이 많고 우연은 꽤 적은 편이다. 운명이 있는데, 이것 또한 대개 우연을 가장한 필연으로 다가오니 우연인지 필연인지 정확하게 알기가 어렵다. 원래 운명과 필연은 한참 지나고 무심하게 뒤돌아볼 때라야 비로소 윤곽이 눈에 드러나 가슴이 찡해진다. 그러므로 이런 것을 미리 생각하기보다는 좋은 관계와 바람직한 상태를 이어가는 마음과 지혜를 갖추도록 하는 것이 현상에서는 더욱 중요하다.

필연은 인과(因果)로서 엄연한 자연의 법칙에 따른 것이다. 불법(佛法)에서는 장애의 인과 이전의 차원이 근본에 있음을 알려주어 마음자리를 옮겨 장애의 굴레에서 근원적으로 벗어나도록 인도하고 있다. 운명과 인과 등을 포함한 인연의 본래성품이 불이(不二)와 중도(中道), 그리고 그에 따른 평등임을 일깨워준다.

당연히 마음은 필연의 씨앗을 갖고 있는 동시에 필연을 초월한 법도 이루고 있다. 그러므로 장애의 모든 것을 필연이나 우연의 한 면으로만 본다면 이는 어긋난 견해이다. 더구나 운명은 좋고 나쁜 것으로만 따질 수는 없는 법이다. 삶 전체가 반드시 타고난 운명에만 상응하지 않기 때문이다.

장애를 가지게 되면 결국은 거의 모두 필연 또는 운명으로 받아들이는 경향이 있다. 자기의 힘과 노력만으로는 분명히 한계가 있음을 느끼기 때문이다. 그러나 한계를 가진다고 해서 그것이 곧 운명은 아니다. 장애가 생긴 것은 필연이라고 하더라도 그 이후는 우연이 많이 작용하기 때문이다. 그래서 마음과 인연의 협조가 극도로 중요해진다.

장애를 가지면 필연, 즉 인과와 운명에 치중해있는 사람은 그에 따른 많은 의문과 추측, 그리고 죄책감 등의 갈등에 시달리기도 하면서 여러 부작용을 낳게 된다. 하지만 인과를 바르게 받아들이면 오히려 밝게 된다. 장애의 몸을 잘 돌본다면 죄업이 해소되어가니 심신의 노고가 극히 크다고 하나 보람 역시 그만큼 큰 법이다. 모든 중대한 현상에는 아무래도 보이지 않고 알 수 없는 인과가 처음에는 개입되어 있다고 보는 것이 합리적이다.

그런데 그 이후 전개되는 현상은 사실상 자유로서 마음이 전개하는 것이다. 몸을 잘 영위해가면서 장애를 갖기 전의 마음과 후의 마음이 크게 다르지 않다면 물질차원에서의 고통에서 끝나고 가정이 파탄나거나 자살하는 등의 더욱 큰 불행은 생겨나지 않게 된다. 운명이나 인과는 자연이니 본래 마음을 내거나 집착할 이유가 없기 때문이다. 그러므로 좋고 싫은 마음을 거두는 것이 곧 참회(懺悔)다.

우연은 인연이 모여 만들어내는 공업(共業)에 의한 현상이다. 공업은 불확정성을 갖는다. 그러므로 한 개인이 우연을 기대하거나 피하려는 시도는 부질없게 된다. 필연은 개개인마다 다르게 되니 차별이 있으나 우연은 무차별적이다. 주로 전쟁이나 테러, 환경오염이나 묻지마 범죄 등 예기치 못한 사건사고 등의 원인으로 불운하게 장애인이 생겨나는 것에 해당된다.

대기오염은 특히 정신장애를 주로 일으키게 된다. 대기오염이 아동의 정신질환 증가와 연관이 있다는 새로운 연구결과가 영국의학저널(*BMJ Open*)에 실렸다. 주로 자동차 배기가스에서 배출되는 이산화질소가 ㎥당 10마이크로그램 증가하면 아동들의 정신질환이 9% 증가하는 것으로 나타났다. 또 초미세 먼지(PM2.5)와 미세먼지(PM10)가 같은 양으로 증가하면 아동들의 정신질환은 4% 증가했다. 대기오염도를 낮추면 어린이와 청소년의 정신장애를 줄일 수 있을 것이라고 한다. 더 높은 수준의 대기오염이 발생하면 정신병 발병률이 올라갈 것이라고 밝혔다. 대기오염물질이 신체나 뇌 속으로 들어가면 염증을 유발할 수 있고, 동물을 대상으로 한 연구에서는 염증이 정신장애의 범주와 관련이 있다는 것이 드러나고 있다고 한다. 중금속이 뇌에 쌓여 치매도 일으킨다.

대기오염이 자폐 스펙트럼 장애, 학습, 발달과 관계가 있다는 몇몇 연구결과가 있었다. 최근에는 공업(共業)으로 장애인이 많이 늘어나고 있는 중이니 공업의 비중이 더 커지고 있다. 대기오염은 자기통제력을 떨어뜨려 분노와 잔인성 등 악한 심성을 자극하고 분출하도록 만들어 사건사고도 많이 일으키게 되니 정신장애뿐만 아니라 육신의 장애까지 늘어나게 만든다.

특히 우리나라는 대기오염이 심한 대로변에 접하여 대규모 아파트단지를 이루고 사는 곳이 많으므로 향후 정신장애인이 대폭 늘어나 사회적으로 감당하지 못할 것으로 우려된다. 그래서 장애가정사가 남의 일만이 아닌 것이다. 최근 집단의식 그 자체만으로 다양한 물리적 현상을 일으킬 수 있다고 연구되고 있다. 근원에서는 정신과 물질이 둘이 아니기 때문에 당연하다. 우리 모두 공업이 개개인에게 불행을 일으키지 않도록 애써야 된다.

필연은 법(法)이므로 내가 바르게 하면 되는 일이지만 우연은 나의 의지나 노력만으로는 커버할 수 없는 일이다. 한순간의 우연이 많은 시간동안 공들인 필연을 몽땅 빼앗아가버릴 수도 있으니 공업이 개인의 업보다도 더 무서운 면도 있다. 한 개인의 전체인생은 개인의 업과 공업으로 이루어져 있으니 필연과 우연이 뒤섞여 있다.

만일 장애를 가진 것이 순전히 우연이라고 생각한다면 이것은 살면서 어떤 일이라도 나에게 우연히 생길 수 있다는 것이니 그리 이상하거나 놀랄 일도 아니고 또한 마음이 한없이 넓어져 장애의 몸을 기꺼이 잘 돌봐야 할 수밖에 없다. 만일 그렇지 않으면서 우연이라고 생각한다면 자기모순에서 벗어날 수가 없게 되어 혼돈만 더 커지게 될 뿐이다.

이렇게 따져보면 우연이나 필연이나 어느 쪽으로 받아들이든 간에 장애를 가진 후에 마음이 중요함을 알 수 있다. 장애의 인(因)과 과(果)와 식(識)의 3대사(大事)에 얽매여 고통의 바다에서 표류하는 법이니만큼 일체의식을 바르게 조정하여 마음만은 장애가 없도록 해서 후유증을 낳지 않도록 하는 것이 포인트가 된다. 장애에 집착심을 가지게 되면 큰 어둠을 만들어내고 담담할수록 평등심으로 적멸(寂滅)하여 다툼이 없게 되어 밝음을 갖게 되기 때문이다.

인과를 받아들인다면 그 죄의식과 신세한탄과 불안에 마음이 어두워지는 것을 경계해야 되고 또한 스스로를 학대하거나 소중한 삶을 버린다면 추후 더욱 큰 과보가 닥쳐옴을 생각해야 할 것이다. 반면에 우연으로 받아들인다면 반드시 그에 걸맞게 마음을 넓혀야 할 것이다.

어떤 경우이든 생각의 일관성(一貫性)이 있어야 되는데, 마음이 일관성있게 정리되어야 혼돈의 침체에서 벗어나 앞으로 나아갈 수 있게 되기 때문이다. 그리고 앞과 뒤의 모든 세상과 삶이 온전하게 하나로 통합되면서 동시에 그 다양성을 누리게 될 수 있다.

밖(外)을 다독거려 안(內)을 어루만진다

발달장애 아들이 장애아동들이 다니는 특수학교에서 왕따를 당하게 되었다. 비슷한 처지의 아이들끼리 모인 곳에서조차 따돌림을 당하니 어머니는 기가 막힐 노릇이었다. 그래서 그 어머니는 학교와 친구들을 원망하는 대신 사탕에다 일일이 손으로 편지를 써서 함께 봉하여 그 학교의 아이들에게 직접 나누어주며 부탁하였다. 그래서 그 아들이 왕따를 벗어나 친구들과 함께 잘 어울리게 되었다.

그 사탕 하나하나에 스며들어 있는 어머니의 간절한 마음은 그 어떤 저울로도 무게를 가늠하지 못한다. 불쌍하기 그지없는 자기 아들을 왕따 시키는 그 특수학교의 아이들이 곧 미운 자식이었지만 미운 자식 떡하나 더 준다는 그 마음은 이런 어머니만이 진정 알 수 있을 것이다. 마음은 안팎이 따로 없으니 늑대보다 사나운 밖을 부드럽게 다독거리는 모성애가 곧 내 자식의 마음을 부드럽게 어루만져준 것이었다.

탐착(貪着)에 따라 몸을 가지게 되면 자연히 안과 밖이 나뉘어지게 된다. 밖은 내가 몸담고 살아가는 환경이 된다. 본래 허공 속에서 생겨나고 허공의 모든 것과 힘을 한 몸에 구현하고 있는지라 안팎이 분별되지 않고 일체(一體)가 되어 있다. 그러므로 밖은 본래 내 존재가 드러나 있는 또 하나의 내 몸이기도 하니 불이(不二)가 곧 진리다. 이것이 의미하는 바는 나의 모든 것이 밖으로 끝없이 퍼져나가고 나와 밖을 따로 볼 수 없다는 것이다.

인연이라는 것은 이렇게 안팎이 다르지 않고 하나이므로 자연스럽게 생겨나는 현상이다. 이 속에서 마음의 넓고 좁은 분별에 따라 개별인연들끼리 맺어지고 멀어지고 가까워진다. 인연이 나를 규제하고 내가 인연을 움직이기도 하면서 서로 얽혀 안팎이 하나로 돌아가게 된다. 이 가운데 같은 것끼리는 뭉치고 다른 것은 배척하고 충돌한다. 이것은 마음이 개별적으로만 움직이고 있으니 장애의 소외가 나타난다.

장애인이나 그 가족이 늘 마주치고 있는 밖은 그리 호의적이지 않다. 평등심보다 차별심이 앞서있는 현실에서 밖은 또 하나의 괴로움을 가져다준다. 밖의 차별적인 시선에 대해 어떻게 대해야 되는가 하는 점은 아주 중요하다. 자칫 장애보다 더 심각한 살기(殺氣)가 추가로 생겨나 가정의 평화를 없애고 절망을 스스로 만들어갈 수 있다. 밖에 대해 눈 딱 감고 무시할 수도 없고 그렇다고 무조건 받아들일 수도 없는 실정이다.

궁극적으로는 세상의 인심과 다투지 않고 밖의 마음들보다 내 정신이 위에 서 있어야 되는 수밖에 없다. 몸이 불편하니 누구보다도 훨씬 더 소중해진 그 마음을 더욱 잘 지켜야 되므로 일단은 다소 무심(無心)해져야 되는 수밖에 없다. 그것은 밖으로 인해 일어나는 내 마음을 잘 멈추고 고요하게 유지하는 것이다. 밖과 충돌하면 상처만 커지니 당장은 어쩔 수 없다. 이 속에서 내면에 잠들어있는 사랑을 더욱 크게 펴올려야 한다. 나를 무시하고 차별하는 사람까지도 허허허! 하며 그 왜곡된 마음을 받아들이지 않고 가볍게 웃어넘길 수 있는 것은 사랑과 자비의 힘 밖에는 없기 때문이다. 밖에 냉담해지면 가정에 차가운 살기가 감돌게 되니 이 점만은 참으로 조심해야 된다.

이상과 같이 장애인과 그 가족에게는 삶의 의미에 독특한 면이 있고 비장애인보다 더욱 크고 중대한 삶이 됨을 대략 살펴보았다. 그리고 그것을 철저히 체득해나가야 됨을 알 수 있다. 이것은 스스로 주체성을 세우는 일이기도 하다.

장애를 가지게 되면 가장 먼저 그 상황에 맞게 생각을 비롯한 여러 가지 의식이 철저히 바뀌어야 한다. 그 이전의 생각 그대로 살면 현실과 생각의 괴리로 인해 삶이 무너지고 추가로 다양한 불행을 겪게 된다. 이런 일은 절대로 피해야 될 것이 아닌가?

물질(몸) 위주의 세계에서는 장애를 가지면 삶의 차원과 기준을 조금은 달리해야 한다. 보편적인 가치보다는 보다 더 높은 차원에 머물러 행복을 얻는 것이 이상적이다. 몸의 한계는 정신으로 뚫어야 하는 법이다. 그리고 그 정신은 이미 자기가 갖고 있다. 없다고 생각한다면 미처 모르고 있을 뿐이다.

중중장애인에게는 몸에 굴하지 않는 마음을 유지하면서 생존해나가는 것 자체가 잘 사는 것이 된다. 몸을 조금 움직일 수 있다면 그 움직임 속에 자기영혼을 집중해서 의미 있는 움직임을 이루는 것이 또한 잘 사는 것이다.

장애가 품고 있는 삶의 의미를 깊이 잘 통찰해서 가족의 건강한 마음이 불편한 몸을 잘 감싸안아 행복을 느끼도록 해주자. 물질적으로 해 줄 것 다 해준다고 해서 가족이 할 바를 다 하고 사랑하는 것이 아니다.

생명은 몸과 마음이 하나가 되어 돌아가지만 또 한편으로는 몸은 몸이고 마음은 마음인 별개의 면도 동시에 갖추고 있다. 그리고 몸보다 마음이 훨씬 더 큰 존재영역을 차지하고 있기 때문에 순수하게 마음에서 마음으로 뭔가 전해져야 하는 것이 반드시 있어야 하는 법이다. 나에게 온전한 것만 있기를 바라는 것은 내가 상대로부터 받고 즐거워지고 싶어하는 이기적인 욕망을 담고 있기도 하다.

스스로를 미워하지 않는 마음, 부족한 것을 너그럽게 받아들이며 포용하는 마음, 보이지 않는 것을 소중하게 여기는 마음 등이 가족의 큰 사랑 아닌가?

3장

진주를 품는 조개의 뜻

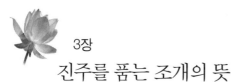

3장
진주를 품는 조개의 뜻

"사실(facts)이란 없다, 다만 해석들(interpretations)이 있을 뿐"

— 니체

"제가 번듯하게 살고 있다고 주위에서 부러워하지만 실은 저는 살아온 적이 없어요. 제 마음을 부처님과 우리 아이에게 몽땅 다 주었거든요. 애를 뱃속에 가지고 있는 동안 악몽을 자주 꾸는 탓에 좀 불안했는데, 우리 아이가 장애를 갖고 태어났어요. 그래도 저는 이 아이를 낳은 그 날부터 내가 죽을 때까지 이 아이를 잘 돌보는 것이 내 인생이라고 생각했어요. 내가 절에 다니면서 낳은 아이니 이 아이는 부처님이 내게 오신 게 아니겠어요? 그러니 내가 이 어린 천진불(天眞佛)에게 귀의해야 마땅하죠. 그래서인지 남들처럼 그렇게 힘들거나 고통스럽지는 않아요. 부처님께 귀의한 사람이 불행해하면 안되니까요. 다행히도 이 아이를 낳고 난 뒤부터 남편의 사업이 너무 잘되는 거예요."

과연 어머니의 숨어있는 표정을 들여다보니 장애자녀를 둔 여느 어머니와는 좀 다르다.

"사람들이 절이나 교회에 다니면서 마음이 편안해지고 중생심을 없애려고 별 짓을 다하며 평생 헛되게 애를 쓰고 있는데, 아이가 어머니의 중생심을 몽땅 가져가버렸으니 정말 아이가 부처님이 맞네요. 아니, 부처님이 아이로 오신 것 같습니다. 그리고 어머니도 스스로 본인인생을 초탈해서 부처님께 귀의가 이루어졌으니 부처님이 맞네요. 부처님이 모여 있는 집안이 되었으니 잘 사는 것은 당연하지요. 부처님은 복덕이 무량하니까요."

"과찬이십니다, 선생님."

"보물을 품어 보물이 되고 두 보물이 합해지니 세상에서 보물 중의 보물이 되는 법이지요. 나 혼자만으로는 잘난 사람이 될 수는 있어도 결코 보물이 될 수는 없는 법입니다."

이 어머니는 나로부터 자기의 그런 마음을 확인받고 금강(金剛)처럼 더욱 단단하게 굳히려고 왔었다. 자기 자신과 자식을 스스로 장애로부터 해방시켰으니 진짜 불자다.

모든 조개가 진주를 품지 않는다. 그러므로 진주를 품은 조개는 가치가 남다르게 된다. 조개가 먹이를 먹을 때 돌조각이나 모래 등 이물질이 흘러들어온다. 이물질들은 여린 조개 속살에 상처를 입히므로 다른 조개는 그것을 걸러낸다. 그러나 진주를 만드는 조개는 상처를 입히는 이물질을 기꺼이 받아들이고 하얀 우유빛깔의 화학물질을 분비한다. 그 화학물질들이 상처를 동그랗게 덮어씌워나감으로써 점점 층을 겹겹이 쌓아 마침내 진주를 탄생시킨다. 상처 입은 조개가 또 하나의 자기인 영롱한 진주를 만드는 법이니 고통을 잘 품으면 반드시 크게 보답받게 되는 것이 자연이다.

붓다가 말한다.

"즐거움에만 마음이 머물지 말라. 낙(樂)은 곧 고(苦)에 이르나니, 괴로움에만 마음이 머물지 말라. 고(苦)는 곧 도(道)에 이르나니, 낙(樂)과 고(苦)가 나오고 사라지는 그 마음자리는 본래 공(空)하니 적멸은 나 자신을 떠난 적이 없다."

장애자녀의 부모는 진주를 탄생시키고 있는 진주조개가 아니던가? 그리고 오로지 스스로의 인고(忍苦)로 진주를 만드니 이 앞에서는 기나긴 시간도 거친 공간도 문제되지 않는다.

장애의 차별성을 이겨내고 성취를 이룬 장애인이 종종 있지만 실은 이들보다 그 부모가 더 훌륭한 사람이다. 자식의 인생은 부모에 크게 달려 있는 법인지라 부모의 남다른 지지가 없었다면 불가능한 일이다. 그러므로 불가능을 가능으로 만들어준 그 부모에게 찬사와 존경을 보내고 그 마음을 우리 모두 본받아 나누어가져야 마땅하다. 그리고 큰 성취가 아니더라도 밝게 표정을 지으며 살 수 있도록 만들어주는 대다수의 부모 역시 마찬가지로 훌륭한 부모라 아니할 수 없다. 신(神)과 행복이 장애를 차별하지 않음을 직접 세상에 증명해주고 있기 때문이다. 이것은 가냘픈 한 인간의 지극한 마음이 만들어내는 한편의 장엄하고도 아름다운 장면이다. 지극한 마음은 곧 하늘에 통하게 된다.

한 생명체가 생사(生死)를 전적으로 나에게 의존하고 있다는 것은 참으로 묘한 상황이 아닐 수 없다. 그로 인해서 내 개인적 욕망을 전부 내려놓아야만 하는 크나큰 부담감은 있지만 그렇게만 기꺼이 되면 장애자녀의 부모는 단순히 부모일 뿐만이 아니라 곧 자연(自然)이 되고 성인(聖人)의 마음이 되어가면서 저절로 신(神)의 위치에 놓이게 된다. 그러므로 부모는 자기 자신을 천지(天地)에서 어느 자리에 위치하게 만드는가는 전적으로 마음에 달려 있게 된다.

부모가 소중한 자식을 위해 무엇을 못하겠는가? 영롱한 진주를 품는 조개의 뜻 속으로 함께 들어가 보자.

스스로의 확신이 큰 빛을 드러낸다

"선생님, 전 정말 살아갈 자신이 없어요. 앞으로 어떻게 해야 되죠?"

중증장애 아이를 가진 한 엄마의 하소연이다. 현실을 이리 저리 따져 보면 당연하다. 소도 비빌 언덕이 있어야 되는 법이니 단순히 마음만으로는 자신이 생기지는 않는다.

"나도 어머니가 자신감을 갖게 해줄 자신이 없어요, 어떡하죠?"

내가 이렇게 말하자, 어머니가 당황하며 실망한 표정을 짓는다.

"그래도 선생님께서는 어떻게 해봐야지요."

참 막무가내다. 필자가 눈빛을 달리할 수밖에 없다.

"그러면 잘 들으세요, 어머니. 어머니는 숨을 자신감 갖고 들이마시고 내쉽니까? 삶은 예측할 수 없는 변수로 가득 차 있고 내 마음도 일정치 않으니 인생에서 자신감을 갖고 싶을 뿐이지, 자신감을 갖는다는 것은 망상에 지나지 않습니다. 오만한 것이지요. 나도 일을 할 때 자신감을 가끔 표현하기도 하지만 그것은 진정 자신이 있어서 그런 것이 아니라 오로지 확신을 가지면 보다 더 잘 될 가능성이 더욱 높아지기에 방편으로 그러는 것입니다. 덕분에 도저히 될 수 없는 일도 가끔 이루어지는 맛을 보지요. 확신을 가지고 기도하면 더 낫고요. 일마다 때마다 자신감을 찾는다면 자신감 없는 일은 못하게 되니 자기 한계를 스스로 지을 뿐이고 큰 가치가 없게 됩니다.

나는 살면서 항상 매사 조심스럽고 두려울 뿐이고 자신감 같은 것은 단 한 번도 가져본 적도 없고 또 어떤 일에서건 내게 자신감이 있는지 없는지조차 생각해본 적이 없습니다. 그냥 닥친 일을 그 때 그 때 할 수 있는 만큼 해나갔을 뿐이지요. 아니, 최선을 다한 만큼이 바로 내가 가진 자신감이었지요. 그 이상의 마음을 낸 적도 없고요. 항상 되는 만큼 딱 마음을 맞추었지요. 그래서 나는 내 인생에서 불만이나 절망을 가져본 적이 단 한순간도 없습니다. 그래서 어머니께 자신이 없다고 말씀드린 것입니다. 이제 진짜 자신감이 생기셨죠, 어머니?'

어머니가 뭔가 깨닫고 빙그레 웃는다.

"예, 이제 자신감이 생기고 죽을 때까지 이어질 것 같습니다. 저는 결혼해서 이 아이를 낳기 전까지 뭐든지 할 수 있다는 자신감에 가득 차 있었어요. 선생님 말씀을 듣고 보니 헛된 자신감이고 어리석게 살아왔네요. 하지만 선생님처럼 자신감을 갖지 않고 산다는 것은 무척 힘들 것 같아요."

"그렇습니다. 자신감이 있고 없음에 우선 매이지 않아야 되겠지요. 누구나 불안이 있기에 자신감을 갖고 찾으려 애쓰는 것이겠지요. 만일 불안이 없다면 자신감을 따질 이유가 없겠지요. 무엇이 불안합니까?"

"…… 이 아이가 이대로 살다가 죽을지도 불안하고 또 제가 더 늙거나 죽고 나면 아이가 어떻게 될지도 불안합니다. 현실적으로 보호시설에 맡기는 수밖에 없는데 말이죠. 더군다나 그런 시설을 믿을 수도 없고요."

"어차피 자식과는 한 날 한 시에 같이 죽지 않는 한 끝까지 같이 할 수는 없게 되지요. 그런데 몸은 사라져 헤어져도 인과(因果)와 유전(遺傳)은 살아있거나 죽거나 관계없이 엄연히 세상 속에서 항상 이어지고 작용하고 있으니 어찌 보면 다행이지요. 그러니 나 자신의 몸을 떠나 생각하면 죽음도 없는 것입니다. 본래 혼(魂)이 이어지며 영원히 살고 있으니까요. 당연히 어머니가 자식에게 예쁜 알맹이를 그 몸속에 채워 넣어주고 가면 되지요. 사실 인간으로서 그 이상 할 수도 없고요. 그러면 사람들이 알맹이가 예뻐서 자식을 버리지 않고 소중하게 껴안게 되니 어머니는 불안해하지 않고 편안한 마음으로 죽어도 됩니다. 어머니가 살아생전에 복을 많이 지어놓으면 자식이 홀로 남아도 그 덕으로 어머니 사후에도 잘못되지는 않게 됩니다. 또 어머니가 살아있는 동안 밝은 마음을 갖고 꿋꿋하게 살아나가면 그 마음과 힘이 자식에게 쌓이고 어머니 사후에도 자식에게 여전히 전달될 테니 크게 걱정하지는 않아도 되지요.

이 사실을 굳게 믿고 이렇게 한 번 살아보시죠. 막연히 주관대로 내가 자신감을 갖거나 걱정하면서 그냥 열심히 산다고만 해서 무조건 뭔가 되는 것만은 아닙니다. 오로지 법칙에 따라 내가 해나갈 때만이 희망이나 자신감과 상관없이 되는 것이지요. 그리고 혹시 압니까? 이렇게 살다 보면 어머니가 복을 짓는 동안 도움을 받는 사람들의 간절한 기원이 모여 어머니가 더 오래 살 수도 있을지 말입니다. 타고난 수명보다 더 오래 이렇게 사는 사람들도 종종 있거든요."

그 후 이 어머니는 여동생과 도우미가 아이를 돌봐주는 시간에 장애아동을 돕는 자원봉사를 틈틈이 다녔다고 한다. 그런데 그렇게 하니 아들을 잘 돌보며 살 수 있고 자기인생을 되찾은 것 같아서 사는 데 확신이 저절로 생겼다고 연락이 왔다. 봉사를 하면 잠들어 있어 없는 것 같았던 힘이 솟아나니 무슨 일이건 진정한 용기와 자신감이 생기는 것은 자연의 이치다. 억지로 가진 자신감은 단순히 바람 앞의 촛불에 지나지 않는다.

불안해하기만 하면 우려하던 일이 결국 생기고 확신을 갖게 되면 터질 일도 터지지 않는 경우가 많으니 참으로 묘한 인생이다. 자녀의 삶의 의지를 좌우하는 것은 부모의 확신이 어느 정도냐에 비례하여 달려있게 된다. 자식은 죽을 때까지 품 안의 자식이기 때문이다. 끝이 보이지 않는 앞날을 다함이 없는 마음으로 이끌어가는 데 있어서 변함없는 확신이 없이는 결국 굴복하고 만다.

부모가 장애의 모습에 이끌려 절망해버리면 답이 없다. 부모의 확고한 믿음은 강력한 염력(念力)을 발휘하게 되어 그것이 장애의 몸을 넘어 온전한 마음에 전달되어 장애를 버텨나갈 수 있게 해주고 스스로 일어설 수 있는 힘을 주게 된다. 염력이 지속되면 결국은 물질상황까지 변화를 일으키게 된다. 말 한마디와 표정 하나로 사람을 죽이고 살릴 수 있는 법이니 확신에 차 있는 부모의 표정과 소리는 힘들어하는 자녀에게 최고의 명약이다.

이런 상황에서 어찌 확신할 것인가? 이런 상황이니 진정한 확신이 된다. 있게 되면 없게 되고 없어지면 생겨나는 것이 법이니 당장 앞날에 보이는 있음과 없음에 마음을 크게 의지하면 불안이 여전히 잠재되어 오락가락하다가 최종적으로는 근본적인 자심감마저 상실하게 되고 삶은 물론 나 자신마저 잃어버리게 되는 불행을 초래하고 만다.

그러므로 정녕 완전한 어둠 속에서 스스로 가지는 믿음이라야 불변의 확신이 되어 영원히 꺼지지 않는 큰 빛을 만들어낸다. 그 무엇에도 의지함이 없이 오로지 스스로 내면에서 끌어내 가지는 믿음이니만큼 누가 뺏어갈 수도 없고 상황변화에 믿음이 좌우되지 않기 때문이다.

그래서 부모는 믿음의 덕을 얻어 어떤 상황이 닥치든 이겨내고 앞으로 계속 나아갈 수 있게 된다. 앞으로 아무 것도 기대할 것이 없다고 볼때 확신을 가지는 데 주저할 이유가 무엇이 있는가? 맘껏 확신을 가지자. 용기를 조금만 내면 된다.

무엇을 확신할 것인가? 자녀가 장애의 모습을 가지고서도 얼마든지 나름대로 살아나갈 수 있다는 확신이다. 그리고 그 확신이 영원히 변함없다는 것이 자녀에게 전달되어야 한다. 사랑한다고 말하면서도 어두운 표정과 풀이 죽어있는 소리는 독약일 수밖에 없다. 부모가 씩씩한 모습을 보여주며 장애가정의 상황에 마음이 굴복하지 않는 것 자체가 가장 큰 사랑의 표현이 된다.

어떻게 확신할 것인가?
매일매일 스스로에게 강하게 되새겨야 한다. '나는 끝까지 저 아이와 같이 갈 것이고 갈 수 있다' 는 생각이 온 몸에 고루(直) 바르게 새겨져야 한다. 잠자기 직전에 반복해서 자기 자신에게 들려주면 효과가 더욱 크게 된다. 강한 정신력을 갖게 되어 부모와 자녀가 저절로 한마음이 되어 움직이게 되니 시너지효과가 증폭된다. 이것이 자녀에게 있는 선신(善神)을 드러내어 살아가는 데 이런저런 도움을 얻게 된다. 그리고 변치 않는 확신은 강한 염력을 지속적으로 발하므로 신앙생활에서는 신의 도움이 오도록 만들고 사람들로부터는 협력을 얻게 만드니 곤궁한 순간마다 기적 같은 일이 벌어지게 된다.

희망을 별도로 보관한다

뉴스에 소개된 로봇다리 세진이의 이야기가 문득 떠오른다. 세진엄마는 세진이의 양엄마다. 엄마는 아이가 걸을 수 없다는 의사들의 말을 들었지만 아이를 반드시 뛰게 하겠다는 강한 다짐으로 매일 넘어지는 연습을 시켰고 나중에 잘 넘어지는 방법을 터득하게 만들고 스스로 강해지는 연습을 하게 했다고 한다. 그렇게 걷게 된 세진이는 로키산맥(3,879m)에 오르고 10km의 마라톤도 완주하였다고 한다. 그리고 초등학교 때 자신을 괴롭히던 선배가 나중에 자신의 훌륭한 보디가드 역할을 해주게 되었다고 한다.

그리고 무엇보다 이 어린아이의 말 가운데 "나 혼자 달린다고 하면 나 혼자 1등이겠지만 같이 손잡고 달리면 모두가 1등이다. 여러분도 모두 같이 손을 잡고 달렸으면 한다"는 말은 우리 모두를 큰 감동으로 몰아넣었다.

장애를 넘어서려는 노력의 과정에서 숙성된 정신이 내뱉는 말은 혼(魂)이 들어가 있어 참된 말이 되고 향기를 갖고 듣는 이에게 큰 감동을 불러일으키는 예술이 된다.

어머니의 희망과 확신은 불가능을 가능하게 만들었다. 몸에 대한 의학적 진단이 결코 인간, 특히 자식을 향한 어머니의 마음을 넘어서지는 못한다. 지극한 마음은 한계가 없는 창조자이기 때문이다.

누구나 미래를 염두에 두고 그 어느 시점과 공간에 자기의 희망을 두고 있다. 그리고 그것을 향해 열심히 달려가니 희망이 곧 주어진 환경과 운명을 극복하는 열쇠가 된다. 그리고 자기 자신을 그렇게 재형성시켜 가게 된다. 그래서 살아 있다는 것은 곧 희망을 갖고 있다는 것과 같은 의미다. 희망이 없다고 하는 것은 자기의 무의식이 품고 있는 희망을 단지 모르고 있을 뿐이다.

끝은 없는 가운데 미래는 한 발 한 발 쉼 없이 눈앞에 다가오니 큰 희망의 끈은 절대로 놓치지 않아야 되는 법이다. 희망을 가지는 데는 이유가 없어야 하고 무조건 가져야 한다. 어떤 희망을 갖고 미래의 어느 시점에 그 희망을 두는가는 각자의 시간관(時間觀)과 욕망에 따라 개개인별로 천차만별이 된다. 불자(佛子)의 시간관은 사후와 내생까지 연장되어 있으니 현실의 고통을 넘어 한결 여유가 있으며 희망의 달성가능성이 최종적으로는 높아지게 된다.

블랙홀과 화이트홀은 둘이지만 본래 하나이다. 그러나 어느 하나를 잊어버릴 때 큰 슬픔은 피할 수 없게 된다. 오행(五行)이 잠시도 쉬지 않고 상생(相生)하는 가운데 있으므로 죽으란 법은 없게 되어 있다. 우주는 막히고 끊긴 곳이 없으니 기쁨과 슬픔의 끝도 없게 되고 또 어느 한 자리에서 영원히 있지 않게 되니 장애를 가진 인생도 근본적으로 두려워할 필요가 없다. 장애인이라는 내 생각이 항상 마음을 스스로 닫아버려 스스로 내 행복을 죽이는 것일 뿐이다. 그래도 또 다시 어디론가 다

128

른 자리로 이동하게 되고 또 다른 모습을 얻게 되니 하늘은 스스로 돕는 자를 돕고 하늘이 무너져도 솟아날 구멍이 있게 된다. 그러므로 내가 장애인이라도 언제 어디서나 행복을 찾고 얻을 수 있게 된다. 그리고 눈만 좀 밝아지면 이것을 더욱더 잘 알게 되니 불행은 저절로 떨어져나간다.

장애자녀의 부모는 현실에서 보면 희망을 크게 별도로 가질 것이 없게 된다. 희망을 어떤 내용으로 가질 것인가에 대한 것은 누가 강요하거나 정해줄 것이 아니지만 좀 더 희망의 내용이 폭넓었으면 하는 바램은 있다.

왜 반드시 나와 내 가족에 한정된 희망만 가져야 하는가? 그리고 왜 여기에서만 힘을 얻는가? 여기에 아무런 희망이 없다면 다른 곳에서 희망을 가지면 되는 일이다. 실제로 장애아동의 부모 가운데 장애인들을 위해 애쓰는 분들이 종종 있다.

실현가능성 여부는 희망의 절대요건이 될 수 없다. 희망은 말 그대로 희망이기 때문이다. 예를 들면 모든 장애인이 밝게 살 수 있으면 좋겠다는 희망도 좋고 이 세상에 그 누구도 장애가 없으면 좋겠다는 희망을 가질 수도 있다. 세상사람 모두가 서로 돕고 살면 좋겠다는 희망도 바람직하다. 그리고 할 수 있다면 이런 희망을 세상에 외치는 것이다.

외치지 않아도 좋다. 큰 희망을 똘똘 뭉쳐 나의 변함없는 염(念)으로 삼는다면 그것 자체가 나 자신을 좁은 이기심으로부터 벗어나게 하고 향상일로(向上一路)로 나아가게 만든다. 희망의 성취보다 희망을 계속 이어나가는 것이 더 큰 가치가 있다. 따지고 보면 나 자신이 미래에 어떤 희망을 갖는 것은 그것으로 인한 나 자신의 발전이 항상 근본이 아닌가? 실현 여부는 부차적인 차원일 뿐이다. 희망의 달성이 곧 끝이 아니라 또 하나의 시작이기 때문이다.

끝나지 않는 희망이 진정한 희망이다. 그리고 그것을 유지하는 것 자체가 내 정신력을 굳게 뭉쳐 키워나가는 일이니 곧 길을 가는 것에 다름 아니다. 장애일지라도 언젠가는 행복할 것이라는 희망이 곧 행복은 아니지만 행복을 붙잡는 유일한 단서가 되니 소홀히 할 것이 아니다. 마음속 깊이 내 모습과는 별개로 잘 간수하자.

중증장애인 부모일수록 희망의 내용이 그 범위가 가족을 넘어서 나와야 되고 그것을 삶의 원동력으로 삼아야 하는 것이 바람직하다. 이 세상에 공익적인 가치실현을 자기인생의 희망으로 삼고 있는 훌륭한 사람들이 많이 있지 않은가? 장애자녀의 부모는 마땅히 여기에 속해서 일반인보다 고귀한 인간이 되어가야 된다. 나 자신의 개별적인 욕심에서 벗어날 수밖에 없는 상황은 우연이라고 하기에는 너무나 그 의미가 크고 중(重)하다.

원망을 거두어 나 자신을 찾는다

"내가 죄인이지요, 내가 큰 죄를 지어서 우리 아이가 이런 겁니다. 선생님, 제발 좀 우리 딸을 살려주세요. 죽지 않게만 해주세요. 자식이라고는 딸 하나뿐이니 이 딸 없이는 나도 못살아요. 따라 죽을 겁니다."

여러 가지 중증장애 증상을 동시에 갖고 있어 오랜 재활도 효과가 별로 없고 생명이 늘 위태로운 열 살 딸의 어머니가 나를 보자마자 통곡한다. 우선 지나친 죄의식부터 없애주어야 했다.

"죄가 있다면 나하고 그냥 나누면 되지요. 아니면 내가 몽땅 그 죄를 가져와도 되고요. 그런데 어머니가 무슨 큰 죄를 지었습니까?"

"……? 그래도 내 뱃속에서 그렇게 만들었으니 죄이지요."

"아기를 엄마가 공장에서 물건을 만들 듯이 직접 조립해서 만듭니까? 어머니는 숨만 쉬며 아기 몸을 지키고 있었지요. 아이 몸을 직접 만든 건 바로 자연이지요."

"그럼 왜 자연이 하필 나에게 이런 아기를 만들어준 겁니까?"

"자연은 일부러 그런 적이 없어요. 자연은 인간처럼 무엇을 강제로 주거나 빼앗는 인위적인 일은 하지 않습니다. 바람처럼 스스로 움직일 뿐입니다. 단지 자연의 그 자연스러운 그 흐름의 길 한가운데 어머니가 앉아있었을 뿐이었지요."

"내가 왜 그랬을까요?"

"그러면 다른 엄마가 이 딸을 이렇게 대신 낳았으면 좋겠습니까?"

"그건 아니지요. 그래도 내 딸인데……." 손을 내저으며 말한다.

"자연이 이렇게 만들었으니 방법은 딱 하나 뿐입니다. 어머니가 자연이 되는 수밖에요. 그래서 그 힘과 마음으로 딸을 살려가는 겁니다. 그러면 딸은 절대 죽지 않습니다. 그건 내가 장담할 수 있어요. 자연은 거짓이 없으니까요. 어머니가 어떻게 자연이 되냐고요? 그건 간단하지요. 자연은 죄라는 것이 본래 없으니 순리에 따르면서 스스로를 죄인으로 생각하지만 않으시면 됩니다."

"그럴께요. 이제부터 우리 딸을 위해서 절대로 제 자신을 죄인으로 생각하지 않겠습니다."

다행히도 어머니는 자기 자신에 대한 원망을 거두고 한결 밝아진 마음으로 지내고 있으며 딸이 아직까지 살아있는 중이다. 빨리 좀 나아졌으면 하는 희망은 지금도 이어지고 있는 중이다.

장애를 가진 자식 앞에서 부모는 죄인이 되기 쉽다. 죄의식이나 원망을 거두는 데 있어서 신앙이 다소 도움이 되기는 하지만 종교는 대개 기본적으로 죄와 벌을 우선 강조하고 있으니 아주 조심해야 될 면도 있다.

　그리고 성직(聖職)이란 것이 진실로 모르면서도 신을 끌어들여 모든 것을 아는 체 해야 되는 희한한 직업이다 보니 늘 제멋대로의 주관이 가득 들어찬다. 안팎으로 일치되고 솔직한 성직자는 요즘 시대에 천연기념물이다. 장애를 가지거나 장애가 낫지 않는 것은 죄 문제가 해결되지 않아서, 헌금이 부족해서, 아직 기도가 부족해서, 신에게 벌을 받아서…… 등등의 터무니없는 말을 너무도 쉽게 내뱉으며 혹세무민하고 있다. 특히 성직자들이 무심코 사용하는 장애인에 대한 비하 용어로 사회인들보다 오히려 상처를 더욱 깊게 주고 있는 현실이다.

　이런 이유로 장애인들은 종교 속에서조차도 오히려 고개를 들지 못하게 되거나 동물원의 원숭이처럼 신자들의 지나친 호기심과 싸구려 동정의 대상이 되고 만다. 자존심이 완전히 짓밟히는 것이다. 더구나 자칫 세뇌되면 죄책감에서 헤어나기 어렵게 되고 악화될 뿐이다.

　참회나 회개는 반드시 죄를 전제로 하는 것이 아님을 잘 알아야 한다. 본래 죄가 없는 그 청정한 마음자리에 들어가는 것이 곧 참회와 회개다.

　누구 때문에 또는 무엇 때문에 장애를 입어 불행하게 되었다는 생각에 대한 집착과 망상에 사로잡히는 것은 사실 여부를 떠나서 무조건 큰 허물이 된다. 잠재적 분노심으로 살기(殺氣)가 생겨나 복을 스스로 오염시키고 화(禍)를 일깨우기 때문이다. 삶을 잘 이끌어갈 수 있는 정신은 여전히 남아있는데도 단지 몸 하나 때문에 인생 전체를 잃는 것은 피해가 장기간 너무 크게 된다. 무엇보다도 모든 것을 갖고 있는 자기 자신을 진짜 잃고 만다. 장애가 만든 무의식적 원망까지 걷어내야 장애에 지지 않는다.

나 자신과 운명에 대한 원망이 거두어지면 드디어 맑은 향기를 뿜어내게 된다. 시간과 공간이 부드러워지니 자녀를 사랑으로 지켜보고 이끌어주면서 평상심으로 한없이 기다려줄 수 있게 된다. 여유 속에서 자녀를 천천히 밀어주니 자녀 역시 오랜 시간 남들보다 몇 배나 노력하며 키워지는 그 집중력과 끈기로 스스로의 마음을 돌보며 용기를 얻게 되어 단기적인 성과보다 더욱 가치가 크다.

자연 속에서는 돌아가는 듯이 보이거나 느리게 보이는 길이 사실은 가장 지름길이다. 자연은 과거와 현재와 미래를 한 점(點)에 모아 하나로 간직하고 있기 때문이다.

배우자에 대한 원망을 거두게 되면 스스로 존엄성을 얻게 된다. 그만큼 자기 자신을 크게 이겨내야 되기 때문이다. 그 의지는 자녀로 하여금 힘을 갖게 하고 스스로 자기를 존중하도록 만들어 자녀에게 장애 속에서도 뭔가 기쁨을 느낄 수 있는 원천이 생기게 된다. 대개 중증장애의 상황은 큰 스트레스가 장기간 이어지는 상황이므로 이 때 배우자에 대한 원망은 뇌관이 된다. 어느 특수학교 동아리 24명의 장애아동 가운데 18명의 부모가 이혼했다고 한다.

장애로 두뇌발달이 온전하지 못하고 지능이 낮다고 자녀가 아무 것도 모르고 있다고 생각하면 어리석다. 내면의 색수상행식(色受想行識)이 부모의 마음을 모두 알고 느끼고 있다. 이 마음이 또 미래의 화복길흉을 결정짓게 된다.

장애자녀가 생긴 가정은 곧 부부 사이를 테스트하는 장(場)이 된다. 하물며 서로 책임논쟁을 하겠는가? 자녀를 통해 부모는 또 하나의 독특한 세상을 갖게 된다. 창조는 자유이지만 파괴는 파편을 생성시켜 자타(自他)에 두루 영향을 미치므로 당연히 천하의 공익적인 차원에서 하늘의 법이 뒤따르게 된다. 그러므로 잘 영위해가는 것만이 중요할 뿐이다.

자녀에 대한 원망을 거둘 때 강(强)함의 덕을 얻게 된다. 누구를 도와줄 때보다 나를 괴롭게 하는 사람에 대한 원망을 거둘 때 진정 강한 사람이 된다. 마음땅이 크게 넓어져 점차 본래의 나 자신이 되어간다. 그때 스스로 편안해지게 된다.

부모가 자녀 때문에 남다른 고생을 하다보면 자녀가 마치 부모를 고생시키기 위해 태어났다거나 부모의 인생을 망치는 존재라는 무의식이 쉽게 생겨나기도 한다. 그런데 의식적으로는 부모와 자녀의 인연관계인지라 사랑과 헌신을 갖게 되니 이는 곧 자아분열이다. 부모의 내면에서 분열된 자아가 서로 싸우니 힘이 소모되고 약해져 인생이 장애자녀 때문이 아니라 이것 때문에 정작 크게 손상을 입게 된다.

그러므로 장애자녀보다 더 위협적인 대상이 곧 분열된 나 자신이 된다. 자녀를 두고 두 마음이 공존하여 오락가락하면 곧 파멸의 길로 나아가는 것이 되니 나를 쪼개지 말아야 한다. 아무래도 지금 이 자리에서는 부모로서의 사랑 하나만 안팎으로 가져야 되는 것이 자연의 순리가 된다.

조상(祖上) 탓을 거둘 때 조상의 도움이 오게 된다. 수직적인 혈연관계에서 나온 자녀가 되니 위로 거슬러 생각이 드는 것은 당연하다. 자녀는 조상과 부모의 색수상행식(色受想行識)을 상당부분 이어받아 태어난다. 그러므로 자녀가 아무리 심한 중증장애거나 부모를 부모로 알고 있는지 어쩐지 모를 정도이고 또 타인이 주로 돌본다고 해서 내면 깊은 곳에서 부모를 잊어버리는 일은 절대로 없게 되어 있다. 단지 표현을 못하고 있을 뿐이고 자녀가 오히려 더 답답해하고 있다.

유전을 통해 조상과 부모와 자녀는 둘이 아니게 되며 언제 어디서나 조상과 함께 하고 있게 된다. 당연히 조상을 믿고 의지하는 것은 곧 나 자신을 믿고 의지하는 것이기도 하고 자녀를 믿는 것이기도 하며 조상 공경은 곧 나 자신을 공경하는 것이 된다. 그러므로 조상을 무조건 부정하거나 맹신적으로 섬기는 것은 치우친 견해일 뿐이다.

조상 가운데 그 어떤 잘못된 것이 있어 후손에게 장애가 생겨나는 경우도 간혹 있기는 하다. 반면 조상이 지은 복(福) 또한 예외 없이 함께 물려받아 있으니 조상 탓을 하는 것은 이기적이다. 장애자녀를 가진 부모는 조상 복이 없거나 죄업만 물려받았다고 생각하겠지만 그 복은 없는 것이 아니라 실은 내면 깊숙이 은밀하게 들어가 있어 현실에 아직 드러나지 않고 있으니 모르고 있을 뿐이다. 그리고 그 복은 업장이 다하고 나면 비로소 드러난다. 고진감래(苦盡甘來)인지라, 고생 끝에 복이 오는 법이니 조상으로부터 받아 나와 지니고 있는 복 또한 예외가 아니다.

그러므로 이 복을 현실에 크게 드러내기 위해서는 마음을 오염시키지 않는 가운데 고생스러운 상황을 끝까지 잘 영위해야 된다. 고생 속에서 마음이 지저분해지면 깨끗한 복은 더욱더 미루어질 뿐이다. 복과 화(禍)의 모든 것은 교차되는 흐름이니 파도타기를 잘하는 것만이 중요하다.

세상에 대한 원망을 거둘 때 세상의 도움이 오게 된다. 세상 속에 내가 있고 나 자신 속에 세상이 있는 법이라서 세상이 곧 내 몸과 마음이기 때문이다. 세상의 마음과 내 마음이 둘이 아니므로 당연히 세상을 원망하지 않을 때라야 비로소 세상의 도움이 크게 오게 된다. 세상이 나를 살리고 내가 그 세상을 살리기 때문이다. 자기가 좋을 때는 세상의 고마움을 모르고 힘들 때는 세상의 도움을 청하고 원망하는 의식은 스스로 크게 손해볼 뿐이다.

신(神)을 원망하는 마음이 그칠 때 신이 움직인다. 신은 내 영혼과 연결되어 있으니 하나가 되어 항상 함께 움직이고 있는 동시에 세상에 두루하여 나 자신과 세상을 이어주고 있으며 자비와 사랑으로 개체와 전체의 모순과 부조화를 상쇄시켜주고 있다. 그러므로 신 앞에서는 장애와 비(非)장애의 모순이 없게 되고 차별 또한 없으며 장애란 신이 주는 벌만 있는 것이 아니라 신의 한없이 다양한 모습 가운데 하나에 불과한 것이 된다.

성경에 보면 태어나면서부터 시각장애인이 된 사람을 두고 제자들이 "이 사람의 장애는 누구의 죄 때문입니까? 부모의 죄 때문입니까? 자신의 죄 때문입니까?"라고 질문할 때 예수님은 "누구의 죄 때문이 아니라 하나님이 하나님의 일을 나타내고자 하심이다"라고 말하고 있다.

예수님이 인과를 가르치니 제자들은 장애를 죄와 벌의 관점에서만 바라보았으나 예수님은 장애가 단순히 현상적인 죄와 벌이 전부가 아니라 그 이상의 의미도 있음을 알고 있었던 것이다. 그러므로 신은 원망이나 숭배의 대상이 아니라 장애 속에서 비(非)장애의 모습을 찾고 드러내도록 해주는 인도자가 된다.

이렇게 하는 것이 신을 영접하는 것이고 믿는 것이며 그 때 비로소 장애는 신의 품속에서 남다른 꽃을 피우고 향기를 가지게 된다.

보이지 않는 환경을 유지한다

자폐성 발달장애 아들을 둔 젊은 어머니가 내게 와서 고충을 토로한다.

"선생님, 제가 죽지 못해 살고 있잖아요. 아무리 애써도 아들이 나아지지도 않고 어쩌면 좋지요?"

참 난감하다. 곰곰이 생각하다가 이 아들의 마음을 전해주는 것이 좋겠다는 생각이 들었다.

"지금부터 내가 어머니 아들이 마음 깊은 곳에서 외치고 있는 말을 그대로 옮겨 들려드리겠으니 잘 들으세요."

어머니가 갑자기 어안이 벙벙해진다.

"엄마! 엄마는 왜 나를 버리려고 하세요? 나는 내가 태어나면 이런 몸으로 살 줄 이미 알고 있었어요. 그래서 엄마를 찾아왔어요. 엄마라면 나를 지켜주고 먹여줄 것이라고 생각했으니까요. 엄마는 나에게 세상에서 가장 소중한 사람이란 말이예요. 제발 나를 보고 웃어주세요. 나는 엄마 생각만큼 그렇게 슬프지 않아요."

이 말을 듣자, 엄마 눈에서 눈물이 줄줄 흐르며 흐느낀다.

"맞아요, 선생님. 제가 이 아이와 함께 죽거나 아니면 혼자 떠나려고 했어요. 최종결정을 듣기 위해 선생님을 찾아왔던 겁니다. 아이를 보니 웃기는커녕 도저히 괴로워서 견디지 못하겠는 거예요. 그런데 선생님 말씀을 듣고 보니 제가 아이를 괴롭히고 있었네요. 이제부터는 아이를 정말로 슬프게 만들면 안 되겠다는 생각이 들었어요. 그런데 아이 자신은 생각만큼 그렇게 슬퍼하지 않는다는 것은 참 의외네요."

"그렇습니다. 이 아이는 이미 알고 태어났으니 의외로 담담해요. 그러니 분명 가끔씩 해맑게 웃을 겁니다. 그런데 엄마가 웃지 않고 있으니 오히려 슬퍼하고 있는 겁니다."

"맞아요. 분명히 자기는 아주 괴로울 텐데 이상하게 아무렇지도 않다는 듯 수시로 웃는 거예요. 저는 좀 이상하다 생각했지요. 그런데 이제 이해되네요. 저도 아이보고 웃어주어야 되겠어요."

"그것이 지금 아들의 유일한 소망이에요. 엄마가 자기가 태어난 후 마음 속 깊은 곳에서 나오는 웃음을 한 번도 웃어주지 않았으니 이것이 가장 큰 괴로운 일이 되어 있습니다. 아마 엄마가 진심으로 웃어준다면 아이는 엄마를 잘 택했다고 너무나 좋아할 겁니다. 그리고 힘이 나서 아들이 엄마를 더 웃게 하기 위해 나아지려고 더욱 노력할겁니다."

"감사합니다, 선생님. 저와 아들을 살려주셨어요. 하마터면 소중한 인연을 망칠 뻔 했습니다."

엄마가 즐거운 표정으로 돌아갔다. 그리고 몇 개월 후 아이가 예전보다 많이 나아지고 있다고 연락이 왔다. 참으로 다행이란 생각이 들었다. 조금만 어긋난 말을 했어도 두 생명이 큰일날 뻔 했으니까 말이다. 아들의 마음을 솔직하게 그대로 전달한 것이 주효했다. 그리고 최종(最終)이란 없다. 항상 새로운 시작과 '그 다음' 만이 있을 뿐이다.

진정 중대한 것은 보이지 않는다. 그리고 많은 경우 드러난 것과는 정반대가 되어 있기도 하지만 또한 하나로 움직이고 있다. 그러므로 눈에 보이는 현상에 대해 자기생각에만 매이면 일을 크게 그르치게 되어 더욱 꼬여가게 된다.

나 자신을 둘러싼 색성향미촉법(色性香味觸法)의 환경은 크게 영적(靈的) 환경, 정서적(情緒的) 환경, 물적(物的) 환경의 3차원으로 이루어져 있다. 영적 환경은 비(非)물질로서 무의식적 심층차원에서 이루어지고, 물적 환경은 물질로서 몸 차원에서 이루어지며, 정서적 환경은 그 가운데 두루 걸쳐 비교적 표면적 마음에서 이루어진다. 이 3가지는 영적 환경을 근원으로 하고, 정서적 환경을 중심으로 물적 환경을 좌우하며, 일체가 되어 개인과 가정 전체의 분위기를 이루고 있으면서 가족 간에 서로 이어져 있고 영향을 주고받는다. 그리고 어느 하나의 환경에 큰 영향을 미치게 되면 연쇄반응으로 다른 환경에도 변화가 오게 된다.

보이지 않는 영적 환경에 이상이 생기면 도무지 이유를 알 수 없는 일들이 갑자기 집안에 일어나게 되어 있다. 물적 환경이 부족하면 자녀들이 오히려 일찍 철이 들고 자립심이 강해지면서 좋은 측면들을 얻게 되지만, 정서적 환경이 훼손되면 풍요로운 물적 환경조차 오히려 모든 것을 망치는 쪽으로 작용한다.

일체환경의 근원인 영적 환경과 움직임의 중심인 정서적 환경을 스스로 포기하지 않는 한 물적 환경, 즉 가난이나 장애라는 사실만으로 인간은 결코 쓰러지지 않게 되어 있다. 그리고 결국은 이들 환경에 상응하는 물적 환경이 이루어진다.

눈에 보이는 것만 쫓아가면 결국에는 망하는 것이 법칙인데, 물질은 최종적으로는 비(非)물질을 따르기 때문이다. 그러니 장애에 대한 경제적 지원만으로는 크게 부족하게 되고 마음을 주고받으면서 보다 신성한 마음으로 나아가야 되는 법이다.

나 자신의 의지만으로는 이 3가지 환경을 바르게 구족하고 영위하는 일은 불가능하다. 그래서 내가 잘나서 이루게 되는 일은 없고 독불장군은 없게 된다. 당연히 인연을 맺어 한계를 극복하고자 가정과 사회를 이루는 것이므로 자기인생이라고 할지라도 타인으로부터 얼마나 많은 도움을 어떻게 받느냐에 따라 인생의 행로가 결정되어 나아가는 것이니 무소유(無所有)를 굳이 들먹거릴 것도 없이 자기만의 것이란 본래 없다.

부모는 자녀에 대해 이 3가지 차원의 환경을 바르게 갖추어주어야 되는 책무가 있게 된다. 영적 환경은 부부의 화합과 애정을 요구하고, 물적 환경은 돈을 요구하며, 정서적 환경은 소통을 요구한다.

여기서 봉사자의 이타적 마음은 장애가정의 영적 환경에 힘을 보태 주고 말과 행동 등 드러난 봉사는 물적 환경과 정서적 환경을 강화시켜 준다. 그러므로 봉사자는 그 마음을 최상의 마음으로 갖추어야 되는 법이다. 물적 환경은 복지 차원에서 기본적인 것은 쉽게 갖출 수 있지만 정서적 환경을 갖추는 것은 보다 더 어렵다.

그러므로 따뜻한 말 한 마디와 부드러운 손길은 천금의 가치를 가지며 생명을 살리는 법이다. 장애인과 직접 마음을 소통하는 사람은 장애인의 정서와 영혼을 살려주는 귀(貴)한 사람이 된다.

부모는 가난과 장애라는 물적 환경에 사로잡혀 자기 처지나 자녀를 너무 불쌍하게 생각하거나 무기력하게 기가 죽어 움츠리고 지내면 영적 환경과 정서적 환경마저 스스로 망가뜨려 자기는 물론 자녀에게도 오히려 크게 해로움을 주게 되니 영적 환경과 정서적 환경을 잘 구축해 나가는 것이 절대적인 과제가 된다.

그리고 밖의 왜곡된 압력으로 환경이 훼손되는 것을 막아주는 일도 중요하다. 이것은 돈이 들지 않으면서 미래를 기약하는 일이기도 하니 못 배우고 가난한 부모라고 하지 못할 것이 아니다. 특히 영적 환경을 잘 유지해나가는 것은 가장 중요하다. 보이지 않게 자녀를 지키고 일으켜 세우는 힘을 만들어내는 원천이기 때문이다.

단 하나의 인생뿐이다

부모가 사채업을 하며 번 돈을 많이 물려받아 편히 살던 50대 남자가 정면충돌의 교통사고로 그만 두 다리를 잃어 의족을 하고 목발을 짚으며 살고 있다. 처음에는 절망으로 울부짖으며 두문불출하고 죽을 생각을 여러 번 하다가 최근에 겨우 마음을 추스르고 열심히 재활하면서 사람들과 얘기도 나눈다고 한다.

"내 인생 조졌소(망가졌소)."

"왜 인생을 조졌다고 생각합니까?"

"아, 보면 모르오? 이제 어디 여행갈 수도 없고 마누라는 별거하고 딸만 종종 나를 보러 온다오. 그러니 이게 어디 사는 겁니까?"

"이렇게 사는 것은 선생님 인생 아닙니까? 지금 다른 사람이 이렇게 살고 있나요? 귀신이 몸속에 들어가 선생님 대신 이 몸으로 이렇게 사는 것도 아니고요."

"그야 그렇지만 도무지 어디 인정할 수가 있어야지요. 그 이전과는 너무 다르니 말이오."

"그건 그렇네요. 이전과 생각이 달라진 것도 별로 없고 마음도 그대로이니 달라진 세상과 이전의 세상이 겹쳐서 많이 어지럽겠습니다. 그러니 본인 세상은 그 어디에도 없어졌으니 인정하기 어렵겠네요. 참 마음이 공허하겠습니다. 그런데 이대로는 계속 살기 어려우니 어지러워 쓰러지기 전에 빨리 어느 하나의 세상을 택해 선명해지는 것이 좋겠습니다."

잠시 생각에 잠긴 듯 말이 없다.

"이것도 내 인생이네요. 이제 열심히 살아야겠습니다."

"다리가 있던 세상도 소중하고 다리의 소중함을 깨달은 세상 역시 똑같이 소중한 법이지요. 다행히도 힘든 마음에서 많이 벗어나셨으니 새롭게 보이는 세상이 곧 내 인생이 되지 않겠습니까? 모든 것이 새롭게 보이기를 바랍니다. 그러면 이미 식상해진 예전의 세상은 물론 지금의 세상도 내 것이 되어 훨씬 풍성한 세상이 곧 내 인생임을 느낄 수 있게 될 테니까요."

내 마음을 어느 범주에 두고 인생을 영위하는가에 따라 인생의 모습이 제각기 다르지만 그 누구에게도 인생은 내가 가는 길 하나 밖에 없는 법이다. 그렇지만 그 인생이 깔고 있는 세상은 마음에 따라 수없이 가질 수 있다. 그런데 아상(我相)으로 인해 제각기 나만의 고정된 세상을 갖고 있다는 착각이 일어난다.

그러나 무지개의 다양한 7가지 색깔이 본래 하나의 색(色)이듯이 실상은 본래 '일중일체다중일(一中一切多中一) 일즉일체다즉일((一卽一切多卽一)' 이 되어 있다. 내 인생은 모든 이의 모든 인생 속에 스며들어 있고 역시 내 인생 속에 모든 이의 모든 인생이 깃들어 있다. 그러므로 개개인의 인생의 무게는 본래 한량없이 무거워 측량할 수 없고 비교할 수도 없고 평등한데, 자살하는 사람은 평소에도 자기인생을 자기의 것만으로 여겨 가볍게 겉으로만 대하고 있었던 탓이다. 이 실상은 또 한편으로는 인생의 탈출구 역시 따로 없게 되어 있음을 의미하니 인연관계에서 주어진 역할을 외면하고 다른 인생에 눈을 돌릴수록 늑대를 피하다가 호랑이를 만나는 격이 된다. 그러므로 인생은 낙(樂)을 누리기 위해 있는 것도 아니고 고생하거나 고생을 면하기 위해 있는 것이 아니다. 그러기에는 주어진 시간도 너무 짧다. 현상의 고(苦)와 낙(樂)에만 매달려 막연히 욕망을 추구하는 것을 인생으로 삼고 있으면 최종적으로는 안타까움만 남게 된다.

산다는 것은 '범소유상 개시허망(凡所有相 皆是虛妄)' 이라고 했듯이 무엇을 얻고 누리기 위해 표면적인 다른 인생을 늘 찾아 헤맬 것이 아니라 인생 그 자체를 깨달아가는 것이다. 당연히 내가 처한 환경과 일 속에서 새로운 안목을 끄집어내는 것이 중요할 뿐이다.

내 일 속에 모든 것이 있고 나 외에 다른 내가 없다. 동시에 나만의 인생 역시 따로 없으니 편하면서도 편함이 없고 어려우면서도 어려움이 없다. 장애자녀의 부모인생 역시 따로 없다. 부모의 인생 속에 자식이 있고 자식의 인생 속에 부모가 있으므로 부모의 인생이 자식과 별개로 있고 또 그 인생이 온통 자식에게 머물러 있거나 자식에게 주는 것으로 생각하면 어긋난다. 자식과 함께 하고 있는 것 자체가 곧 부모의 인생이자 동시에 자식의 인생이기 때문이다.

인생은 분명하지만 그것이 곧 자기만의 것이 아니라는 사실을 깨달아갈 때 욕망이 만든 인생의 허상(虛像)은 지워져가고 아상(我相)이 허물어져간다. 보다 깊은 차원의 의식이 재형성되면서 삶의 비밀스럽고 진정한 뜻이 자연스럽게 드러나게 된다. 그 때 장애는 저주도 축복도 아니고 그냥 현상일 뿐이며 장애 가운데서 묘한 행복이 자연스럽게 고개를 내민다.

리듬의 전환으로 마음을 이어간다

"사람들이 저런 자식을 두고 제가 산으로 절로 놀러 다니며 웃는 것을 보고 참 속이 편하다고 빈정대요. 장애자식을 돌보려면 힘을 얻어야 되는데, 제가 진짜 놀러다는 줄 아는가 봐요. 참 속상해요. 제 마음이 눈물이 마를 날 없이 24시간 아이에게 가 있는데 말이지요. 잠시 놀다 오면 그래도 아이에게 웃을 수 있고 몇 날 며칠을 힘을 내 뒷바라지해줄 수 있거든요. 제가 지쳐버려 쓰러지면 누가 우리 아이를 돌보겠습니까?"

"놀러 다니는 것과 자식을 돌보는 일이 마음속에서 다르지 않군요. 남들에게 좋은 소리를 듣는 것보다 스스로에게 떳떳하고 부끄러움이 없는 것이 훨씬 더 중요하지요. 마음이 둘로 나누어지지 않으니까요."

웃어야 할 때는 진심으로 웃고 울어야 할 때는 진심으로 울고 화내야 할 때는 진심으로 화를 내게 되는 사람은 마음이 건강하니 몸도 건강하다. 안과 밖이 열려 일체화되어 있기 때문이다. 겉으로는 웃지만 속으로는 참으면서 울 때 그 겉과 속 모두 자기 자신이 아니다. 안팎이 나뉘어져 있고 안팎이 다른 모습은 그 전체가 왜곡된 자기모습이기 때문이다. 그러면 가만히 있어도 안팎의 혼잡 자체가 크나큰 스트레스로써 작용한다. 장애든 아니든 그 겉과 속을 모두 버릴 때 비로소 안팎의 분별이 없이 한없이 넓디넓은 자기가 드러난다.

스트레스를 잘 해소하는 것은 인생을 위험에 빠뜨리지 않게 되는 일이니 대단히 중요하다. 사방이 꽉 막힌 상황에서 오랜 시간 고단하게 참고 견디는 스트레스는 억누를 것이 아니라 반드시 수시로 잘 배출시켜야만 되니 이는 생기(生氣)를 갖고서 마음을 물 흐르듯이 쓰는 일이다.
울고 싶으면 크게 우는 것이 낫다. 단 한 번으로 모든 스트레스를 단번에 날려버리려고 해서는 안 되고 너무 정적(靜的)이어서도 안된다.

몸을 적당하게 움직이는 것이 내부에 쌓인 사기(邪氣)를 발산시키는 데 도움이 되기 때문이고, 정적인 것은 스트레스를 무의식 속으로 더욱더 가라앉게 만들 위험이 아주 크기 때문이다.

또한 스트레스 해소가 삶의 리듬을 무너뜨리면 안된다.

장애인이나 그 부모는 장애상황에 처해서 끝까지 애써보며 살리라는 결심이 서는가 하면 또한 어떤 이는 죽는 게 더 낫다는 마음으로 흐른다. 이것은 타고난 색수상행식(色受想行識)의 성향이 다르기 때문이다. 무의식 속에 새겨져 있던 평소의 사고방식이 큰 문제일 뿐 단순히 마음이 약해서만은 아니다. 또한 삶의 시야가 좁거나 갖고 있던 욕망이 강하다면 좌절감이 커지므로 그만큼 죽음의 유혹에 자꾸 빠지게 되기도 한다.

스트레스가 극심하거나 비관이 지나쳐 죽음의 유혹이 자꾸 다가올 때는 여러 가지 리듬을 전환시키는 것이 도움이 된다. 속도가 빠르든 느리든 상관없이 고유의 리듬은 무의식차원에서 자기의 모든 행동, 생각의 틀, 마음을 지배하고 있기 때문이다. 음악을 들을 때 느린 리듬을 즐기는 사람은 게으른 편이고 빠른 리듬을 즐기는 사람은 지나치게 성급한 다혈질이다. 그래서 일을 망치게 되는 경우가 흔하다.

걸음걸이 속도만 바꾸어도 새로운 의욕이 솟아난다. 걷는 속도가 느리면 리듬이 느려지고 기가 빠지니 평소 힘이 많이 빠지는 사람은 보행 리듬을 바꾸면 성격과 운세조차 바뀐다. 한마디로 자기가 익숙한 고유의 리듬에만 너무 빠지면 안되는 것이다. 상황이 크게 바뀌면 리듬을 바꾸는 것이 더더욱 중요해진다.

리듬을 조정하면 뇌파가 변하고 자율신경이 조정되며 평소의 굳은 시스템이 무너지면서 가동하지 않고 있던 〈색수상행식〉과 인체의 메커니즘을 극대화시키므로 뜻(意)이 크게 변화되고 집중되어 장애라는 역경도 이겨나갈 수 있는 힘이 새롭게 생기게 된다. 숨소리를 기준으로 길고 짧은 장단(長短)에다가 강하고 약한 강도(强度)를 더한 리듬을 이전과는 달리 새롭게 가져보는 것이다.

주기적으로 몸을 새로운 리듬으로 움직이며 힘이 나게 만드는 취미가 하나라도 있는 것이 좋다. 그리고 스트레스 해소에는 소리와 음악이 큰 도움이 되니 잘 활용하면 바람직하다.

장애가정 상황은 단기전이 아니라 장기전임을 고려해볼 때 반드시 부모가 심신이 건강해야만 되고 수시로 강한 의지를 발현시켜야 된다. 그러므로 한탄만 하고 있거나 자녀를 두고서 내가 즐거움을 누리면 안되고 같이 고생해야 된다는 좁은 마음 등에서 벗어나 정신 바짝 차리고 자기 나름의 리듬 전환과 스트레스 해소방편을 갖는 것은 장애자녀를 위해서도 필수다.

자녀에게 생기를 전달해주어야 좋은 부모가 아닌가?

장애의 유전(遺傳)을 해소한다

　내면에 입력되어 있는 것은 언젠가는 반드시 밖으로 실현되니 곧 인과법에 따르는 현상이다. 가족적 무의식에 의해 부모의 경험이 자손 4대까지 유전을 통해 영향을 미친다는 사실도 최근에 밝혀져 있다. 가계의 선조가 가진 억눌린 욕구가 후손을 장애인으로 만들 수 있고 내가 잘못하면 내 후손이 장애인이 될 수도 있는 것이다. 부모가 살아생전에 겪는 물리적, 정신적 경험 가운데 반복되거나 자극적인 경험은 부모의 무의식에 새겨져 인연을 통해 자손에게 내려간다. 이것은 자손이 삶의 다양한 분야에서 조상을 비롯한 부모와 비슷한 경험도 하게 된다는 의미다. 그리고 부모가 좋은 경험을 하고 의식을 바르게 가지면 자손이 그만큼 좋은 삶을 살 수 있게 된다.

　인연은 반드시 사람만이 아니라 하는 일과 머무르는 곳 등 시공간 속에서 자기마음을 지주로 전개되니 살아가고 있는 환경과 바른 마음으로 인연을 좋게 맺어야 될 필요성을 가지게 된다. 경험을 받아들이며 저장하는 마음이 극히 중요하므로 아무리 힘들더라도 마음을 잘 가지면 미래와 자손의 행복은 어느 정도 갖추게 된다. 인연의 보이지 않는 연결성을 잊어버리면 본의 아니게 큰 피해를 사랑하는 인연들에게 끼치게 되니 유념해야 된다. 물질적으로 오고 가는 것만을 따지는 사람은 자칫 가족들에게 악인이 되어 있기가 쉽다.

장애를 가진 조상이 없는 집은 그 어디에도 없다. 또한 장애를 가진 후손이 나오지 않을 집안 역시 없다. 그리고 현재 살아있는 우리는 몸의 장애를 갖고 있거나 아니면 마음이 장애와 비(非)장애를 왔다 갔다 하고 있으니 장애에서 완전히 자유로운 사람은 없게 된다.

인과법과 유전에서 보면 장애로부터 스스로 행복을 찾아내고 참회로 마음의 때를 없애는 것은 후손에게 장애의 DNA를 물려주지 않는 것이 되고 후손을 불행에서 구하며 역경에서 벗어나게 해주는 큰 힘을 전해주는 일이 되니 이는 크나큰 일이고 위대한 조상으로서의 업적이 된다.

몸은 끊어져도 혼(魂, 정신)은 계속 이어지므로 인연 속에서 어떤 일이건 순수하게 사적(私的)인 것은 그 어디에도 없으니 장애를 가진 사람은 후손뿐만 아니라 사회 전체에 곧 공인(公人)이 된다. 가벼이 마음 먹고 처신하면 안되는 이유다.

우리 사회에 군이 장애인으로 칭호를 받지 않고 일반인과 거의 차이 없이 살 수 있는 사람인데 장애인인 경우가 많다. 각종 복지혜택을 받으려고 하는 것인데, 참으로 어리석은 짓이다. 이것은 자기 자신에게 '나는 장애인이다' 라는 자기암시를 늘 반복하는 꼴이 되어 장차 장애인이 될 씨앗을 스스로 무의식 속에 심어두는 일이 된다. 그러면 본인이나 자손이 언젠가는 반드시 큰 장애를 입게 된다. 이것은 법칙이니 어김이 없다. 일반인과 큰 차이 없이 살 수 있으면 미래의 장애를 예약하지 않도록 자기 자신을 장애인으로 스스로 확정짓는 것은 되도록 거부하고 피해야 된다.

부모 역시 한탄할수록 그 자녀는 더욱 힘들어지는 것은 물론 부모 역시 무의식에 왜곡을 크게 일으키게 된다. 또한 자기가 장애인이라는 것을 마음속에 깊이 각인할수록 장애는 심해지게 된다. 그렇다고 장애인이 아니라고 생각해봐야 되지도 않을 뿐더러 마찬가지다.

또한 장애인을 장애인으로서만 대해서도 안 되고 비장애인으로 대해서도 안 된다. 객관적인 물리적 사실에 대해서는 긍정이나 부정이나 그 최종결과는 별반 차이가 없다. 다만 장애의 몸 상태에 따라서만 나오는 마음을 자꾸 맺고 들이대면 안 된다. 장애라는 색(色)에 마음 전체가 속아넘어가면 안 된다.

신(神)의 힘을 얻는다

지적장애 자식을 가진 어머니가 와서 따져 묻는다. 처녀 때부터 지금까지 교회에 오래 다녔다.

"선생님, 신이 있나요?"

"……"

"아무 말씀 없으신걸 보면 신이 없나 보지요."

"……."

"아이고, 답답해라, 말씀 좀 해주세요."

"어머니는 신이 있다고 생각합니까? 없다고 생각합니까?"

"저야 잘 모르지만 우리 애를 보면 없는 것 같아요, 예수님을 영접해서 평생 남에게 해를 끼치지 않고 어려운 사람들을 도우며 착하게 살아왔는데도 이런 걸 보면……."

"그러면 어머니는 신이 있기를 바라십니까? 없기를 바라십니까?"

"…… 그래도 신이 있는 것이 좋지요. 원망스럽지만 그래도 이렇게 된 데에는 뭔가 신의 뜻이 있을 테고 우리 애를 위해 기도해줄 수 있으니까요."

"그러면 신이 있다, 없다, 있을 것이다, 없을 것이다, 있으면 좋겠다, 없으면 좋겠다, 신을 영접했다, 신이 나를 버렸다, 신을 봤다, 못 봤다 하는 생각 따위를 몽땅 버리고 그 텅 비워진 빈자리에다 대고 한 번 간절하게 기도해보세요. 단, 신세타령은 너무 하지 마시고요."

얼마 후 다시 찾아왔다.

"선생님, 이상하네요. 시키는 대로 해봤더니 난생 처음 마음이 저절로 고요해지면서 아주 편해졌어요. 그리고 뭔가 마음이 밝아진 것 같아요. 아이를 봐도 마찬가지예요. 계속 그래요. 참, 이상하네요. 그 전에는 교회에 나갈 때만 잠깐 편하고 즐거웠거든요. 집에 와서 아이를 볼 때마다 화가 나고 미안해지고 하면서 힘들었었는데……."

"이제야 드디어 예수님을 만났네요, 축하드립니다."

신에 대한 자기 나름의 생각이 오히려 신과의 벽을 만들고 있으니 백날 제자리걸음이다. 내 마음속의 신을 만나지 못하면 종교는 그냥 취미생활에 지나지 않는다. 아니, 내 마음 자체를 청정하게 만들어 사랑과 자비로 다시 물들이지 못하면 그렇다.

신이 없는 곳에 장애가 있는 것이 아니라 장애에 머무는 마음에 신이 없다. 신이 있는 곳에 장애가 없는 것이 아니라 장애에 머물지 않는 마음에 신이 있으니 장애를 바르게 극복하려고 애쓰면 신이 반드시 등장한다. 신이 등장하면 끝없는 것처럼 보이던 고통이 최종적으로는 환희심을 낳는다.

신은 본래 없는 곳이 없지만 이렇게 위의(威儀)를 나타내 장애에 붙잡히지 않는 의지와 노력에 힘을 보태준다. 그러므로 먼저 장애에서 마음이 벗어나야 되므로 신과 장애를 내 마음대로 생각하지 않아야 한다.

기도(祈禱)는 내 몸과 마음을 모아 안팎의 경계가 없이 신(神)과 나 자신에게 동시에 하는 것이다. 확신을 갖고 원망을 거두어가면서 마음이 물들지 않고 깨끗함을 유지해가는 것 자체가 곧 절대적으로 살아있는 기도이지만 근본적인 이것만 가지고서는 부족하기 마련이다. 안팎을 나누어 살고 있으므로 아직 나 자신에 대한 완전한 믿음이 서 있지 않기 때문이고 또 내 한계를 쉽게 스스로 넘어서기 어려우므로 밖으로부터도 여전히 힘을 얻어야 하기 때문이다. 그래서 밖으로 신을 향한 기도가 또한 요구된다.

장애자녀의 부모가 기도로부터 얻어야 하는 내용물은 조금 다를 필요가 있다. 그냥은 어려우니 기도로 신에게 청해서 얻는 것이다.

근본에서는 나 자신에 대한 믿음을 크게 갖도록 되어야 된다. 그것은 자녀가 그 어떤 장애상황이건 간에 미래를 두려움 없이 나 자신에게 완전히 맡겨놓을 수 있는 믿음이다. 그리고는 현실에 집중하여 할 바를 묵묵하게 해 나간다. 이것이 신에 대한 진실된 믿음을 갖는 것이고 그 믿음을 신에게 당당하게 보여주는 것이다. 이렇게 될 때 비로소 포용심과 밝음, 그리고 여유를 얻게 되어 이 모든 것들이 큰 힘을 발휘하니 자녀를 신과 이어지게 한다.

장애환경을 넉넉하게 포용할 수 있는 마음을 형성해야 한다. 마음을 보다 더 너그럽고 부드럽게 가져야 된다. 그래야 마음의 평화를 유지할 수 있어 가정에 생기(生氣)가 있게 되어 신(神)이 잠자고 있던 복을 움직이니 자녀를 비롯하여 가족에게 두루 도움이 된다.

나 자신과 세상을 밝게 볼 수 있는 지혜를 갖추는 것도 매우 중요하다. 장애상황은 세상을 어둡게 보도록 보이지 않게 강요한다. 그래서 나 자신과 신으로부터도 멀어지며 비장애의 모습이 점점 가려지게 된다. 심지어는 세상사람 모두가 고통 속이나 밝음 속에만 있는 것 같은 환상이 심해져 장애보다 더 심각한 사태가 생겨난다.

부모는 자녀가 남들보다 상대적으로 더 착한 마음을 갖게 된 것을 다행이고 행복으로 여길 줄도 알아야 된다. 신은 광명 그 자체이니 그 빛을 받아 이 세상은 빛과 그늘이 항상 함께 하고 있는 동시에 본래 밝음 뿐임을 깨달아야 한다. 그래서 장애와 비장애를 가릴 것 없이 일체가 고요함 속에서 여여하게 빛나고 있음을 알고 내면의 밝음을 이끌어내어야 한다.

마음의 여유 또한 반드시 이루어야 되니 장애로 인해 가지는 조급함과 침체되는 마음을 약화시켜가야 한다. 행복을 뭉치거나 불행을 깨뜨리는 데 있어서는 유위(有爲)와 무위(無爲)를 반드시 같이 동원해야 된다. 자연스럽게 둥글게 뭉쳐지고 가루가 되어 스스로 흩어지도록 하는 것이 곧 자연의 힘이요, 무위이며, 세월인 만큼 너무 조급하지도 느긋하지도 말고 계절에 알맞게 옷을 입듯이 순리대로 해나가야 되겠다. 장애를 가질수록 더욱 그렇다. 타임라인(time line)을 길게 잡고 여유를 가지는 그 속에서만 신과 함께 해나갈 수 있으니 과거와 현재, 미래에 걸쳐 시간에 대한 욕망과 분별을 좀 완화시켜야만 한다. 그래야 힘을 얻고 지속시켜나갈 수 있는 의지도 유지된다.

신은 인간처럼 서두르거나 무리하지 않는다. 신은 자연 그 자체로 신의 모습을 나타내 보여주고 있다. 때가 되면 원하든 원하지 않든 간에 겨울은 가고 봄은 무조건 오게 된다.

신은 마음에 더 근본을 두므로 이런 부모는 진정 신의 자녀가 된다. 기도로 마음이 이렇게 진행되어갈 때 신의 도움은 어떻게 오는가? 장애로 인한 후유증이 일파만파로 퍼져나가는 것을 막아준다. 그리고 의지력을 강하게 해서 장애에 걸려 결코 쓰러지지 않는 힘을 준다. 장애를 낫게 해주는 기적사례도 예나 지금이나 있다.

『삼국유사』에는 분황사의 천수천안관세음보살에게 빌어 눈먼 아이가 눈을 뜨게 되었다는 기록이 있다. 장애 그 자체 때문에 집안 전체가 망가지는 것은 아니다. 그로 인해 부부불화가 일어나고 각자 지치면서 점차 삶을 비관하고 체념해나가는 데서 가정이 붕괴된다. 장애가 무서운 것이 아니라 그 뒤에 이어지는 여파가 더 무서운 것이다.

신의 도움을 겸허하게 청하면 그 때 신은 자비와 사랑으로 손을 은밀하게 내민다. 비록 장애가 생겨났지만 기존의 가정질서는 잘 유지되도록 힘을 주고 마음을 지켜주는 것이다. 신의 이런 도움이 오려면 장애인 본인이나 부모가 장애조차도 자연 그 자체임을 알고 그 마음을 따라 기도하면 된다. 나아가 이를 계기로 그 전에는 별로 신경쓰지 않았던 어려운 사람들의 마음을 잘 헤아리면 더욱 바람직하다.

최악은 장애상황에 온통 마음이 붙들려 그 마음에 나 자신이 갇혀버리는 것이다. 이것은 자연을 어기는 일인지라 신 역시 안타깝게도 침묵을 지킬 뿐이다. 장애에 대해 마음을 닫고 냉담하게만 바라보는 비장애인 역시 자연을 어기는 것이 되므로 스스로 내면에 차가운 살기가 생겨나게 된다. 자연은 닫힌 바가 없기 때문이다.

대략 이와 같이 자기를 믿고 마음을 넓히고 밝음을 보며 여유를 이어나가는 것이 기도로부터 얻고 이루어야 될 덕목이 된다. 신은 기꺼이 이것이 가능하게 되도록 인도해준다. 신의 힘은 이 마음속에서 주어지고 동시에 잠자고 있던 큰 힘이 이 마음속에서 기지개를 틀고 깨어난다.

그러므로 하루에 단 10분 정도라도 이런 사항을 기원하면서 이런 마음을 다져나간다면 반드시 새로운 인간으로 태어나게 되니 인과법에 따라 장애상황은 저절로 해소되는 쪽으로 보이지 않게 움직이게 된다. 이것은 신의 도움 이전에 자연스러운 법이기도 하다.

당당한 가정교육으로 키운다

장애자녀를 둔 부모는 스스로 움츠러들지 않아야 된다. 그래서 가정에서 자녀에게 당당하게 되어야 한다. 이렇게 된 바탕 하에서 가정교육이 당당하게 이루어져야 한다. 장애가정의 부모는 특히 자녀의 애처로운 모습 때문에 가정교육이 훨씬 더 어렵게 된다. 밖에서 상처를 받고 있는데 자녀의 잘못을 야단치자니 그렇고 마냥 받아주자니 더욱 그렇다. 만감이 교차하는 가운데 혼란스러운 딜레마 상황이다.

그러나 자녀가 장애라고 해서 마냥 봐주기만 한다면 이는 자녀를 장애인이라고 오히려 무시하고 비장애아동과 차별하는 것이 된다. 그리고 장애가 큰 약점으로 끝나고 마니 남에게 받기만 하고 나약하게 크면 세상으로부터 더욱 차별과 배척을 받는 사람이 되고 마니 결국 자녀에게 해롭게 된다. 정신을 제쳐두고 겉모습에만 마음이 달려있게 되면 항상 결과가 좋지 않게 되는 법이다.

자녀의 장애상태를 섬세하게 배려하는 가운데 기본적으로 비장애아동과 동등하게 가정교육을 시켜야 한다. 잘못하는 것은 확실하게 야단쳐서 고치도록 하고 잘하는 것은 크게 칭찬해주어야 자녀도 세상에 당당한 사람이 되고 자기의 겉모습에 지지 않게 된다.

어린아이들도 분명히 알고 있어 부모의 정당한 꾸지람으로 생각만큼 상처를 입지 않는다. 자기를 바라보는 타인을 배려하고 포용할 줄 알고 도움과 사랑을 줄 줄도 아는 적극적인 성격으로 키워야 한다. 이 때 자존감이 높아지고 정신이 장애에만 사로잡혀있지 않고 달라지니 재활치료도 큰 효과를 낳게 된다. 그리고 자녀에게 용기를 주는 부모의 말이 그대로 통하게 된다. 이것은 부모가 자녀를 평등심으로 대하고 자녀의 가치를 키우는 것이니 자녀를 존중하는 것이 되고 자녀 역시 그런 사람이 된다. 세상은 부모와 같지 않고 편견마저 갖고 있으니 자녀가 자기만 생각할 줄 알거나 성질이 고약한 제멋대로의 사람이 되면 앞날이 장애 때문이 아니라 성격 때문에 소외되면서 더 고달프게 되고 만다.

자녀가 편견과 소외에 젖어 있고 스스로 자존감이 저하되어 있으므로 정면에서 대놓고 좋은 말을 해주어도 거부감을 갖고 그대로 잘 받아들이지 않거나 역효과가 나는 경우가 많다. 요구가 들어간 직설적 말은 명시(明示)가 되어 상대의 마음이 열려있지 않은 한 별 무용지물이다.

이럴 땐 부모가 답답해하고만 있지 말고 암시(暗示) 등을 잘 활용하면 큰 도움이 된다. 암시는 상대가 의식하지 못한 채 상대의 깊은 내면에 효과적으로 파고든다. 행동을 강요하기보다는 부드러운 개입으로 행동을 변화시키고 유도하는 '넛지효과(nudge effect)'도 근본적으로 암시에 다름 아니다. 표정과 일치되는 말, 넌지시 슬쩍 한 마디 흘리는 말, 우연히 들리는 말, 느낌과 표정에 관한 말, 은근한 말, 귀에 속삭이는 듯이 하는 말, 침묵 직후의 말, 뜬금없는 말, 제스츄어가 동반된 말 등에 더 솔깃하며 꽂히는 것이 암시다.

그리고 비장애아동에게 당연한 것이 장애자녀에게는 특별한 것이 되는 경우가 허다한데, 이 때 비장애아동과 비교해서 더 잘한다는 말이 꼭 필요하다. 대개 남보다 나은 점이 하나라도 있어야 사는 데 힘을 얻기 때문에 딱 한 둘 정도의 사항만은 비장애아동과 비교해서 더 잘한다고 확신을 갖고 수시로 반복해서 말해줄 필요가 있다.

당당하고도 효과적인 가정교육을 위해 장애자녀의 부모는 자녀의 남다른 점을 배려해서 효과적으로 말을 전달하는 여러 가지 방편을 반드시 익힐 필요가 있다.

4장

마음 짐은 내려놓고 몸 짐은 나누어 들자

4장
마음 짐은 내려놓고 몸 짐은 나누어 들자

"명가명 비상명(名可名 非常名)"

— 노자(老子)

인생의 기나긴 여정은 곧 자기 욕망을 순간순간 벗어나는 길에 다름 아니다. 그것은 내가 가진 마음의 짐을 미련 없이 벗어 내려놓고 욕망을 승화시켜 축 처진 상대의 몸을 힘껏 들어 올려주는 일에서 아름다운 첫 번째 결실을 맺게 된다. 그래서 세상에 아름다운 희망풍경을 그려낸다. 그 풍경화는 살아 있으니 맑은 향기를 멀리까지 전해주게 된다. 나의 불행을 타인의 행복으로 마침내 승화시킨 사람은 누가 알아주든 모르든 스스로 세상의 빛과 소금이 된다.

본인이 심각한 장애를 입고 더불어 장애부모님으로부터도 큰 고통을 겪다가 마침내 스스로 불행을 내려놓고 장애아동과 그 부모들을 혼신의 힘을 다해 행복하게 해주고 있는 이○○ 선생님이 보내온 짤막한 사연이다.

　고등학교 2학년, 내 나이 18살에 학교의 축제행사 준비를 마치고 집으로 오던 중 트럭이 내가 타고 있는 버스와 충돌하는 교통사고로 인해서 나는 7개월 가량을 병원에 입원해있어야 했습니다. 육체적으로는 왼쪽 가슴 이하 뼈들이 골절되는 큰 부상과 정신적 충격으로 인해서 왼쪽 팔을 제대로 움직이지를 못했기에 입원해 시작한 재활운동은 내게는 너무도 큰 고통이었습니다. 그렇게 7개월만에 퇴원을 해서 학교로 돌아와야 했지만 고2 고등학교 중 가장 중요한 시기에 모든 시간을 병원에서 보낸 나는 학업을 따라갈 수 없었고 제대로 움직일 수 없는 몸으로 인해 많은 마음의 방황을 했습니다.

　그리고 고통을 이겨내기 위해 선택한 에어로빅운동은 몸을 제대로 움직이거나 운동할 수 없었던 내게 정상이었을 때처럼 되기 위한 도전이었고 희망이었지요. 2년여를 고생하며 시작한 운동은 내게 에어로빅강사라는 자격증을 가지게 해주었고 직업을 안겨주었습니다. 그때의 환희는 정말 잊을 수 없는 행복이었고 꼭 나와 같이 아프거나 힘든 이에게 도움을 줄 수 있는 내가 되겠다는 다짐을 하게 만들었습니다.

　그런 다짐이 있어서였을까요. 내 나이 20살에 치매이신 할머니가 1년여를 힘들게 하시더니 돌아가시고 얼마 되지 않아 어느 겨울에 어머니는 52살이라는 젊은 나이에 뇌졸중으로 쓰러져 3년 가까운 시간을 병원에서 보내야 했으며, 어머니는 퇴원 후 엄청나게 불은 체중과 뇌졸중 후유증으로 인해 거동 및 생활이 불편했습니다. 이에 나와 가족들은 대소변을 받는 것은 물론 식사와 목욕, 한 시간에서 두 시간마다 자세를 바꾸어 주어야 하는 수발은 많이 힘들었었지만, 그보다 더욱 나를 힘들게 한 것이 어머니를 바라보는 세상의 시선이었습니다. 운동을 하려고 나가면 불쌍히 바라보며 혀를 차는 시선과 남에게 피해 주게 왜 나와서 오지랖이냐는 사람들의 이야기. 무엇보다도 침을 흘리는 어머니의 모습에 임산부를 둔 어머니가(친정어머니인지 시어머니인지는 모르나) 눈을 가리며 보지 말라는 말은 정말 참을 수 없는 모욕이었던 것 같았습니다.

많이도 울고 많이도 서러웠던 그때 내게는 새로운 각오가 생겼습니다. 내 몸이 움직이지 못했던 고통보다 내 어머니가 장애인으로 받아야 하는 경멸과 모욕은 세상을 향한 원망과 함께 오기를 갖게 했었고 장애인도 비장애인과 마찬가지고 운동할 수 있고 정당한 대우를 받게 하리라는 각오를 가지게 했습니다.

하지만 오랜 병에 효자 없다고, 나는 집이 싫고 벗어나고 싶다는 생각을 하게 되었습니다. 그래서 나는 25살 어린 나이에 결혼이라는 것으로 집에서 벗어날 수 있었지만 결혼생활은 또 하나의 감옥이었습니다. 하지만 두 딸을 낳으면서 아이들에게 매달렸고 일과 가정만을 위해 살았지요. 그러던 중 남편의 사업실패로 많은 빚과 이루 말할 수 없는 고통의 시간들을 겪어내야 했으며 자살을 생각하기도 했었습니다.

그때 다시 나를 이끌었던 것이 공부였고 대학에 편입하여 다시 공부를 시작하였으며 대학원을 거쳐 외국에서 공부할 수 있는 기회도 갖게 되었고, 미국 일본 독일 및 헝가리에서의 수중 및 재활운동 국제자격증을 취득하였고 수중재활운동사로 독일과 일본에서 프리젠터로 활동하고 작년까지 경희대체육학부에서 수중운동을 가르치고 많은 대학에서 수중운동교육 강의를 하는 계기가 되었습니다.

현재 수중운동을 가르치면서 한국아쿠아재활스포츠연구원 원장으로 활동하며 〈장애를 함께하는 부모마음회〉 까페의 운영자로 활동하고 있습니다. 두 딸역시 현재 원하는 대학에서 물리치료와 동물매개치료를 공부하고 있습니다.

선생님을 알게 되어 또 한 번 나 자신을 넘어서고 큰 힘을 얻고 인생을 깨닫게 되어 너무나 감사드립니다.

이 여성은 마음이 장애를 비롯한 운명의 극단적인 나쁜 부분들을 크게 극복한 대표적인 사례다. 그 고통을 극복하는 데서 얻은 이타심과 강력한 의지가 장애아동들의 치료성과를 탁월하게 만들고 나아가 본인의 딸들까지 운명과 관계없이 저절로 잘 되어나가도록 만드는 힘으로 작용하고 있다.

장애는 단지 출발점에 불과하고 삶의 최종목적지와 인생길은 결국 자기의 마음이 정한다는 사실을 잘 알 수 있다. 마음은 본래 지옥부터 극락까지 두루 퍼져있기 때문이다.

붓다가 말한다.

"장애를 스스로 만들지 말라. 장애와 비장애의 모습에 머물지 않는 마음으로 보시하면 그 복덕은 무량하게 된다. 또한 모든 것을 형형색색 있는 그대로 보는 지혜를 밝히게 된다."

『유마경(維摩經)』에 나오는 유마힐거사가 병에 걸렸는데, 중생이 아파서 자기도 아프다고 말했다. 역으로 보면 중생이 건강하면 자기도 건강했고 중생이 기쁘면 자기도 기뻐했다는 사실을 알 수 있다. 단순한 공감을 넘어 모두가 하나가 되어 내 인생과 세상이 돌아가고 있음을 일깨워준다. SNS 같은 것은 애초에 필요 없는 것이다.

나만의 장애도 없고 상대만의 장애도 없다. 이 세상에 장애인이 단 한 명이라도 있는 한 나 자신 역시 어떤 형태로든 알게 모르게 장애를 가지고 있게 된다. 스스로 장애에 마음이 걸리지 않고 또한 우리 모두 장애인이 장애에 걸리지 않는 마음을 갖추도록 도와줄 때 나 자신의 장애가 정녕 없게 되고 모두 활기차게 된다. 병(病)을 고치려고 하면 병을 넘어서는 큰마음을 가져야 되는 법이다.

인연을 소홀히 여기는 개인주의는 우리 모두의 미래를 크게 불안케 하고 있다. 내 몸을 홀로 꾸려나가는 것은 곧 인생의 여유를 없애버리고 허덕거리게 만들고 있으니 이런 추세대로 고령화사회가 되어갈수록 더욱 그렇다. 장애인을 적극적으로 돕고 한마음으로 공생(共生)하는 분위기가 사회에 갖추어지지 않으면 우리 모두 장애를 가진 노년에서 비참하게 되는 것은 물론이다. 그러므로 장애를 돕는 마음은 곧 나와 가족의 미래를 돕는 마음이 된다.

힘에 부쳐 땀을 뻘뻘 흘리면서도 지치지 않고 중증장애인을 내 자식처럼 온몸으로 돌보는 봉사자들을 보면 참으로 대단한 사람이라는 생각이 든다.

　나와 타인의 행복은 본래 구별이 없고 순서도 없다. 그래서 장애라고 혼자만 불행한 것은 없고 장애라고 타인을 행복하게 해주지 못하는 것도 없다. 있다면 스스로 자기를 코너로 몰아세우는 것일 뿐이다.

　또한 행복은 절대로 독점을 용납하지 않는 법이니 행복을 나에게만 오래 머물게 하려고 애쓸수록 오래가지 못한다. 행복이 도망가기 전에 얼른 타인에게 몰래 전해주면 다시 내가 그리워 선물꾸러미를 잔뜩 안고 돌아온다. 그렇게 행복은 있고 없음, 높고 낮음의 간격을 메워주며 모두를 크게 해준다. 그래서 서로에게 전해지는 행복은 흠을 남기지 않게 되고 그 누구도 빼앗아가지 못하게 되므로 장애 때문에 떠나가지 않고 영원히 이어진다. 나와 상대는 오로지 그 행복에 감싸여 몸과 마음의 장애가 봄볕 아래 눈처럼 저절로 흔적없이 사라져갈 뿐이다. 행복한 사람이 있다면 그 행복을 얼른 장애가정 등 소외된 이웃에게 전해주자.

　인간이 살아가는 힘의 원천은 크게 세 가지가 된다. 다른 인간과 자연과 신(神)이 그것이다. 이 세 가지는 따로 나누어 따질 수는 있으되 변함없이 하나로 뭉쳐 작용하고 있다. 여기서 일차적으로 중요한 힘은 물론 다른 인간이고, 장애인을 돕는다는 것은 곧 자연과 신(神)을 불러들여 합해주는 일이기도 하다. 그리고 그 때 신과 자연이 나 자신과도 저절로 합하게 된다.

　그래서 이타(利他)는 항상 자리(自利)가 되고 자리(自利)가 타인에게 은밀하게 퍼져나갈 때 이타(利他)가 됨은 자연스럽다. 이때는 장애인과 비장애인 모두 일체평등 위에서 즐거움을 누리게 되고 생명력이 강해지게 된다. 이와 같이 장애인을 돕는다는 것은 나 자신을 비롯하여 우리 모두가 연못에서 바다로 나아가는 일이니 건조한 메마름이 없게 되고 항상 풍요롭게 된다.

도움을 주는 데는 2가지 방향이 있다. 도움을 필요로 하는 사람을 직접 돕는 것과 도움을 주는 사람을 도와주는 것이다. 2가지가 모두 필요한데, 장애가정에서는 후자도 특히 중요해진다. 장애자녀를 아무리 돕더라도 부모에게서 잘못된 것이 전달되면 자녀는 자기의 고통에다가 부모의 고통까지 전달받고 있으므로 2중으로 고통이고 장애를 이겨내기 어렵게 되기 때문이다. 부모의 마음이 바르게 되면 자녀를 직접 돕는 것과 상승효과를 일으켜 장애가정을 쉽게 구해낼 수 있게 된다. 여러 사람이 달려들면 얼마든지 가능하다.

장애인을 '돕는다'는 의미와 그 마음을 자리이타(自利利他) 속에서 조금 깊이 살펴보자.

생기(生氣)가 형성된다

한 젊은 어머니가 와서 남편에 대한 불만을 털어놓는다.

"아이가 3살 때 발달장애 판정을 받고 나서부터 남편이 점점 나를 멀리하기 시작했어요. 그러더니 급기야 다른 여자까지 생겼어요. 어찌 이런 자식을 놔두고 그럴 수 있는가요? 혹시 내 팔자에 남편과 이혼하게 되어 있습니까? 아니면 혹시 이 아이 운명 때문인지요?"

팔자를 보면 이혼은커녕 좋든 싫든 죽을 때까지 남편과 찰싹 붙어살게 되어 있다. 그러니 이 일은 운명이 아니다. 그런데 어머니를 살펴보니 그럴 만도 했다. 얼굴은 초췌한 데다가 기색이 어둡고 살이 많이 쪄서 나이보다 많이 늙어 보이는 데다가 건강마저 걱정될 정도였다. 뜬금없이 물었다.

"처녀 때도 몸이 이랬습니까?"

"……? 아니요, 처녀 때는 날씬했고 결혼할 때만 하더라도 남편이 제가 날씬하고 매력 있다고 좋아했어요."

"그럼 왜 몸이 이렇게 되었습니까?"

"아이를 낳고 난 뒤부터 살이 찐 데다가 지금까지 하루하루 아이를 돌보며 일하느라고 제 몸을 챙길 겨를이 없었지요. 되는 데로 최선을 다하며 살다보니 몸이 이렇게 되었어요."

172

"남편이 바람을 피는 것은 아이나 운명 때문이 아니라 단지 어머니 모습 때문입니다. 여자로서의 매력이 사라진 것이지요. 거기다 자기를 예전처럼 따뜻하게 대해주지 못하니 외로웠던 게지요. 그런데 아이 때문에 부인이 그런 것을 이해는 하니 체면상 말도 못하고요. 그러다가 옛날과 많이 달라져버린 상황 속에서 계속 쌓이는 스트레스를 해소하려고 애쓰다보니 그만 마음이 밖으로 흐르고 만 것입니다. 어떤 상황이 생기든 남편은 여전히 아이 아빠인 동시에 남자라는 사실을 잊은 탓이지요."

아이 때문이나 운명이 아니라는 말에 일단 안도의 표정을 보인다. 그러나 여전히 어둡다.

"그래서 남편이 가끔씩 저를 쳐다보고 느닷없이 '여자가 왜 이래?' 이런 말을 했군요. 저는 애 때문에 그렇다고 대답하면서 그 말을 대수롭지 않게 넘겼습니다. 어떻게 하지요?"

"어머니가 본인 몸도 챙기고 운동하고 얼굴에 생기가 돌면 남편은 반드시 다시 돌아옵니다. 헤어질 운명이 아니니까요. 그런데 계속 이대로 지내면 어쩔 수 없이 팔자에도 없는 이혼을 하게 생겼네요. 자식 때문이라고 남편을 아무리 설득해봐야 통하지 않습니다."

1년 후 이 어머니는 날씬해지고 헤어스타일도 바꾸어 완전히 달라진 외모로 다시 왔다. 처음 왔을 때의 흐트러진 모습을 찾을 수가 없었고 싱싱한 생기가 온몸에 넘쳐흘렀다. 얼마 전에 남편이 자기에게 놀라며 여자와 헤어지고 다시 돌아왔다고 한다. 그리고 자기와 아이에게 아주 잘해주고 있다는 것이다. 남편을 잘 이끌어 자식을 돌보는 데 협조를 얻어 엄마가 조금 편안하게 되었다.

자식이 장애가 생기면 엄마는 엄마로서 남편을 일단 제치고 자식에게 몰입하지만 그러다가 엄마가 생기를 잃으면 남편은 마음이 자연스럽게 멀어지기 쉽게 된다. 그리고 자식 역시 엄마가 괜히 부담스러워지며 불편해한다. 그래서 엄마는 죽을힘을 다하고도 정작 스스로 외로워진다. 남편이 멀어지는 것에 장애자식이 반드시 전적인 이유가 되지는 못한다.

인연을 끌어당기는 생기는 곧 생명이니 장애의 여파를 막고 자식을 더욱 잘 돌보려면 반드시 무조건 엄마가 생기 있게 잘 가꾸고 스스로 생기를 유지하는 것에 첫 번째 중점을 두어야 한다.

기(氣)는 몸과 마음을 한꺼번에 움직이고 가족을 비롯한 대인관계까지 상당부분 결정짓는다. 그러므로 장애상황에서 〈기〉도 중요사항이 된다. 〈생기〉는 말 그대로 생명력, 삶의 의지와 활력, 희망과 용기, 자신감 등을 불러일으키는 건강한 힘이다. 한마디로 생명이 통통 튀는 감각이랄까. 그래서 생기를 얻으면 얼굴의 기색이 빛나게 되고 매력이 형성되어 예쁘게 느껴지며 대화를 나눌 때에도 서로 간에 즐거운 마음이 오고 가게 만든다. 물론 면역력이 강해지고 건강해짐은 당연하다. 여기에 따라 상대가 호감을 가지게 되니 대인관계가 저절로 좋아지고 사람들의 신뢰와 도움을 얻게 되어 복(福)이 오고 화(禍)는 슬금슬금 물러가게 된다. 신(神) 역시 마음속에 깃들며 신의 도움을 받게 된다.

이렇게, 생기는 만복(萬福)의 근원이니 우리가 요가를 하는 것이나 자연 속에 거니는 것도 이런 생기를 얻고 회복하기 위해서다. 웃으면 병도 빨리 낫고 복이 오는 이유는 생기가 형성되기 때문이다. 그래서 가정에 생기가 넘치게 하는 일은 가화만사성(家和萬事成)과 안과태평을 위한 핵심사항이 된다. 사회 역시 마찬가지다.

생기(生氣)는 마음에 따라 이루어지는 바가 커서 마음을 잘 다스리며 잘 운용해야 되는 이유도 일차적으로 여기에 있다. 주어진 상황에 늘 마음이 붙어 이리저리 끌려 다니면 생기를 얻기는커녕 사기(邪氣)만 생겨나게 된다. 그리고 그 속에서 자기생각에 갇히고 침체되면 생기를 몽땅 잃고 살기(殺氣)가 득세하여 점점 갑갑해지고 우울해지면서 버티다가 최종적으로 중병에 걸리거나 망해버리게 된다. 고독이 그래서 무섭다.

타고난 몸은 시간이 지날수록 점점 생기가 떨어지게 되어 있다. 기가 강하고 흘러야 생기가 되고, 약하거나 고이면 사기가 된다. 그래서 마음을 밝게 하고 긍정적인 생각을 가지며 운동을 하는 동시에 외부와의 교류가 필수적이다. 안과 밖이 교류되고 밝게 열린 마음이 유지될 때 생기는 자연히 생겨난다.

단순히 몸이 장애라고 반드시 생기를 잃지는 않는다. 장애인이 생기를 얻고 유지하면서 노력하면 내면에 깃들어 있는 능력과 타고난 소질 등이 크게 나올 수 있다. 그리고 장애인이 생기를 잃어 삶의 의지가 저절로 약해지면서 마음이 부정적인 쪽으로 흐르는 것은 절망도 있지만 밖과의 교류가 크게 단절되기 때문이다.

우리나라는 현재 장애인이 18살 이상의 성인이 되면 대개 치료하는 곳도 없고 나라에서 주는 혜택도 거의 없으므로 어쩔 수 없이 억지로 시설에 맡겨지거나 집에 갇혀야 하는 것이 현실이다. 사람들은 자기 자식을 어떻게 가두고 맡기냐고 말하지만 장애인가족들은 당사자 아니면 아무 말 말라고 강변한다. 학교를 졸업하고 난 후에 집으로 돌아와서 바깥활동을 할 수 없게 되면 나쁜 변화들이 찾아오게 된다. 점차 밖에 나가려 하지 않게 되고 운동 부족으로 건강도 급속하게 나빠지면서 대중교통 타는 것도 무서워하는 등 공포심이 커지면서 퇴행의 길을 걷다가 그냥 그렇게 죽는 상황이 되고 만다.

그리고 그런 자녀를 돌보는 책임은 온통 가족에게 주어지고 부모에게는 감옥이 된 집에 갇혀 사는 자식을 지켜보는 것이 가장 힘들게 되어 가족 모두가 터무니없는 정신병에 걸려버릴 지경이 된다. 결국 그동안 장애 아동을 도와온 국가의 복지와 봉사자들의 피땀이 허망하게 끝나고 만다.

각 지역별로 평생교육센터같은 시설을 각 자치구마다 하나씩 만들어 학교를 졸업한 후에 장애인이 지역사회에서 함께 살 수 있도록 시급하게 지원되어야 한다. 공간의 이동 속에서 힘을 얻고 밖과 교류하며 삶과 생명을 느낀다.

그러므로 장애인을 돕는 데 가장 큰 비중을 두어야 하는 것은 어떡하든지 안전하게 밖으로 잘 외출하고 바람을 잘 쐬게 하며 전반적으로 밖과 안심하고 소통할 수 있도록 해주는 일이 된다. 그리고 그 부모 역시 생기를 크게 잃지 않도록 애써야 됨은 물론이다. 부모가 생기를 잃어버리면 가정의 모든 것이 기울기 시작하므로 자녀는 마음이 헤어나오지 못하는 것은 물론 현상유지도 어렵게 된다.

부모는 생기를 잘 유지하는 것 자체가 자식을 위해 첫 번째 신경써야 될 일이다. 장애가정이 너무 생기를 잃고 있어 주어진 감옥 속에서 또 더 좁은 감옥을 만들어 갇혀 있어 안타깝다.

생기를 크게 얻는 것은 자기 개인의 노력과 더불어 타인에 대한 자발적 봉사에서 이루어지므로 장애인을 돕는 것은 나 자신의 생기를 크게 불러일으키는 일이기도 하다.

절망 속에서 힘을 얻어 다시 일어서는 데 자원봉사가 도움이 되었다는 사람들이 많다. 지나고 보니 도움을 주는 것보다 받은 것이 많았다는 말은 겸손이나 거짓이 아니다. 그런데 여기서 중요한 점은 자기의 어려운 처지를 뚫고 고통스러운 타인을 향한 그 마음이 포인트가 된다. 그 마음이 봉사를 통해 생기를 얻고 불러일으키는 원천이 되는 것이다.

생기의 원천은 이렇게 스스로 만든다. 그리고 봉사를 통해 추가로 생겨난 생기의 힘으로 마침내 절망에서 떨쳐 일어서게 된다. 우울증에 걸린 사람의 특효약은 자원봉사다. 그러므로 남을 배려하지 않는 사람이

나 자기만의 이익을 따지며 사는 사람은 물이 고여 있는 것과 같아서 최종적으로 생기를 잃어 몸과 마음을 버리게 된다. 서로 돕는 것은 숨쉬는 만큼이나 자연스러운 일이니 자연(自然)의 생기가 깃들게 된다.

살기(殺氣)가 해소된다

한 남자가 와서 장애인이 된 스님 얘기를 해준 적이 있다. 자기가 젊어서 오토바이를 신나게 타고 달리다가 빠른 속도로 마주오는 차와 정면으로 부딪쳐 몸이 허공에 높이 붕 떠서 맨땅에 쿵! 하고 심하게 떨어졌는데, 희한하게도 손가락 하나 다친 곳 없이 말짱했다는 것이다. 헬멧도 쓰지 않아 분명 중상이나 사망이 되는 상황이었다는 것이다.

그런데 나중에 알고 보니 어머니가 늘 다니며 거의 절을 지어주다시피한 그 절의 스님이 이 남자의 사고 시간과 비슷한 무렵 갑자기 이상하게 넘어져 팔에 장애를 입고 그만 장애인이 되었다는 것을 알았다고 한다. 스님 사고는 흔하고 별 것도 아닌데 이상하게도 한쪽 팔을 쓰지 못하는 장애인이 된 것이다. 그 스님이 이 집안을 위해 평소 기도를 하면서 이 남자에게 온 살기를 대신하여 받아준 것이다. 그 어머니가 베푼 은혜를 갚은 것이다. 그렇지 않았으면 이 남자는 장애인이 되어 인생이 크게 망가졌거나 꼼짝없이 죽었을 것이다. 그 어머니가 크게 보시한 그 스님이 어머니 입장에서는 자식에게 생명의 은인이 되었다. 그런데 이 살기는 그 집터에서 온 것이었다. 살기는 별 것 아닌 사고로도 심한 장애를 만든다.

몸과 마음에 걸쳐 있는 살기가 해소되어야 비로소 진정한 생기가 생겨나게 된다. 살기란 한마디로 생명을 해치는 불길한 기운으로서, 삶에서 사고와 질병 등 많은 불행을 불러오는 핵심적인 힘이고 마음의 병을 만드는 원천이다.

살기가 강하면 성품마저 삐뚤어지고 생명을 가볍게 여기게 되면서 영혼이 점차 악심(惡心)으로 물들어 자기도 모르게 악인이 되어간다. 심하면 범죄까지도 저지르게 된다. 무차별 살상을 저지르는 '묻지마 범죄'는 타고난 잔혹성의 살기에다 분노로 쌓인 살기가 더해져 제정신을 잃어버리게 된 결과다. 이렇게 살기는 인생을 크게 왜곡시켜버리니 행복과는 담을 쌓게 된다.

살기는 리듬과 조화와 균형을 상실하고 생각과 행위가 한 쪽으로만 치우칠수록 생겨난다. 자기욕망에 갇혀 생겨난 차별심과 지나친 분노, 잔혹성과 폭력성이 곧 살기의 원천이 된다. 살기가 몸에 배어나오면 인상이 뭔가 부자연스럽거나 섬뜩한 기운이 느껴진다.

음양오행의 기운이 치우쳐져 있어 살기가 강한 땅에 살아도 장애가 생겨나기 쉽다. 자연을 파괴하고 무차별로 개발하는 것은 곧 자연계에 살기를 채워 몸과 마음의 장애를 만드는 일이다. 미세먼지도 살기를 만들고 자극하여 장애가 늘어나는 데 일조하고 있다. 어떤 이유로 살기가 집안에 침범하게 되면 장애를 입는 가족이 나오기도 한다. 또한 부모의 살기로 인해 자식이 장애를 갖게 되는 경우도 가끔 있다.

행복을 알려면 자연을 잘 살펴야 한다. 더구나 내 속에 있는 자연은 수많은 행복의 원천이니까 더욱 신중하게 대면해야 된다. 비록 장애의 몸을 가졌어도 마음속의 대자연은 그 이전과 조금도 변화가 없이 움직이고 있다. 그러므로 그 몸 때문에 그만 자연의 조화(調和)를 잊어버리면 장애든 비(非)장애든간에 오로지 불행밖에 없다. 비장애의 생명력이 보이지 않는 손상을 입게 되고 장애는 세상에 크게 늘어나게 된다.

집안에 살기가 강한 가족이 한 명이라도 있으면 가족 전체가 다양한 불행을 겪게 되니 이 살기를 해소하는 것이 잘 살기 위해서는 가장 우선 과제이다. TV에서는 살기강한 범죄자의 얼굴을 보여주면 안 된다. 화면을 통해 시청자에게로 그 살기가 전달되기 때문이다.

몸이 장애라고 살기가 남달리 있는 것은 아니다. 오히려 기가 꺾여 있고 약해져 있어 문제다. 그리고 살기는 생기와 마찬가지로 마음과 음식, 잘못된 습관 등이 살기를 형성하는 기본요소가 되기 때문이다. 누구나 분노가 강할 때 몸이 가진 살기도 내뿜게 되어 타인과 자기를 해치게 된다. 또한 탐착이 강할수록 그리고 타인을 배척할수록 살기가 스스로 강해진다.

조현병 등이 있는 정신장애인이 가끔 범죄를 일으키면 자꾸 장애 그 자체가 원인이라고 하는데 실은 그렇지 않다. 그 장애인이 살기를 갖고 있는 탓이고 이는 비장애인도 마찬가지다. 잔혹성을 가진 살기가 원인이고 장애 그 자체는 무관하므로 정신장애인을 위험하고도 잠재적인 범죄자로 생각해서는 안 된다. 그리고 장애인이 배척받는다고 해서 속으로 분노심을 뭉치거나 스스로 세상에 대해 마음의 문을 닫아버리면 살기로 인해 회복도 잘 되지 않을뿐더러 추가로 불행이 생겨난다. 그러나 장애를 입어도 생기를 유지해가면 마음이 나락으로 떨어지지 않게 되고 회복도 빠르게 된다.

성인(聖人)의 가르침은 지나친 분노심을 갖지 말고 이타심을 기본으로 해서 일차적으로 살기가 해소되고 생기가 생겨나 복과 평안을 얻도록 해주는 것이다. 살기가 해소되는 것은 타인에게 마음을 열고 타인에 대한 평등심과 사랑과 자비와 보시 등으로 가능해진다. 타인을 배제하고 살기를 해소하기 위해서 자기 위주로 노력하는 것이 한계가 있는 이유는 내 이익을 위한 생각 그 자체가 곧 살기를 만들어내기 때문이다.

타인을 대가없이 도와준다는 것은 곧 내 살기를 해소하는 일과 똑같다. 자기의 살기를 해소하는 것만이 곧 진정한 참회다. 그래서 참회로 마음이 평안해지고 팔자에도 없는 큰 불행을 겪지 않게 되는 것이다.

장애인학교나 시설이 들어오는 것을 동네에서 반대하는 경우가 흔하다. 이것은 잘 모르고서 편견으로 하는 일이다. 지금은 이기적인 마음이 크게 강해져 집집마다 가족마다 이런저런 살기가 강하게 형성되고 있다. 차가운 콘크리트가 무자비하게 생명을 집어삼키고 있을 뿐이다. 이 살기는 사회 전체를 뒤덮고 있으므로 개인이 좀 어떻게 노력한다고 될 정도를 넘어서 있다. 당연히 마음편한 사람이 없게 된다. 살기가 강해지면 신(神)도 역시 우리를 더욱 외면해버리게 된다. 이로 인해 집집마다 불행한 일을 겪느냐 아니면 무사히 벗어나느냐는 우리가 어떻게 하느냐에 달려 있게 된다.

이 때 장애인시설 등을 동네에 유치해서 돕도록 하면 타고난 살기도 크게 해소되어 그 동네는 오히려 생기가 돌고 자녀들도 별탈없이 밝게 크며 화목하고 따뜻한 가정으로 이루어진 동네가 되어간다. 이런 동네는 범죄와 사고도 줄어들게 된다. 왜냐하면 범죄자가 되거나 타고난 범죄자는 본능적으로 살기의 힘에 이끌리기 때문에 살기가 강한 동네로 많이 모여들기 때문이다. 한마디로 이득이 비교할 수 없이 훨씬 더 큰 법이다.

일본에 홋카이도의 외진 어촌마을인 우라카와(浦河)에 조현병 등의 중증 정신질환자 장애인들 130여 명이 〈베델의 집〉에서 37년째 일반주민 사이에 섞여 평범하게 구분 없이 살고 있는데, 마을 주민들이 처음에는 불안했지만 함께 교류하며 살아보니 별 탈 없고 되레 젊은이와 일자리가 늘어나 좋다고 말한다.

현재 〈베델의 집〉은 공동작업장을 열고 카페 운영과 다시마 판매 등으로 연간 7억 5천만 원의 매출을 올리고 있다고 한다. 이들의 캐치프레이즈는 '약함을 인연삼아' 라고 한다. 그리고 아무리 괴상한 사람도 편견과 차별로 내쫓지 않는다고 한다. 이들의 관점은 암을 친구 삼듯이 장애인이 자기의 장애를 친구삼아 함께 살아가는 것이다.

장애에 대한 남다른 마음이 없으니 스스로 천국을 만든다. 인간은 경제적 가치 이상의 것을 추구하는 데서 인간답게 된다. 그리고 내 곁에 내가 항상 도울 수 있는 사람이 있다는 사실은 행운이다.

믿음의 덕을 이룬다

상대로부터 믿음을 얻는 것보다 상대에 대한 믿음을 계속 유지해나가는 일이 더 힘들다. 힘든 처지에서 세상에 대한 불신과 원망을 갖고 있는 장애인이 나의 변함없는 믿음과 봉사로 마침내 마음을 열고 믿음을 가질 때 그것은 곧 세상 전체가 나를 믿게끔 하는 일과 동일하다. 이 믿음은 내 것이 되어 내 마음 속에 들어앉으니 곧 나 자신이 타인들로부터도 믿음을 얻는 사람이 되어간다. 참고 믿는 그 과정에서 알게 모르게 믿음의 덕(德)을 이루게 된다. 그렇게 내 몸이 곧 믿음(信)이 되어 스스로 나 자신을 완성시켜간다. 그래서 의인(義人)이 되니 저절로 확신이 서고 용기를 내어 스스로 행복해진다. 세상이 모두 나를 불신해도 나 스스로는 세상에 대해 변하지 않는 믿음을 가지고 있어야 되는 이유다.

일생동안 나를 진심으로 믿어주는 사람을 단 한 명만 얻어도 성공한 인생이라고 한다. 장애를 향한 나의 도움과 믿음이 나 자신에게 또 다른 타인의 도움과 믿음을 끌어들이게 되는 것은 자연현상이다. 자연은 공백이 없이 항상 흐르며 빈 곳을 변함없이 채우고 있다. 그리고 유유상종인지라 내 마음을 따라 그에 맞는 마음을 이어주게 마련이다. 이것이 어찌 혼자 스펙을 많이 쌓아 타인의 믿음을 얻는 것과 그 깊이를 비교할 수 있겠는가?

　믿음의 덕(德)은 얽매여 있는 현상과 앞이 보이지 않는 어둠을 큰마음으로 밝히고 상대를 대가없이 도우며 상대의 불신과 배신에 따른 분노를 넘어설 때 비로소 이루어지는 법이니 여간해서는 얻기 어렵다. 상호신뢰를 형성하려면 당연히 자연의 이치를 따라야 한다. 강함과 약함, 높음과 낮음, 많음과 적음, 있음과 없음 사이의 자연스러운 흐름을 따르면 누구나 이득을 얻게 된다. 넘치고 지나친 데서 오는 질식을 예방하고, 부족한 데서 오는 분노를 해소하게 된다.

　거미줄과 같은 네트워크 세상이니 소외된 장애인의 분노와 장애가정의 어둠이 두루 퍼져 내 마음의 일부를 이루고 내 운명에도 영향을 미치고 있다. 마음에 들어가 보면 진정 나와 남이 따로 없다고 할 정도이고 또 그것이 실상이다. 그래서 남을 돕는다는 것은 결국은 나 자신에게 큰 도움으로 돌아오게 마련이다.

　나 자신이 누구에게나 믿음을 주는 사람이 된다는 것은 얼마나 크고 중대한 일인가? 진정한 사랑과 자비는 믿음과 복을 가져오게 하는 원동력이 된다. 그 복을 또 장애인에게 돌리니 나 자신도 모르게 점점 큰 인물이 되어간다. 반면 장애인을 배척하고 차별하면 결국 가족과 타인들로부터도 나 자신이 그런 대접을 받게 된다. 이것은 자연이고 법이니 어김이 없다.

　부처님은 우리 모두가 언젠가는 부처가 된다는 불변의 믿음 그 자체가 곧 몸이 되어 있고, 예수님도 우리 모두가 언젠가는 당신과 같은 사랑의 화신이 된다는 불변의 믿음 그 자체가 곧 몸이 되어 있으니, 이 분들은 불생불멸(不生不滅)이고 영생(永生)이다. 그리고 이 분들의 우리에 대한 믿음 덕에 우리도 마침내 한 명도 빠짐없이 그렇게 된다.

우리 모두 소외된 이웃의 믿음을 얻어 보자. 그리고 소외된 이웃 역시 우리 모두의 믿음을 얻어 보자.

자비와 사랑으로 나를 완성한다

특수학교 선생님이 장애아동을 처음 만났을 때 처음에 아무리 잘 대해주어도 다가오지도 않고 얘기도 않고 말도 듣지 않고 엉망이었던 아이들이 한두 달쯤 시간이 흘렀을 때야 비로소 아이들이 하나 둘 다가왔다.

그 이유가 바로 사람들의 무료봉사로 인해서임을 나중에야 알았다고 한다. 조금 있다가 가버리는 선생님들과 온다고 하면서 쉽게 취소해버리는 봉사자들에 대한 아이들의 불신이었던 것이다. 처음부터 자기를 위해 오는 사람들에게 마음을 활짝 열기 두렵게 만들었다.

사랑은 두 마음을 평등하게 붙이는 것이다. 그렇게 해서 서로 생명력을 키우고 전하는 것이다. 마음이 붙으면 열기가 생겨나게 되므로 사랑하면 누구나 저절로 마음이 따뜻하고 부드러워진다.

그런데 안타까운 점은 그 붙은 마음이 언젠가는 떨어지게 된다는 점이다. 들어오면 나가게 되고 만남이 있으면 헤어짐도 있게 되므로 사정상 더 이상 장애인을 돌볼 수 없게 되면 장애인은 또 다른 마음의 공백을 갖게 된다.

장애인을 위한다는 명목 아래 무료봉사를 원하는 곳이 너무도 많다. 봉사자들 가운데 특히 유명인들이 어떤 큰 잘못을 지어놓고는 장애인시설을 방문하여 돈 몇 푼 건네고 가면서 속죄용으로 교묘하게 이용하는 경우도 많다. 이것은 봉사도 아니고 소통도 아니고 단순한 광고인지라 보이지 않는 죄를 또 짓게 된다. 그러다 보니 어쩌다 봉사하고 자신의 일이 생기거나 하면 못 온다고 가볍게 통보하는 것은 당연한 것이 되어버린다.

그런데 그렇게 되었을 때 손꼽아 기다리던 장애인, 특히 장애아동들이 받는 상처는 비장애인보다 몇 배는 크다. 봉사가 과연 누구를 위한것인지 좀 더 깊이 헤아려봐야 할 것 같다.

자기 희생이 있어야 봉사라고 할 수 있다. 만남의 소중함을 아는 사람이 참된 봉사자다. 장애인의 마음을 가볍게 대하는 것은 결코 바람직하지 않고 장애아동에게는 더욱 섬세해야 한다.

특수학교의 어느 교장선생님이 아동들의 반 구성원을 그대로 학년을 올려준 사례는 모범적이다. 교제가 힘든 특성상 아이들의 우정관계를 부담 없이 그대로 잘 이어가도록 배려한 것이다.

부처님의 시각장애인 제자인 아나율이 헤어진 옷을 깁고자 바늘에 실을 꿰다가 '누가 나를 위해서 실을 꿰어주고 공덕을 쌓을 사람이 없을까?' 하고 마음속으로 중얼거렸다. 그 때 스승인 부처님이 다가와서 "벗이여, 내가 그 공덕을 받겠소" 하는 것이었다.

감짝 놀란 아나율이 "더 이상 행복을 추구할 필요가 없는 성자께서 왜 공덕을 쌓으려 합니까?"라고 묻자, 부처님은 "내가 쌓는 공덕은 일체중생을 위한 것이다"라고 하시면서 아나율의 옷을 손수 꿰매어 주시었다.

끝나고 나자, 아나율이 "감사합니다, 스승님" 하면서 인사한다. 부처님은 "아나율이여! 나는 단지 내 일을 한 것뿐이니 보시를 받았다는 생각을 할 필요가 없느니라" 답하셨다. 아나율은 저 멀리 걸어가시는 부처님의 뒷모습에 대고 정중하게 삼배를 올렸다.

자기의 복을 추구하면서 베푸는 것은 자비가 아니라 단순한 거래다. 그리고 평등심으로 해야 자비가 된다. 부처님이 윗사람으로서 아랫사람인 제자에게 베푼 것이 아니다. 그래서 아나율을 도와줄 때 아나율에게 "벗이여"라고 다정스럽게 불렀던 것이다. 그리고 끝나고 감사의 인사를 받자, 부처님은 "아나율이여"라고 이름을 부른다. 보시받기 이전의 존재감을 이어가도록 해주는 것이다.

자비(慈悲)는 평등과 지혜를 바탕으로 한 자비다. 비(悲)는 장애의 고통을 공감하고 슬퍼하며 자(慈)는 장애인에게 필요한 것들을 꼭 들어

맞게 아낌없이 내보내는 것이다. 자비의 뜻에서 보면 장애인을 불쌍하게 보면서 도와주는 것은 다소 어긋난다.

자비는 따뜻함과 엄격함을 겸비하고 있다. 엄격함은 일체평등을 요구하니 자비가 차별의 입장에 서는 동정으로 변질되면 물질적으로는 주는 것이 있을지라도 보이지 않는 더 큰 마음의 가치를 잃어버리게 된다. 장애인의 존엄성과 자존심을 잊지 말아야 되는 법이다.

그러자면 이 세계에 장애가 있음을 슬퍼하며 장애의 고통을 공감하는 동시에, 한편으로는 깊은 마음속에서 장애인이 곧 장애인이 아니며 본래 장애라는 것은 없음을 되새기면서 도움을 주어야 한다. 장애자식을 돌보는 부모 역시 이렇게 하면 큰 도움이 된다. 그래야 장애인의 마음까지 어질게 돌보는 것이 되어 평등한 자비가 이루어진다.

도움을 주되 주는 것이 없고 도움을 받되 받는 것이 없어 한마음이 되어 서로가 즐거운 마음이 되고 그 결과 사람들 마음속에 절이 저절로 지어져 아름다운 종소리가 잔잔하게 흘러나오며 사방팔방을 장엄하는 것이 곧 포교다.

자비는 사랑보다 더욱 깊고 바른 행(行)을 요구하니 모두 함께 행복을 누려야 된다는 대승(大乘)사상을 잘 살려가야 한다. 타인에게 마음을 열고 행(行)을 하지도 않으면서 수행한다고 앉아만 있으면 자기 안에 더욱 갇히는 결과가 되기 쉽다. 또한 장애인을 여러모로 돕는 것은 도(道)를 가는 데 있어서 반드시 필요한 큰 공덕의 힘을 얻게 된다.

신앙을 갖고 있는 사람이라면 돌보고 있는 장애인을 위해 기도해주는 것은 아주 중요한 일이다. 전혀 모르는 환자를 위해 진심으로 기도했을 때 회복이 의미 있는 정도로 빨랐다는 연구결과가 많이 나와 있듯이, 그 메커니즘은 모를지라도 효험은 부정할 수 없다. 신이 도와주었을 수도 있고, 기도하는 사람의 염력이 전해져 병의 회복을 도운 면도 있으며, 또한 남을 위한 기도는 자기 자신의 마음의 병에도 큰 도움이 된다.

종교단체에는 수많은 기도자들이 있으니 각 지역의 장애인을 분담하여 성직자와 신도들이 늘 간절하게 기도해주면 장애가정이 보이지 않게 엄청난 힘을 얻게 되니 꼭 그랬으면 한다. 장애와 함께 하면서 기도의 힘을 직접 느끼게 해주고 보여주면 자연스럽게 포교가 될 것이니 포교한답시고 고생하면서 난리칠 필요도 없다.

둘이 아닌 마음을 깨닫는다

예전에 틈만 나면 소외된 아이들을 돌보러 다니는 대학생 처녀가 내게 와서 괴롭다고 하소연한 일이 있었다. 그런데 그 하소연이 특이하다.

"제가 장애아에게 봉사를 갔는데, 나오기 직전에 한 여자애가 저에게 그러는 거예요. '언니, 갈 거예요? 언니는 좋겠다' 그러면서 나오는 저를 물끄러미 쳐다보고 있는데, 집에 와서도 며칠 째 그 여자애 눈동자가 자꾸 떠오르고 잊혀지지 않는 거예요. 그 이후 저도 자꾸 슬퍼지고 아주 힘들어 죽겠어요. 그리고 그걸 보니 저도 나중에 결혼해서 혹시 장애아를 낳으면 어떡하나 솔직히 걱정도 되고요. 괜히 봉사 나갔나 봐요."

"그대는 절대로 장애를 가진 아이를 낳지 않으니 아무 걱정 마세요. 왠지 아세요? 이미 장애자식을 한 번 가졌기 때문에 더 이상 장애아를 낳지 않게 되니까요."

"제가 왜 장애아를 가졌습니까? 아직 결혼도 안했는데요?"

"그 여자애가 바로 그대 자식이잖소. 그러니 잊혀지지 않는 것은 당연하고요."

"무슨 말씀이예요, 선생님?"

"그 여자애를 돌보는 동안 그대는 그 엄마가 되었으니 헤어져도 여전히 마음속에 남아있는 것이지요."

"…… 그래도 힘들고 괴로운 것은 싫은데, 어떻게 해야 여기서 벗어나지요? 제 스스로는 잘 안 돼요."

"벗어나려고 하면 더욱 옥죄는 법이지요. 장애아니 아니니 하면서 아이들을 가리지 말고 세상의 모든 아이들을 내 자식처럼 한 번 여겨보세요. 그러면 그 중에서 마음에 드는 아이를 자식으로 고를 수 있게 되니 결혼하면 반드시 원하는 아이를 낳게 될 거요."

190

얼마 후 연락이 왔다.

"선생님, 이제 그 눈동자가 더 이상 떠오르지 않아요. 제가 그 동안 너무 불행했던 애들만 생각해서 그런가 봐요. 그래서 제 인생도 밝지 못했고요. 이제 밝음 속에서 더욱 어려운 아이들을 자신 있게 돌볼 수 있게 되었어요. 고맙습니다."

나중에 결혼을 해서 아이를 낳아 이름을 지으러 왔는데, 과연 건강하고 좋은 운명을 타고난 아들이었다.

둘이 아닌 마음은 바로 자식과 부모의 마음이 아니겠는가?

둘이면서 동시에 둘이 아닌 불이(不二)는 나와 남, 이것과 저것이 다르지 않은 평등과 모습이 다르게 드러난 차별이 원융무애하게 운용되는 차원이다. 장애인과 비장애인이 똑같다는 것도 아니고 다르다는 것도 아니다. 각자의 드러난 개개별의 모습을 있는 그대로 존중하면서 동시에 그 속에서 평등을 보는 것이기도 하다. 여기에는 단지 갖고 있는 모습에서 부족하고 불편한 부분을 그에 맞게 잘 상응하여 보완해주며 마음이 하나로 어우러지는 것이다.

이것은 나도 공(空)하고 상대도 공(空)한 것이 되어 일체가 곧 공(空)이다. 여기에는 편견에 따라 나타나는 장애의 모습인 색(色)이 없어 자유롭다. 그리고 누구나 장애와 비장애, 선과 악의 마음을 갖고 있는데 그것이 몸으로 현상으로 드러나고 드러나지 않는 차이점만 있을 뿐이라는 점을 잘 이해하는 것이다.

또한 마음과 몸이 나와 상대의 하나된 연결성을 통해 상호작용하므로 나의 왜곡된 마음이 곧 상대가 갖고 있는 장애의 모습이고 장애인의 바른 마음이 곧 나 자신이 갖고 있는 비장애의 몸인 것이다. 여기서 누가 누구를 도와준다는 생각이 끼어들 틈이 조금도 없다. 장애인을 돕는 것은 곧 나 자신의 마음을 돕는 것일 뿐이다. 그러므로 내가 달라지고 향상되니 당연히 마음이 온전하게 되어 그에 맞게 나 자신의 나쁜 것은 소멸되고 복이 들어오게 된다.

본래 상반된 둘은 하나에서 나왔으니 마음은 하나뿐이므로 둘이 아닌 입장에서 도움을 주고 받아들이면 진리를 따르는 것이 되므로 마음이 점점 밝아져 몸을 가득 채우게 된다. 진리는 마음을 따르므로 장애인은 자기 자신을 일방적인 약자(弱者)로 규정하면 진리를 어기게 되어 고통이 커질 뿐이다.

일방적인 것은 본래 없는 법이니 도움을 받을 때 자존심이나 당연한 권리로 생각하는 것은 어리석음이다. 도움을 잘 받아들이는 것은 도움을 주는 것보다 더욱 힘들고 본래 주고 받는 것은 없으니 청정하고 고마운 마음만 가지면 된다.

비(非)장애는 드러내서 고통이 되고 장애는 숨어서 고통이 되므로 오로지 평등한 소통으로만 이 딜레마를 해소할 수 있다. 서로의 마음을 일단 있는 그대로 마음으로 받아들이고 느끼며 아는 것은 각자에게 있는 장애를 없애는 길이다. 그 이후의 선악시비와 좋고 나쁨의 분별이 비로소 자리이타에 들어맞게 된다.

그러므로 비장애는 장애의 구원자가 되고 장애는 비장애의 구원자가 된다. 비장애인은 장애인에게 마음을 열고 장애인 역시 비장애인에게 마음을 열어 그 속에서 장애의 고통을 나누고 상대의 기쁨을 내 마음속에 받아들이면 각자 애쓰지 않고도 저절로 편안하고 행복한 사람이 되어간다. 이것을 수희공덕(隨喜功德)이라고 했던가?

착한 마음과 한마음인 불이(不二)의 공덕은 장애 역시도 생기와 향기를 품은 행복의 원천으로 만든다. 장애인이 행복의 창조자가 되느냐 아니면 파괴자가 되느냐는 처해 있는 자리가 아니라 오로지 장애인 본인과 우리 모두의 몫이다.

그리고 소통은 평등을 실천하는 것이므로 장애의 몸으로도 얼마든지 진리를 실천할 수 있다. 마침내 진리가 마음이 치유되도록 하고 나 자신을 자유스럽게 만들어준다. 진리는 곧 밝음이니 서로 도움을 주고 받는 일은 밝은 마음을 지켜주고 키워주는 것을 근본으로 삼아야 된다.

인연을 소중히 여겨 뜻을 이룬다

번듯한 대기업에 다니고 연봉도 높은 노총각에게 어머니가 있는데, 말이 어눌하고 다리를 저는 장애인이라서 여자와 사귀어 결혼을 하려고 할 때 번번이 거절당한다는 것이다. 그리고 상견례에서도 여자부모에게 퇴짜 맞았다고 걱정이 태산이다. 이러다가 어머니 때문에 아예 결혼을 하지 못하는 것이 아닌가 하는 두려움을 가지고 있다. 물론 어머니에 대한 원망이 아주 크다.

이 총각의 이야기를 듣는 동안에 그 어머니의 무의식에서 나오는 소리가 들려왔다. 무의식은 시간과 공간의 벽을 넘어서 있기 때문에 당사자를 직접 만나지 않아도 얼마든지 알 수 있다.

"이 자식 놈이 내가 병신엄마라고 무시하고 구박하며 온몸이 아픈데도 전혀 신경도 쓰지 않아요. 그리고 맨날 결혼이 나 때문에 안 된다고 내 탓을 하고 원망해요. 이런 마음으로 결혼하면 어찌 잘 살 수 있겠어요? 그래서 내가 이 아이의 심보를 고쳐 결혼시키려고 지금은 붙들고 있는 중입니다. 그래야 잘 살지요."

즉, 어머니의 이런 집념이 혼사를 번번이 막고 있었지만 이 총각은 전혀 알 리가 없다. 그래서 다음과 같이 말해주었다.

"여자가 진정 그대를 사랑했었다면 결혼했겠지요. 사랑하면 콩깍지가 씌어 자기 자신을 잊어버리고 현재와 미래도 잊어버리는 법이니까요. 이 세상에서 가장 소중한 인연은 부모와 자식 간인데, 어머니가 장애인이라고 부끄러워하고 함부로 대하며 모든 탓을 어머니에게 돌리니 세상에 어느 여자가 그대와 결혼하겠소? 부인은 곧 어머니를 겸하는 지위인데, 그대가 어머니를 대하는 태도를 무의식적으로 느끼고 여자가 자기도 혹시 잘못 되거나 늙으면 그대 엄마와 같은 대접을 받을까 봐 퇴짜 놓는 거예요. 어머니를 소중히 여기고 그대를 불편한 몸으로도 온갖 정성으로 키워준 그 마음을 한 번 돌이켜보고 잘 모셔보세요. 그러면 여자가 그대의 착한 마음을 느껴 믿음을 가지게 되고 반드시 결혼을 하게 될 겁니다. 여자들이 결혼에서 아무리 조건을 따진다고 해도 아직 착하고 순수한 여자들이 있으니까요."

과연 얼마 후 결혼했다는 소식을 알려왔다. 그것도 자기 어머니를 잘 모시겠다는 여자라고 한다. 어머니가 아들이 자기를 대하는 태도가 달라진 것을 보고 비로소 놓아준 것이다. 중대한 일의 이면에는 반드시 당사자와 관련된 인연들의 무의식이 깊게 자리 잡고 있는 법이다.

"어머니를 향한 내 안의 마음이 곧 모든 일에 있어서 큰 영향을 미치는 법이니 앞으로 몸이 불편한 어머니를 마음이 편하도록 잘 모시세요. 그러면 더욱 잘 살 겁니다."

맺어진 인연으로 인해 고통스러울 때 자기 인생을 따로 생각해서 억지로 인연을 회피하면 그것은 주어진 내 인생을 스스로 왜곡시키는 것이 되므로 미래를 더욱 곤경스러운 상황으로 밀어 넣는 것밖에 되지 않는다.

그래서 장애인을 버리는 것이 아니라 장애에 대한 내 마음을 버려야 하는 법이다. 그리고 인연의 소중함을 깨닫고 같은 사회 속에서의 인연을 널리 받아들이는 따뜻한 마음으로 장애인과 함께해야 된다.

내 마음에 들지 않고 나를 힘들게 만드는 인연을 어떻게 받아들이는가는 그 사람과 인생의 품격과 가치를 그대로 좌우한다. 자연스럽게 주어진 인연의 모습 그 자체가 아니라 이것을 받아들이고 영위하는 모습이 곧 내 주체성인 것이고 자존심인 것이다. 마냥 편안하고 기분 좋은 인연 속에서는 주는 것을 받아먹을 뿐이니 삶의 의미도 크게 약하고 스스로의 존엄성을 세울 근거도 미약해진다. 생명의 존엄성과 주체성과 자존심은 크게 힘든 인연과 환경 가운데서 우뚝 드러나는 것이니만큼 장애인과 그 가족은 스스로의 마음이 중요할 뿐이다.

장애로 주어진 인연을 바른 마음으로 잘 수용하는 것으로부터 내 인생이 빛나기 시작하니 시작을 새로운 마음으로 하고 하늘이 주는 끝에 이르기까지 꿋꿋하고 바르게 이어가야 한다.

자연스러운 마음이 평안하다

어느 나이 든 여성이 찾아와 푸념을 늘어놓는다.

"저도 이제 지쳤어요. 예전에는 내 자신만 생각하다가 절에 나간 뒤로 스님 말씀을 듣고 열심히 봉사를 다녔는데, 이것저것 안 해본 봉사가 없어요. 최근에는 장애인들에게도 많이 다니고 있고요. 아무 것도 바라지 않았어요. 그런데 너무 힘이 들어요. 남편과 자식들은 제가 맨날 봉사만 다니고 자기들을 다른 집 엄마나 부인처럼 돌봐주지 않는다고 불평만 늘어놓고요."

"그러면 봉사하지 말고 봉사하세요."

그래도 절에서 오래 공부하며 봉사를 다닌 덕에 무슨 말인지 어렴풋하게 이해한다. 본래 명분이 없어야 순수한 것이다. '누구를 위한, 그 무엇을 위한' 봉사란 없다. 있다면 나 자신만 있을 뿐이니 그건 그냥 상대가 없이 내가 혼자 움직이는 것일 뿐이라서 진정한 봉사는 아닌 것이다.

"아, 그래서 부처님이 금강경에서 '응무소주 이생기심(應無所住 以生其心)'이라고 하셨군요. 제가 '응무소주'는 그만 빠뜨렸네요."

잘도 끼워 맞춘다. 왜 이렇게 힘들게 종교에 매여 사는지 모르겠다.

"보살님은 지금 '이생기심'을 또 빠뜨렸네요."

"예? ……그럼 어쩌란 말입니까?"
"내가 장애인들을 도와줄 때 그들의 마음속에서 움직이고 있는 또 하나의 나 자신도 봐야지요. 만일 그들이 나와 내 도움을 숨 쉬듯이 완전히 자연스럽게 받아들이고 있다면 보살님 가족들도 조금도 불평하지 않고 오히려 응원할 것이니까요."

"……제가 그 동안 절에 헛다녔군요."

"헛된 것은 없습니다. 나쁜 것이 좋은 것의 씨앗이 되고 어리석음이 깨달음의 근거가 되니까요."

타인에 대한 봉사와 가족 간의 화평은 서로 다르지 않아 본래 모순이 아닌데, 행(行)에 있어서 마음이 어긋난 탓으로 두 가지 일 사이에서 갈등이 일어나게 된다. 그러므로 어느 하나를 포기할 것이 아니라 자기 마음을 바르게 재조정하면 되는 일이다. 그 한마음은 모든 행에 있어 그대로 두루 통하기 때문이다.

타인을 돕고자 하는 그 착한 마음은 도대체 어디에서 나오는 것일까? 그 근원은 바로 자연(自然)이 된다. 자연은 생(生)과 극(尅)을 동시에 운용하고 있다. 그래서 서로 간에 오고 가는 것이 끊임이 없음은 물론 인간의 선악시비라는 분별심을 넘어서 있어 항상 바르다.

그리고 자연은 의식함이 없이 서로 도우며 서로를 알맞게 유지시키고 각자 분수에 맞게 유지되고 있다. 그래서 자리이타(自利利他)가 저절로 되는 것은 당연하고 무위의 이타행(利他行)은 자연의 마음이다.

그러므로 신이나 사랑과 자비를 내세워 너무 열심히 도우려거나 또는 돕다가 포기하거나 또는 도움으로 인해 얻는 것에 마음을 두면 또 다른 문제가 생기는 것은 당연하다. 자연에 어긋나면 그만큼 고통이 생긴다.

인간이 가장 갖기 어려운 마음은 인위적인 사랑이나 자비가 아니라 바로 자연스러운 마음이다. 이런 저런 욕망은 자기가 만든 마음일 뿐이니 부자연(不自然) 그 자체라서 큰 문제를 일으키게 된다. SNS 등 자기를 내세우는 소통은 억지가 들어가 있어 정보는 얻을지언정 결국은 허무하고 사람을 더욱 외롭고 지치게 만든다.

자연스러운 마음은 말 그대로 자연의 마음이기 때문에 봉사와 소통도 자연스럽게 이루어져야 되는 것이다. 마음이 자연스러워야 변하지 않고 사랑과 자비가 오랫동안 이어지며 힘이 훨씬 덜 들게 된다. 그래서 최상의 사랑과 자비는 곧 자연의 마음이 된다.

신(神)은 하는 바에 따라 그에 합당한 결과가 나타나도록 법을 운용하여 대우주의 질서를 유지하고 있다. 이것은 곧 보이지 않는 자연(自然)이다. 자연은 개체와 전체가 하나가 되어 이루어져 있으니 도울 부분은 자연스럽게 돕는 것이 자연에 따르는 일이 된다. 그래서 성인들이 그 어떤 생명도 버리거나 소홀히 하지 말고 모두 차별 없이 사랑하고 자비를 베풀라고 하는 것이다.

자연에 잘 따르면 자연의 힘을 얻어 생명력이 강해지고 개인의 욕망을 내세워 혼자만 생각하면 자연을 거스르는 것이 되어 살기가 강해져 점차 쇠멸해진다.

낮은 데로 임하여 바다가 된다

장애인을 돕고 사랑한다는 것은 장애인과 발걸음을 나란히 맞추고 이들 밑에 있으며 뒤에 서는 것이다. 이것은 곧 장애인의 자존감을 세워주어 스스로 힘을 내도록 해주는 일이다. 비장애인이 건강하니 앞에 서서 이끌어주고 위에 서서 당겨 올려주어야 한다는 생각은 장애인이 그 자리에 주저앉아 있도록 만든다. 이것은 무의식 차원에서 보면 그냥 비장애인의 우월한 자기과시에 지나지 않는다.

장애아동이 재활치료를 거부하며 화내는 것은 자존감이 상실되어 있는 것이 근본이유다. 자존감이 세워져야 비로소 자기 자신을 향상시키는 일에 노력을 집중하게 된다.

비(非)장애가 장애 아래 마음을 스스로 두고 장애가 비장애 아래 마음을 스스로 두게 되면 장애와 비장애 모두 너른 땅을 풍족하게 얻게 된다. 비장애는 약함을 지킬 줄 아는 강함을 얻으니 그 강함은 부드러워 꺾이지 않고 아주 오래 간다. 장애는 강함을 포용하는 약함을 얻으니 그

약함은 겉이 없어 깨지지 않고 아주 오래 간다. 이와 같이 장애와 비장애가 서로 겨루지 않고 함께 조화를 이루어 보완하며 하나가 된 덕(德)을 얻게 된다.

그러므로 마음을 억지로 높이려고 할 것이 아니라 물처럼 자유롭게 흐르도록 해서 장애와 비장애 모두 위와 아래, 높고 낮음을 정하는 차별심이 스스로 소멸되어야만 항상 행복할 수 있게 된다. 마음이 고정되지 않고 구렁이가 담 넘어가듯이 부드럽고 공기가 벽을 통과하는 것처럼 뭉쳐짐이 없어야 한다.

이것은 마음을 잘게 쪼개어 작게 만드는 것이 아니라 내 마음을 투과시켜 높고 낮은 모든 데를 내 영역으로 삼는 일이다. 있는 듯 없는 듯한 마음이 진정 편한 마음이고 높은 마음이며 평등한 마음이고 시원한 마음이다. 몸 역시 이런 마음의 행로를 따라 보이지 않는 세계에서 그렇게 나아간다. 그러므로 착한 이들은 장애인과 똑같은 자리에 마음을 임하게 하여 장애와 비장애가 하나의 마음으로 뭉쳐 나 자신과 모두의 마음이 이와 같이 흐르도록 해주어야 한다. 여기에는 어려움이란 전혀 없다. 오로지 마음만 지극하면 되는 법이다.

선악의 편견을 해소한다

두려움을 가질수록 악은 더욱 활개치게 된다. 그리고 우리가 더욱 두려움을 갖도록 겉모습을 무섭게 꾸미고 드러낸다. 그러나 진짜 무서운 악마는 아주 착하고 아름다우며 천사 같은 모습으로 나타나 두려움과 경계심을 갖지 않도록 해서 욕망을 자극하며 유혹해서 스스로 무너지도록 만든다. 겉모습만 붙들고 살면 악마는 우리를 맘껏 갖고 놀며 희롱한다. 스스로를 속이니 악마도 속이는 것이다.

두려움을 가지거나 한 쪽 면에만 생각이 치우치거나 편견을 가지면 반드시 스스로 속게 되니 곧 눈 뜬 봉사가 되고 만다. 그리고 편견이라는 사실 자체를 인식하지 못할 때 스스로 큰 악마의 아가리 속으로 들어가고 만다.

장애인을 거부하고 멀리 하려는 무의식 속에는 몸과 마음이 하나일 것이라는 전제가 깔려 있다. 몸이 장애이니 마음도 분명 삐뚤어져 있거나 통제가 되지 않아 위험할 것이라고 막연하게 무의식적으로 추측하기 때문이다. 인간의 사고방식은 단편적인 경험과 육안에 비치는 모습을 기준으로 안팎의 모든 것을 주관적으로 일관되게 끼워 맞추며 합리화한다. 그 사고방식이 굳어져 고정되니 곧 편견이다.

몸은 자기 존재를 표현하고 있는 하나의 주관적인 기호(記號)에 불과하다. 그러므로 장애는 그 단어가 지칭하는 구체적인 사람과의 직접적인 연관성이 존재하지 않는다. 장애(장애인)는 그 언어의 의미코드에 따라서 결정된 사회적 약속인 것이고 나아가 장애인은 어떠하다는 등 하나의 신화(神話)로 기능하게 된다. 이윽고 고정관념이 되어 장애라는 언어가 '나'라는 존재와 나의 세계를 규정짓게 되고 나 자신은 장애라는 언어의 집 속에 갇히는 것이다. 장애인과 우리 모두가 각자의 한계를 뛰어넘고 자기 세계를 넓히기 위해서는 장애라는 언어에서 벗어나야 하는 과제가 주어져 있다.

인간은 선(善)과 악(惡)이 함께 있으므로 안팎의 일치가 어렵고 〈선〉과 〈악〉을 몸과 의식과 무의식 전반에 걸쳐 안팎으로 배치와 구성 비율 정도를 달리할 뿐이다. 그리고 이것도 때에 따라 변한다. 그래서 쉽게 속이고 속기도 한다. 심지어 국민 개개인은 도덕적인 착한 마음을 갖고, 악한 마음은 국가와 사회에 투영시켜 개인적 책임의 부담에서 벗어나려고 하는 것은 흔하다.

따져보면 장애인일수록 비장애인보다 상대적으로 마음은 더 순수하고 착하거나 착하게 운용하고 있을 가능성이 훨씬 더 높다. 무자비한 칼날을 세우고 탐욕과 분노로 무장한 경쟁과 투쟁의 아수라판 한가운데서 일단 비켜나있기 때문이다.

〈선〉은 〈악〉을 모르니 분노로 어리석고 〈악〉은 〈선〉을 모르니 탐착으로 어리석다. 〈선〉과 〈악〉이 문제가 아니라 끊임없이 〈선〉과 〈악〉을 만들어내는 이 어리석음이 진정코 심각한 일이다. 있으면 없는 것을 모르고 없으면 있는 것을 모르니 〈있음〉과 〈없음〉 모두 어리석다. 그러므로 장애의 성품을 알려면 현상에서의 〈선〉은 〈악〉, 〈있음〉과 〈없음〉의 욕망적 분별(차별)인 색(色)이 처음부터 없는 공(空)으로 차원을 달리해야 되는 법이다.

색(色)의 차원에서 볼 때 마음에는 〈선〉과 〈악〉이 분명하지만 몸의 장애 자체는 〈악〉이 아니라 그냥 힘들고 불편한 물리적 조건일 뿐이다. 그러므로 마음에는 좋고 나쁨이 있지만 몸에 대해서는 좋고 나쁨의 분별을 가지면 어긋난다. 또한 비(非)장애의 자리에서 장애를 보는 것이나 장애의 자리에서 비(非)장애를 보는 것은 모두 자기만의 입장일 뿐이니 곧 편견이 되고, 이것 자체가 큰 피해를 낳으므로 편견이 오히려 〈악〉이라는 사실만은 분명하다. 이 때문에 우리 모두 〈악〉을 짓고 있으며 장애인에게도 마음에 〈악〉이 생기게 되어 분노를 갖게 되니 〈악〉이 점점 커지게 된다.

장애에 대한 생각은 곧 나 자신에 대한 생각이므로 장애를 〈악〉의 자리에 놓는 것은 나 자신을 〈악〉의 자리에 두는 것과 일치할 수밖에 없다. 그래서 그 마음이 지속적으로 이어지다가 동류(同類)의 인연에 따라 결국 〈악〉을 만나고 나아가 〈악〉을 저지르게 된다. 내가 장애의 공(空)을 버리고 색(色)을 만들어 그것에만 집착하는 편견의 과보는 상대는 물론 나 자신마저 처절한 모습으로 만들어버리고 만다. 오로지 장애와 비장애의 상대적 관점을 벗어날 때라야 우리 모두 차별 없이 〈선〉한 사람이 된다.

5장

함께 피워올린 사랑꽃 속에서 마음껏 웃다

5장
함께 피워올린 사랑꽃 속에서 마음껏 웃다

"나는 생각한다. 고로 나는 존재한다"

— 데카르트

이○○ 선생님의 장애재활치료 이야기다.

모 중학교의 실기댄스강사로 일한 적이 있다. 난 정확한 보수를 요구하였고 그 때문에 처음에 나는 돈만 아는 사람으로 취급받았다. 하지만 내가 받은 돈은 아이들의 피자며 아이스크림 값 등으로 더 나가기 일쑤였고, 나중에는 돈만 안다는 오해를 풀 수 있었다.

이곳의 아이들은 지적 장애를 가지고 있었고 사랑을 받은 적이 없음을 알 수 있었다. 내 가슴을 만지는 아이, 끌어안는 아이, 침을 내 얼굴에 범벅칠하는 아이 등등. 할 수 있는 한 아이들에게 나는 엄마이고 싶었고 엄마였다.

그리고 유독 아이들은 피자에 집착을 많이 했다. 그 당시 피자값이 비쌌지만 사먹지 못할 가격이 아니었었는데 특수반 선생님 말을 듣고 아이들이 피자에 집착하는 이유를 알 수 있었다. 대부분 이혼으로 인해 아빠가 없었고 많이 가난했다. 그래서 피자를 사먹는다는 것이 힘들었던 것이다. 다른 것은 내가 일등이고 제일 좋은 선생이었지만 피자만큼은 내게 주지 않는 모습에 나는 너무 가슴 아파 많이 울었다.

그렇게 한 곡의 춤을 2년여에 걸친 노력 끝에 배워서 마침내 〈장애인 예술제〉에서 은상을 수상했을 때의 기쁨은 말할 수 없었다. 3년여 그 곳에서 근무하고 떠나올 때 강사료를 대폭 올려놓은 덕에 석사급 선생님이 아직도 근무한다는 소리를 들었을 때 지금도 보람을 느낀다.

그리고 어느 시에서 운영하는 보건소에서 뇌졸중과 중풍을 앓으시는 어르신 24명에게 재활댄스를 가르친 일이 있었다. 다들 미쳤다는 말을 했다. 하지만 나는 그 시에서 개최되었던 어르신 건강체전에서 당당히 최우수상을 거머쥐게 했었다. 거의 거동이 어려운 병을 가졌지만 '당당히 세상 밖으로 나오라'는 모토 아래 언론에 소개된 적도 있다. 그때 어르신들의 환희란……

정말 당신들이 '할 수 있다'라는 자신감과 그들이 '나도 할 수 있네'라며 웃으시는 모습들이 아직도 생각난다. 처음 만났을 때의 모습은 일초 동작하고 의자에 앉아야 했었는데 1년여를 연습한 끝에 무대에서 4분을 공연하는 모습은 어찌 보람이 아니겠는가?

이런 모습들이 도대체 무엇인가? 바로 신(神)을 온몸으로 세상에 널리 증명해주고 많은 이들에게 신명(神明)을 불러 일으켜 밝은 힘을 가지도록 해주면서 신을 느끼도록 해주는 것이니 곧 신의 대행자가 연출하는 모습이다.

붓다가 말한다.

"장애의 모습을 떠나 자기를 보려고 하거나 장애의 모습 가운데서 자기를 구하는 이는 결코 자기를 보지 못한다. 자기의 참모습은 행(行)으로서만 드러나니 말없이 오로지 행하고 또 행하라. 믿음(信)으로 행하고 닦음(修)으로 행하고 자비(慈悲)로 행하라."

크고 작음, 많고 적음, 높고 낮음 등은 모두 자기가 스스로 정하는 것이다. 나에게만 머무르고 있다면 작은 것이요, 타인에게 향하면 큰 것이다. 그러므로 작은 일이 큰일이고 큰일이 작은 일이며 작은 마음이 큰마음이고 큰마음이 작은 마음이다. 보시는 작은 것을 한없이 크게 만드니 장애는 조그맣게 된다.

돈만 준다고 복지가 아니다. 인연으로 얽혀 살아가는 사회의 진정한 복지는 마음을 하나로 공유하는 데서 시작되고 인간의 도리가 자연스럽게 행해지는 데서 개개인과 전체의 복지가 원만하게 완성되기 때문이다. 사랑과 자비가 없는 복지는 삭막하고 돈을 나누는 데서 장애와 비장애의 투쟁과 사회적 갈등이라는 부작용을 키울 뿐이다.

남을 돕고 함께 한다는 것은 서로가 가진 마이너스(—)를 줄이거나 없애고 플러스(+)를 창출해내는 일이니 나를 돕는 것이기도 하다. 장애인이 본래 드러낼 수 있는 능력을 생각하여 마이너스(—)를 보완해주는 것과 더불어 플러스(+)를 적극적으로 개발하여 발휘할 수 있도록 도와주어야 한다. 몸의 장애에 마음까지 굴하는 것은 옥(玉)에 티가 하나 있다고 옥을 내버리는 것과 같다. 본래 한정되고 고정된 바가 없는데 단지 스스로를 제한시킬 뿐이다. 안이비설신의(眼耳鼻舌身意)와 색성향미촉법(色聲香味觸法)의 분별에 걸림이 없게 우리 모두 애써보자. 그러자면 색수상행식(色受想行識) 역시 온전해야만 하니 장애인의 행(行)에 우리들의 행(行)을 보태 몸과 마음의 조각퍼즐을 완성하여 함께 박수치며 즐거워지자.

운동(스포츠)

축구장의 산타, 장애인 소년축구팀을 가르치는 뇌성마비 장○○씨의 이야기다.

그는 태어날 때 뇌성마비를 앓고 1급 장애인이 되었다. 허리가 휘어

왼쪽 몸을 자유롭게 쓰지 못하고 양손은 굽었다. 중학생 때 친구들보다 몸무게가 20kg이나 적게 나갈 정도로 몸이 약해 운동은 꿈도 꾸지 못하고 있었다. 더구나 빈곤한 가정에서 가장 역할까지 해야 했으니 하루하루를 무기력하게 술을 끼고 살며 방황하던 중 밝은 표정의 뇌성마비장애인 후배의 권유로 축구팀에 가입하게 되었다.

처음에는 "이런 몸으로 무슨 말도 안되는 소리냐"면서 거절했다고 한다. 그런데 그 후배의 밝은 표정이 자꾸 떠올라 축구를 하게 되었다. 축구장에서만큼은 몸의 고통과 장애를 잊고 신나게 웃으면서 뛰는 장애인 선후배 얼굴에서 신세계를 봤다고 한다.

이후 2014년 뇌성마비 축구 국가대표팀에 발탁되어 주장을 맡을 정도로 엘리트 선수가 되었다. 그러다가 감독이 장애인 소년들을 가르치는 데 애를 먹는 것을 보고 자기가 시범을 보이면 도움이 될 것이라며 무보수로 6년째 소년팀 코치를 하고 있다.

후배들은 이런 장ㅇㅇ코치를 보고 집밖에 나가기 싫어했던 후배도, 잘 걷지도 못하는 후배도 장ㅇㅇ코치를 닮고 싶다면서 축구를 하는 등 이들에게 인생의 멘토가 되어 있다. 그는 '장애인이어서 아무 것도 못한다'는 아이들의 생각을 바꿔놓는 게 목표라고 한다.

장애인들이 자유롭게 뛰어다닐 수 있는 운동장은 곧 운동장이 아니다. 영혼을 되살려 자기가 몸의 장애를 자유롭게 다루는 주인공이 되는 자리이고 마음에는 장애가 전혀 없음을 스스로 증명해내는 공간이며 나아가 인생과 세상을 재창조하는 공간이다.

다리를 잃은 장애인들이 의족을 끼고 마라톤대회에 참가해서 완주하는 일이 가끔 있다. 사람들에게 용기를 불러일으켜주는 면도 있기는 하지만 무엇보다도 자기 자신을 다스려갈 수 있는 힘을 얻게 된다. 몸을 움직여 마음을 치료하고 그 마음이 다시 몸을 건강하게끔 하는 상보적(相補的) 선순환을 이루는 것은 중요하다. 마음을 내팽개치고 몸을 일으켜 세우려거나 몸을 내버려두고 마음을 편안케 하기는 어렵기 때문이다. 그러므로 스포츠를 비롯한 각종 운동이 필수적으로 요구되는데, 장애인에게는 그 중요성이 남다르다.

움직임이 불편하고 불완전한 대신 병들지 않고 건강한 몸을 갖는 것은 장애인에게 필수가 된다. 장애인은 당연히 몸에 대한 욕구가 남달리 강한지라 많은 경우 운동을 강하게 원하기도 하고 또 소통에 필요한 사회성을 기르기도 하며 그 속에서 불편한 〈안이비설신의〉를 잘 다스리는 힘을 얻기도 한다. 무엇보다 주눅 들지 않고 당당하게 자기 자신을 세상에 내세울 수 있도록 해준다.

어릴 때부터 했던 운동의 힘으로 장애를 넘어선 대표적 인물이 미국의 육상선수이자 배우, 패션모델인 에이미 멀린스다. 멀린스는 종아리뼈가 없이 태어나 한 살 때 무릎 아래를 절단했으니 평생 동안 의족(義足)이 그녀의 다리였다. 멀린스는 그 다리로 소프트볼, 스키를 즐겼다. 장학생으로 명문 조지타운대에 들어가서는 장애인으로서는 최초로 전

미대학경기협회(NCAA) 육상경기에 참가했고, 후에 장애인올림픽에도 출전했다.

멀린스는 1998년 TED 콘퍼런스에서 치타 뒷다리를 본떠 만든 C자형 의족을 가지고 나가 세상의 편견에 맞섰다. 그 때 패션잡지 『아이디(ID)』의 편집장이 밝고 당당한 멀린스의 모습에서 내면까지 가득한 아름다움을 보고 감동해 표지모델로 발탁했다. 이를 계기로 멀린스는 패션모델, 영화배우로도 활동하기 시작했다. 멀린스는 10년 후 다시 TED 콘퍼런스에 나가 패션쇼에 맞게 갈아 끼우는 의족 12벌을 자랑스럽게 선보였다. 그리고 새로운 의족 기술을 세상에 알리는 데에도 앞장서고 있다.

멀린스는 패션잡지 『아이콘(ICON)』에 세계 최초의 로봇다리 시스템인 바이옴(BiOM) 로봇다리를 착용한 사진을 실었다. 사고로 두 다리를 잃은 MIT 미디어랩 생체공학연구소장인 휴 허 교수가 개발한 것으로서 2004년, 2007년 연거푸 타임지 10대 발명품에 이름을 올렸다.

피플지는 2013년 멀린스를 '세상에서 가장 아름다운 50인'에 선정했다.

이렇게 살아가는 것을 두고 운명 내지 행운이라고만 할 수 있을 것인가? 건강한 몸과 일그러지지 않은 마음으로 불행을 내치고 행운을 불러들였다. 운명과 몸은 단지 주어진 자기만의 조건에 불과하다. 그것을 잘 굴려가면서 운용하는 것이 중요할 뿐이고 그 주체는 마음이 된다. 마음이 동원되면 내가 운명과 몸의 주인이 되고 삶이 마음에 따라 보이지 않게 전개된다.

자폐증에는 운동이 더더욱 필수가 된다. 운동할 때는 사실 근육보다 뇌를 더 많이 쓰게 된다. 그래서 운동을 통해 감각기관에 자극을 주는 방식으로 자폐증상을 상당부분 완화시킬 수 있다.

유명한 장애인 운동선수들 가운데 지체장애가 압도적으로 많은 것을 보면 지체장애는 특히 운동을 통해 비교적 쉽게 〈색수상행식〉을 이끌어낼 수 있다는 사실을 알 수 있다. 운동으로 자폐증상이 완화되는 것은 비단 운동 때문만이 아니라 본질적으로는 운동을 통해 생각이 바뀌어 장애와 무관한 자기의 〈색수상행식〉이 조금씩 전면에 나오면서 몸 전체에 퍼지고 뇌파를 변화시켜 생겨난 정기(精氣)가 각 신체 부위에 작용하여 몸과 마음을 비교적 쉽게 다스릴 수 있게 되기 때문이다.

뇌병변 1급과 척추가 120도 이상 굽은 측만증 아이가 있었다. 자존감은 바닥이고 바닥만을 쳐다보며 재활치료선생님의 묻는 말에 눈치 보듯 대답하는 아이의 모습은 인생 다 살았다는 생각을 들게 할 정도였다고 한다. 재활치료선생님이 "왜 운동을 하느냐?"는 물음에 아이는 "엄마가 시켜서요"란 말에 크게 화를 냈다고 한다.

그 다음부터 선생님은 아이에게 오버스러운 칭찬과 무엇이든 잘 할 수 있다는 자신감을 불어넣었으며 아이가 잘 할 수 있는 것, 하고 싶은 것을 찾아주기로 마음을 먹었다. 그에 아이는 운동을 하고 싶고 근육질의 연예인처럼 자기도 근육을 키우고 싶다는 것을 알았고 수중과 지상 운동에서 근력위주의 운동과 발란스 운동을 겸하면서 수영을 가르쳤다고 한다. 그런 계기로 지금은 특수체육교사 되겠다는 목표를 갖게 되었으며 현재 열심히 공부중이다. 자발적으로 운동을 하도록 하고 자신감을 불어넣어 준 좋은 선생님을 만난 덕에 이 아이의 삶이 완전히 바뀌었다.

크게 스트레스를 받지 않는 환경 속에서 〈색수상행식〉이 새롭게 나와서 스스로 주의력이 높아지고 사회성이 길러질 수 있는 운동으로는 수영이나 승마, 달리기와 같은 훈련이 효과적이다. 수영과 승마는 주로 자연의 도움이고 달리기는 자기의 염력(念力) 강화에 해당된다.

자연과의 교류

장애인은 간단한 일상생활에서도 도움을 받아야 하는 자괴감과 수치심으로 본인 자신도 힘들지만 자기로 인한 가족 등 주위 사람들의 노고와 희생도 가슴 아프고 답답한 현실을 떨치기 어렵다. 그래서 안팎으로 조여드는 마음의 고통을 이겨낼 수 있는 힘을 자연을 통해 얻어야 되고 움직이지 못해도 그럴 수 있다.

생명은 자연(自然)을 따로 떼놓고 생각할 수 없다. 생명은 〈색수상행식)의 힘을 근본으로 〈안이비설신의〉가 가진 기력(氣力)이 중심이 되어 체력을 유지하면서 〈색성향미촉법〉을 통해 삶을 영위해간다. 그러므로 몸은 비록 불편하지만 기력을 얻고 유지한다면 곧 정신력을 유지할 수 있게 되어 장애의 한계를 반드시 넘어서게 된다. 그래서 기력을 얻기 위한 노력은 필수이다. 그 대상은 자연의 무한한 힘이 기본이 된다. 생명체는 물과 불로 이루어져 있으니 역시 자연의 햇빛과 물이 기본이 된다. 그리고 보조적으로 자연계의 산(山)과 짐승, 그리고 나무 등 여러 생명체가 된다.

우리나라에서는 아직 보편화되어 있지 않지만 독일 등 선진국에서는 이미 오래 전부터 널리 행해지는 장애인 재활치료로서 수중운동이 있다. 수영장 속의 물에 몸을 담그고 운동을 하는 것은 어릴수록 더욱 효과가 크니 하루속히 우리나라에서도 복지차원에서 보편화되어야 되겠다. 민간에서는 수익성이 떨어져 하기 어렵다.

발달장애나 레트증후군, 윌슨씨병, 뇌병변 등의 각종장애는 다양한 증상을 동시에 갖고 있으므로 참으로 나아지기가 어렵다. 자해(自害)와 각종 틱 증상은 물론 집중력이 떨어지고 산만하며 언어도 어눌하고 반응도 느리니 치료에서 막연하기만 하다. 이때 물의 도움을 받으면 크게 좋아진다.

생명체의 몸은 수기(水氣)와 화기(火氣)의 조합으로 이루어진다. 몸과 정신이 물과 불의 기운으로 생겨나고 이어지는 것이다. 인체의 70% 가량을 차지하고 있는 물은 생명력인 정력(精力)을 이루고 불은 활동력을 부여하고 있다. 그래서 죽는 것은 불이 꺼지는 것과 같아서 활동이 멈추고 몸이 싸늘하게 식는 것이다. 그러므로 몸이 가지는 각종 장애와 정신의 부족은 후천적으로 〈수기〉와 〈화기〉의 부여로 크게 나아질 수 있는 것이다.

〈화기〉는 햇빛 등과 따뜻한 마음을 통해 전해주면 되고 몸은 〈수기〉를 주면 된다. 물속에서는 태어나기 전에 엄마의 뱃속에 있을 때의 감각을 그대로 느낄 수 있게 되므로 마음이 평온하고 몸의 이상이 있기 전의 상태로 몸을 변화시켜가는 원동력을 이루게 된다. 그러면 생명력이 다시 강해지므로 심신이 마치 처음에 태어나는 것처럼 되어 불규칙하거나 치우친 이상증상이 사라지거나 크게 줄어들게 되니 이것은 곧 자연스러운 현상이다. 당연히 집중력과 자신감을 되찾고 인지능력이 크게 향상되어 모습과 소리 등에 대한 반응과 시선이 빨라지며 움직임이 강해지면서 사회성이 늘어나고 많이 웃기 시작한다. 또한 물속에서 훈련을 통해 균형 감각이 크게 향상되므로 삐뚤어진 자세가 빠른 시간 내에 제자리를 잡게 된다. 힘도 좋아지면서 몸이 불편하며 다리에 힘이 없던 아이가 혼자 이동할 수 있는 거리도 크게 늘어나고 발음도 또렷해지면서 의사표현도 또박또박 하게 되고 친구도 사귈 수 있게 된다.

이렇게 큰 효과를 내는 수중운동과 수중놀이가 아직 보편화되어 있지 않다는 것은 그만큼 장애인의 재활에 무관심한 실정을 나타낸다. 어릴수록 효과가 더욱 지대한데, 이것은 아이의 몸이 아직 완전히 굳지 않고 〈색수상행식〉 역시 부드러운 탓이다. 더구나 수중치료는 다른 운동보다 쉽고 아이들이 기꺼이 잘 따라하니 재활 치료하는 선생님들도 통제와 훈련에 그만큼 덜 힘들게 된다.

아이들은 자궁의 양수 속에 10개월간 있은 기억으로 인해 본능적으로 물에 끌린다. 그래서 옛날부터 물가에 아이를 혼자 내버려두면 위험하다고 했던 것이다. 아이가 집안의 세탁기를 좋아하고 그 속에 들어가려는 것 역시 마찬가지다. 똑같은 재활훈련을 하더라도 땅 위보다는 물속에서 하는 것이 효과가 훨씬 클 수밖에 없다.

햇빛을 많이 받는 것은 필수다. 빛이 눈에 들어오면 뇌하수체가 활성화되어 갑상선자극호르몬과 옥시토신 등 다양한 종류의 호르몬들을 생성하게 되고 호르몬의 변화는 인체의 기(氣)를 생성시키고 변화를 일으키게 되어 전체적으로 기력이 향상된다. 그리고 햇빛에 의해 양기가 강화되고 몸에 적체되어 있는 사기(邪氣)가 분해된다. 그래서 자존감이 높아져 기분이 좋아지며 의욕이 커지고 마음이 쉽게 개방적이 된다. 또한 자기 자신을 보다 잘 인식하게 되어 자기조절능력이 높아지기 때문에 스스로를 잘 다스릴 수 있게 된다.

특히 사시(巳時)에 햇빛을 보는 것이 가장 좋은데, 이 시간의 햇빛은 하루 중에 머리를 가장 맑게 해주는 데다가 원적외선과 금기(金氣)를 품고 있어 인체의 뼈와 폐 등을 강화시켜주면서 심신의 어둠과 침체를 쉽게 몰아낼 수 있도록 도와주기 때문이다.

그러므로 장애인이 특히 오전 9~11시 정도 사이에 따스한 햇빛 아래서 산책이나 등산을 할 수 있도록 도와주는 것은 매우 큰 도움이 된다. 당연히 햇빛이 잘 들지 않는 곳에서는 되도록 살지 않아야 된다.

강아지 등 애완동물을 활용한 동물매개치료 역시 효과적일 수밖에 없다. 애완동물과의 교류는 곧 자연의 생명 속에서 자연스러운 마음의 교류이고 가장 좋은 소통 가운데 하나가 된다.

자연스러운 마음의 교류는 곧 자연의 힘을 얻게 된다. 그러면 마음이 자연스럽게 되고 이것은 그 힘으로 몸과 정서적인 장애를 자연스럽게 만드니 정신과 몸도 저절로 교정되는 것이다. 그리고 자기가 주인이 되어 약한 생명을 돌보는 것은 존엄성을 스스로 높이는 결과를 가져오고 〈색수상행식〉의 소통이 이루어지기 때문이다.

마음의 소통은 사람끼리만 이루어지는 것이 아니다. 오히려 사람끼리의 소통은 완전히 자연스럽지 못하여 장애인에게는 걸리는 바가 있게 된다. 미국에선 이미 600개 이상의 병원이 동물매개치료를 하고 있는 중이며 우리나라에서도 점차 확대될 전망이다.

등산 역시 산의 강한 지기(地氣)를 받고 근력을 키우며 높은 자리에 몸을 두게 함으로써 사회의 낮은 어둠 속에 있다는 절망감을 상쇄시키니 심신에 두루 걸쳐 크나큰 도움이 되므로 장애인이 수시로 등산할 수 있도록 도와주는 것은 크게 보람 있는 일이 된다.

일본의 청각장애인 다무라사토시(田村聰・51)씨는 에베레스트 등정까지 성공했다. 13살 때 등산을 시작한 이래 일본의 많은 고산을 오르며 경험을 쌓은 뒤 세 번째 도전 끝에 세계최고봉을 밟았다. 주변에서는 청각장애인에게 더 위험하니 그만두라는 등의 포기 권유가 있었지만 굴복하지 않고 오히려 '장애인은 할 수 없다' 는 편견에 맞선 투지를 불태웠다고 한다.

등산은 이렇게 기력과 정신력을 크게 강화시켜 장애에 쉽게 굴복하지 않도록 해준다. 우리 민족은 역사적으로 산으로부터 살아갈 힘을 얻어왔다. 산의 힘으로 태어나고 산에 산소를 쓰면서 조상과 이어지고 산에서 기도하며 신령과 이어지고 최종적으로는 산으로 돌아간다. 그러므로 출생으로부터 죽음에 이르기까지 산과 하나가 되어 있고 생명력의 뿌리가 되어 있으니 이는 여전히 우리 모두의 DNA 속에 새겨져 있어 비가 오나 눈이 오나 줄을 지어 산으로 또 산으로 향하는 것이다.

장애인 역시 예외가 아니므로 우리나라의 장애인에게는 산을 한 걸음 한 걸음 정성들여 오를 때마다 단순히 산의 기운 뿐만 아니라 조상과 신령의 힘까지 얻고 느끼는 등 눈에 보이는 이상의 큰 힘과 의지력을 준다.

가만히 보면 자연과 더불어 자연스러운 교류가 장애인에게 가장 큰 치료효과를 낳는다는 사실을 알 수 있다. 반면 자연을 오염시킬수록 치료효과는 그만큼 사라지게 된다.

소질 계발

장애인을 치료하는 선생님이 들려준 이야기다.

K라는 아이는 6학년 초등학생인데 항상 멍하니 무엇인가를 바라보고 말이 없으며 어머니와는 완전 앙숙이 따로 없었다. 처음 본 아이는 아주 예의가 없다 할 수 있을 만큼 버릇이 없었으며 말투도 거슬렸었다. 하지만 그 아이를 바라볼 때 이 아이는 참으로 많은 상처가 있음에 겉으로 단단히 자신을 두르고 있는 듯해서 아이와 많은 얘기를 했었다. 이 아이는 "자신이 왜 태어났는지, 이렇게 안 태어났으면 나도 행복하게 살았을 텐데……" 라는 말과 함께, 남자친구도 사귀고 싶고, 놀러도 다니고 싶고, 하고 싶은 게 너무 많은 아이였다.

그런데 이 아이를 살피던 중 특이한 재능이 있다는 것을 알았다. 그것은 이 아이는 냄새를 너무 잘 맡는 것이다. 물속에 들어오자마자 아주 먼 구석에 조그마하게 핀 곰팡이도 잡아낼 정도였다. 어머니는 그냥 코가 예민하다는 것으로 알고 있었다고 한다. 그래서 조향사라는 직업과 정보를 알려주었고 이에 중학생이 된 지금 목표와 꿈을 가지고 열심히 공부하고 있다.

조향사는 일반인에게도 쉽지 않은 공부다. 타고난 후각에다가 엄청난 노력을 들여야 하는 만큼 냄새에 극도로 예민한 장애아동에게 더욱 유리한 분야일 수밖에 없다.

장애인이 좋아하고 집착하는 것은 비장애인이 좋아하는 것보다 훨씬 더 정신이 집중되어 있다. 몰입의 차원이 다른 것이다. 그래서 비장애인에 비해 집중력과 반복적인 노력이 남다르게 뛰어나므로 잘 훈련하면 미세한 〈안이비설신의〉, 즉 고도의 특수감각을 갖게 되어 장애가 축복이 될 수 있는 가능성이 높다. 앞으로 뛰어난 감각을 갖고 있지 않으면 먹고 살기조차 힘들어지는 시대에 장애인은 오히려 장애 때문에 쉽게 가지게 되는 특수능력을 개발하여 크게 활약할 수 있다.

근대음악의 아버지라 불리는 독일의 작곡가 요한 바흐는 시각장애인이었다. 미국의 피아니스트 톰 위긴스 등을 비롯하여 시각장애인으로서 뛰어난 유명음악가들이 많다.

시각이 장애가 되면 자연히 음감은 더욱 높아지게 되니 시각장애인들이 음악을 많이 하게 된다. 청각이 장애가 되면 〈색수상행식〉으로 진동을 비롯한 각종 파동을 비장애인보다 더욱 정확하게 느낄 수 있다.

베토벤은 귀가 먹어 소리를 듣지 못했지만 피아노에 귀를 대며 건반에서 나는 울림으로 작곡하는 방법을 터득했다. 그 덕분에 오히려 '운명', '비창', '합창' 등 불후의 명곡들을 비롯하여 높은 음을 더 많이 사용하면서 그만의 특유한 소리의 세계를 역사에 남겼다. 이렇게 청각장애인이 남다른 훌륭한 음악가가 될 수도 있는 법이다.

청각장애인인 체코의 작곡가 베드르지흐 스메타나는 제2의 베토벤으로 불렸다. 청각장애 타악기 연주자인 영국의 에벌린 글레니가 맨발로 소리를 듣고 연주한다고 하지만 실은 귀를 넘어선 〈색수상행식〉으로 다양한 진동파를 온몸으로 느끼면서 수십종의 타악기를 자유자재로 다루며 사람들과 함께 연주하며 노래한다.

이런 사례에서 보듯이, 본래 인간은 모든 정보를 〈안이비설신의〉의 구분을 넘어선 차원의 〈색수상행식〉으로 파악하며 온몸으로 정보를 받아들이거나 내보내고 있다. 나무가 사람보다 오히려 생명의 본질에 더욱 가깝다. 원시인이 문명인보다 더욱 그렇다.

천재성은 〈색수상행식〉의 영적 감각이 근본이다. 영재(英才)는 좋은 두뇌를 위주로 하므로 단순히 〈안이비설신의〉가 중심이 된다. 장애인이 음악을 하면 장애인이기 때문에 사람들이 감동을 받는 것이 아니라 깊은 마음인 〈색수상행식〉이 소리로 나오기 때문에 전달받아 사람들의 영혼을 크게 움직여 감동을 불러일으키는 것이다.

고도의 소매치기는 가방만 쳐다봐도 그 속에 돈이 얼마나 들어있는지를 파악할 수 있고 지폐와 종이뭉치를 구분한다고 한다. 뜻(意)을 시각에 완전히 집중하면 〈색수상행식〉을 통해 일종의 투시(透視)같은 초능력도 생겨난다. 나아가 맹인(盲人)이 상대의 과거와 미래의 운명을 기가 막히게 맞추는 경우에서 보듯이 영혼세계 차원에서 미래정보까지 있는 그대로 받아들이는 것이다. 눈에 보이는 모습이나 표정과 말 등의 표면적인 정보에 속지 않고 그 본질을 파악하여 상대 전체의 내밀한 부분까지 운명화되어 있는 상태를 포착하는 것이다. 즉, 말의 내용만이 아니라 음성의 미묘한 성품도 아는 것이다. 그래서 상대를 육안으로 보지 못해서 오히려 뛰어난 역술인이나 상담가가 될 수도 있는 법이다. 우리나라는 특히 영적 능력과 자질을 가진 장애인들이 많으므로 그 소질을 닦아 살려서 훌륭한 점술상담가가 될 수도 있다.

당나라 시인 장적과 르네상스의 최대 시인인 영국의 밀턴, 유럽 최고의 시성 호메로스는 대상이 보이지 않아도 시를 읊었다. 터키의 화가 에스레프 아르마간, 미국의 화가 제프 핸슨은 시각장애인으로서 보이지 않아도 그림을 그린다. 육신의 〈안이비설신의〉를 거치지 않아도 〈색수상행식〉으로 직접 보고 시를 읊으며 그림을 그린다. 그리고 시각장애인도 그림을 얼마든지 감상할 수 있다.

시각과 청각 등이 장애가 되면 뜻(意)이 촉각이나 후각에 집중되거나 또는 〈색수상행식〉이 직접 촉각이나 후각을 발휘해서 이들 감각이 극도로 미묘하게 된다.

최근 유럽 최고의 의학연구기관인 스웨덴 카롤린스카연구소는 극도의 스트레스가 주어지는 상황에서 우리 인체는 사건을 해결하는 데 단서가 될 만한 중요한 냄새를 맡고 이를 정확하게 기억하는 능력을 가졌다는 사실을 과학적으로 입증했다. 그래서 앞을 보지 못하는 시각장애인도 범죄현장을 목격한 '주요한 증인' 으로 얼마든지 채택될 수 있다고 한다. 오히려 시각으로 한 목격은 주관이 더욱 크게 개입되어 인상착의에 불확실한 경우가 더 많은 법이라서 보는 것에 극도의 스트레스를 가진 시각장애인의 후각이 더 신뢰성을 가질 수 있다.

후각은 감정 및 기억을 담당하는 소뇌의 편도체와 해마 등과 밀접한 연관이 있으며, 특히 시각장애인의 후각적 능력은 훨씬 더 뛰어나다. 최고의 도둑은 밖에서 문에 손만 갖다 대어도 집안에 사람이 있는지 없는지 또한 몇 명인지를 파악한다고 한다. 잡히지 않고 무사히 훔치기 위해 동원하는 감각은 시각이 막혔으니 〈색수상행식〉으로 촉각을 고도로 집중해 보이지 않아도 알 수 있도록 미묘한 생명체의 파동과 움직임을 느끼는 것이다. 시각장애인은 눈뜬 사람보다 촉감에서 더 많은 미세한 정보를 얻는다. 향기(香氣)산업이나 촉각(觸角)산업에서 자질을 크게 드러낼 수 있다.

필자의 동네에 장님한의사가 있다. 대학병원에서도 고치지 못하고 원인도 모르는 병을 손으로 환자의 얼굴을 간단하게 만져보고 정확하게 원인이 되는 부위를 알아내고 효과적으로 치료한다. 오히려 시력을 잃어버린 탓에 고도의 영적인 촉각을 얻었다. 명의라는 호칭을 얻고 많은 이들이 큰 도움을 받으니 의사와 환자를 하나로 묶어 놓고 보면 눈을 가졌을 때보다 비할 수 없는 큰 이익을 이 세상에 창출하고 있다.

안마를 오래 한 시각장애인이 몸을 만지면서 촉각으로 초기의 암을 파악하는 것을 의사와 첨단의료기계도 따라가지 못하는 것은 당연하다. 각 인체부위에서 나오는 파동의 이상을 감지하는 것이다. 기계가 아무리 표면을 정밀가공해도 손으로 직접 만지면서 파악하는 수평정밀도를 아직 따라가지 못하고 있다고 한다. 그래서 정밀기계로 가공해도 최종적으로는 장인의 손으로 확인하며 마무리하는 경우가 많은 것이다. 달인(達人)이 이런 사람들이다.

장애 가운데서도 특히 시각장애 속에는 여러 가지 특출난 자질들이 많이 숨어있다. 물리적 외부정보를 가장 많이 받아들이고 번뇌망상을 가장 크게 만드는 시각정보를 받아들이는 눈이 감긴다는 것은 그만큼의 큰 공백을 다른 감각기관을 통해 영혼세계 속에서 영적 정보를 받아들여 채우게 되고 신통방통한 능력들을 가지기 쉽게 되기 때문이다.

인간의 영적 감각은 인공지능이 도저히 따라올 수 없고 상상 이상이다. 그리고 신기(神氣)는 장애를 입어 몸이 불완전해도 발휘되는 것은 조금도 다름이 없다. 오히려 몸이 건강하면 영감(靈感)이나 신기는 떨어지게 된다. 물리적 근육 위주로 움직이기 때문이다. 그래서 신기가 강하거나 영감이 뛰어난 사람은 대체로 몸이 마르거나 허약하거나 신경이 예민하기 마련이다.

실상은 이와 같을진대, 여기서 구분되고 한정되어 있는 감각기관들과 나름의 생각이 오히려 〈색수상행식〉을 가로막아 대상에 대한 정확한 정보를 파악하고 본질을 받아들이는 데 걸림이 되고 있다. 그래서 성인(聖人)들이 하나같이 감각기관에만 의존하지 말고 감각기관이 받아들이는 것에만 쫓아가지 말라고 가르친다. 명상할 때 눈을 감는 것도 그렇다.

노자가 말했듯이 오색(五色)은 눈을 멀게 하고 오음(五音)은 귀를 닫게 만든다. 중국 선종의 3조(祖) 승찬스님도 『신심명(信心銘)』에서 "밖의 비춤(照)을 따르면 종취를 잃고 근본으로 돌아가면 뜻을 얻는다"고 했다.

예수님도 눈 있는 자는 보고 귀 있는 자는 들으라고 하면서 영적인 눈과 귀를 강조했다. 불교에서 알려주는 천안(天眼)을 비롯한 오안(五眼)도 마찬가지다. 부처님의 10대 제자 가운데 부처님의 사촌동생으로서 아나율(阿那律)이라는 시각장애인이 있었는데, 시력을 잃어도 열심히 수행하여 마침내 육안으로 보지 못하는 것까지 보는 천안통(天眼通)을 이루어 천안제일(天眼第一)이 되었다. 신(神)도 보고 말없는 말도 듣고 꽃의 속삭임도 듣고 사람들의 마음속도 훤하게 들여다볼 수 있게 된 것이다. 〈안이비설신의〉로부터 해탈한 것이다.

누구나 어느 하나의 감각을 집중하여 훈련하면 그 감각이 물질적인 차원에 대해 어느 정도 초월성을 갖게 된다. 그리고 이것은 장애의 길을 가는 데 있어서 큰 도움이 된다. 물리적인 것에만 매이는 한정된 의식을 벗어나게 해주기 때문이다. 그리고 정보를 나누어 받아들이는 감각의 분별성이 점차 하나로 모여서 온몸이 단일의 감각체가 되므로 특정감각의 집중도가 높아진 장애인이 월등하게 유리하고 비장애인도 할 수 없는 일을 할 수 있게 된다. 비장애인은 감각이 분산되어 효과가 낮게 되기 때문이다.

그러므로 장애인은 어릴수록 훈련해나가면 남다른 능력을 발휘할 수 있으니 사회가 장애인을 일방적으로 도와야 하는 대상으로만 보는 것은 인간의 능력을 완전히 무시하고 인간을 우습게 보며 스스로를 축소시키는 어리석음에 지나지 않는다. 장애인이 가끔 천재적인 능력을 발휘하는 것을 보고 인간승리니 뭐니 떠벌리는 것은 웃기는 일이다. 인간은 누구나 본래 그렇다.

그러므로 감각훈련은 단순히 장애인 복지차원만이 아니라 미래시대의 인간능력의 개발과 존엄성의 차원에서 필수적으로 이루어져야 한다. 전문가의 도움을 받아도 되지만 자기 스스로 할 수 있는 부분도 많다. 국가가 나서서 도와준다면 장애인의 삶을 완전히 개선시켜 줄 수 있게 된다.

우리 민족은 오랜 세월 불법을 통해 마음을 닦아왔으며 수행 한 번 해보지 않은 사람이 없고 부처님을 모시지 않은 사람 역시 없다. 그렇게 〈색수상행식〉을 위주로 오감을 넘어선 신기(神氣)와 영적 감각을 위주로 살아왔다.

〈색수상행식〉은 손끝으로도 많이 표출된다. 손으로 하는 카드마술은 우리나라가 단연 세계 최고이고 서양마술사가 아무리 노력해도 따라오지 못하는데, 서양마술사는 〈색수상행식〉이 우리나라 마술사에게 미치지 못하기 때문이다. 우리 민족이라면 누구나 DNA와 무의식 가운데 초월적인 감각을 강하게 가지고 있으며 장애인 역시 마찬가지다. 장애를 놀랍게 극복할 수 있는 요소들을 세계 어느 민족보다도 단연 최고로 풍성하게 가지고 있다.

이런 것들을 계발하고 일찍이 교육시켜 혹 앞날에 있을지도 모를 장애 등 몸에 대한 불행 정도는 스스로 극복할 수 있도록 대비시켜야 한다. 수천년 간 내려오면서 각자에게 내재된 출중한 정신과 다양한 장애 극복요소들을 현대교육이 모두 망가뜨리면서 학생들을 단지 몸뚱아리밖에 따질 줄 모르는 바보로 만들고 있다. 마냥 행복해지는 것만 강요하며 관념적으로 가르치는 현대교육은 외눈박이 교육일 뿐이고 지나가는 용(龍)이 웃겨서 웃을 뿐이다. 그러다가 살면서 만약 몸에 장애 등 어떤 물리적 한계가 생겨버리면 어찌할 줄 모르니 행복은커녕 인생이 그대로 끝나고 만다.

이 땅은 행복만 가르치기에는 아직 천국이 아니다. 그리고 불행을 극복하지 못하는 사람에게 행복이 있을 리 없다. 행복은 불행과 따로 있지 않고 불행의 극복 그 자체가 곧 행복이기 때문이다.

특수학교의 역할 고도화

장애로 어떻게 살게 될 것인지도 비장애인들과 마찬가지로 어떤 인연을 만나느냐에 크게 달려 있다. 장애 그 자체는 삶에 있어서 수많은 변수 가운데 그저 하나의 변수에 지나지 않는다. 그러므로 부모와 교사, 그리고 우리는 협력하여 좋은 인연덩어리가 되어주는 것이 장애라는 문제에 있어서 가장 큰 과제가 된다.

러시아의 '손가락 없는' 16세의 유명 피아니스트 소년 알렉세이 로마노프. 그는 태어날 때부터 선천성 질병으로 아예 손이 형성되지 않아 그저 뭉뚝했다. 그리고는 고아원에 버려졌다. 로마노프를 입양한 양부모는 모차르트와 비발디의 음악에 흠뻑 빠지는 그를 보고 음악적 재능을 깨달았다. 그래서 피아노를 가르쳤고 학교에서는 음악교사가 곡을 연습시켰다. 로마노프는 벙어리장갑을 낀 것 같은 끝부분으로 피아노를 쳤고 세상 사람들은 감동의 눈물을 흘렸다. 로마노프는 장애인학교에서 얼마 전 음악전문학교로 진학했다고 한다. 그는 "피아노를 연주할 때면 눈에 보이지는 않지만 내 몸 어딘가에서 흘러나오는 영적인 힘 같은 것을 느낀다"고 말했다.

양부모와 교사의 협력으로 로마노프는 떨쳐 일어나 뭉뚝한 손으로 세상에 감동을 선사하는 사람이 되었다. 이 학생이 장애라고 자식을 버리는 심성을 가진 친부모에게 억지로 계속 있었더라면 과연 이렇게 될 수 있었을까? 그리고 음악교사의 열정과 격려가 없었다면 이렇게 될 수 있었을까?

양부모의 큰 사랑이 로마노프의 음악적 소질을 환하게 드러내도록
해주었고 음악교사는 자신감을 갖게 하면서 음악적 소질을 전문적으로
발전시켜주었다.

장애아동의 소질을 알더라도 계속 발전시켜주려면 부모와 교사의 협
력이 절대적이다. 어느 한 쪽의 노력만으로는 당장 아이가 해야 될 눈앞
의 일상적인 기본생활 때문에 잘 되지 않는다. 그리고 부모와 교사가 협
력하면 그 어떤 장애를 가진 아동이라도 반드시 떨쳐 일어나게 만들 수
있다. 인간의 지극한 마음이 완전히 하나로 합해지면 신(神)과 같은 위
력을 발휘하게 되기 때문이다.

또래 아이들보다 지능과 학습능력이 떨어지는 많은 장애아에게는 교
육이 더욱 필요한 법인데 지금은 특수학교도 숫자가 너무 적고 또 방과
후에는 나 몰라라 하고 완전히 방치되어 있다. 더군다나 장애인활동보
조 도우미를 지원받는다고 하지만 시간이 한정되어 있어 사실상 거의
전적으로 부모에게 맡겨져 있다.

또한 장애아동을 일반학교에 보내 같이 공부하도록 하는 것은 좋은
데, 우열의 경쟁에 찌든 학교에서 인성교육을 반드시 활성화시켜야 된
다. 조선시대에는 어린 아이들에게 장애인을 보고 말을 조심하도록 가
르쳤다.

또한 장애학생의 특수성을 잘 감안하여 혹시 남달리 가지고 있는 그

뛰어난 자질이 묻히지 않도록 개별적으로 신경을 많이 써야 한다. 획일적인 교육과 취업시스템 하에서 별 탈 없이 지내도록 하는 데만 급급하게 되면 장애학생에게는 오히려 잃는 것이 많게 될 수도 있게 된다.

우리나라의 특수학교에는 이과반 자체가 없고 과학고와 같은 영재교육에서도 소외되어 있다. 그리고 이공계 대학에 들어가기가 어렵고 겨우 들어가서도 시설 등 여러 가지 제약 때문에 결국 꿈을 포기하는 경우가 많다.

특수학교 선생님들의 처우를 개선하고 숫자를 많이 늘려 방과 후 장애아동들의 소질계발에 마땅한 투자가 이루어져야 한다. 사실 특수학교란 말 자체가 단순히 장애인들이 다니는 학교로 보면 차별적이다. 그러므로 특수학교는 말 그대로 학생들이 장애로 인해 집중되어 있는 가능성인 특수한 소질을 찾아내고 계발해주는 학교가 되어야 한다. 나아가 미래의 세상을 보면 특수학교를 별도의 대학으로까지 확장시켜주는 것도 고려해봄직하다. 시설구조를 장애에 철저하게 맞추어 지어 쓸데없이 정신을 소모시키지 않고 장애인이 가진 남다른 감각을 10여년 정도 집중적으로 훈련시키면 아주 대단한 사람이 될 수가 있다. 그러므로 장애인이 과학자가 되면 스티브 호킹 박사와 같이 큰 업적을 낼 수 있다.

소련이 우주전쟁을 선점하도록 한 수학자 레프 폰트랴긴, 해커의 원조인 미국의 조이 버블스, 점자를 창안한 프랑스의 교육자 루이 브라유 역시 시각장애인이었다. 적극적으로 장애인이 참여할 수 있고 장애로서 탁월한 능력을 발휘하기 쉬운 계산과학 분야부터 우선 키워야 한다.

가상현실, 시뮬레이션 등 이런 것들은 컴퓨터로 가능하다.

본래 무안이비설신의(無眼耳非舌身意)니 장애를 사회의 소중한 인적자원으로 보고 장애 속에 묻혀 집중되어 있는 고도의 능력들을 국가적 차원에서 적극 개발해야 된다. 그러면 장애인들이 사회에서 나름대로 얼마든지 먹고 살 길이 열리며 각 분야에 걸쳐 탁월한 능력을 가진 천재들이 많이 등장하게 된다.

부모 지지하기

장애인의 삶을 좌우하는 일차적인 사람은 역시 그 부모이다. 그런데 우리 사회는 장애자녀의 부모를 배려하는 데는 정작 무지하다. 어른이니 알아서 할 것이라는 전제는 장애아동의 복지조차 무색하게 만들고 만다. 부모에게 조금만 섬세하게 배려를 해주어도 장애가정을 크게 도와줄 수 있게 된다.

가족은 각자의 색수상행식(色受想行識)을 공유하게 된다. 그래서 부부가 오래 살면 〈안이비설신의〉가 내뿜는 분위기가 닮아가게 된다. 싸우면서 닮아가며 정이 생긴다. 부모와 자식은 인연관계상 부모의 〈색수상행식〉이 자녀에게 그대로 내리꽂힌다.

그러므로 장애아동을 돕는 가장 큰 도움은 바로 그 부모를 돕는 것이다. 장애자녀를 둔 부모를 부모 겸 일차적인 봉사자로 봐야 한다. 장애자녀의 삶을 크게 바꿔주는 것은 부모의 큰마음이 뒷받침되어야만 되므로 장애환경에 대한 바른 마음을 일깨워주고 부모의 〈색수상행식〉을 지지해주면 자녀의 〈색수상행식〉 역시 그에 따라 장애에 굴하지 않는 상태가 되어 생명과 삶 전체가 파괴되지는 않는다.

　장애자녀의 부모에게는 주기적인 심리치료가 반드시 필요하다. 그것은 마음의 중심을 유지하고 굳건히 하면서 쌓이는 감정을 털어내주도록 되어야 한다. 그리고 내면 깊은 곳에서의 밝음을 잃지 않도록 해주고 자꾸 덮쳐오는 불안을 몰아내주어야 하므로 최면치료 같은 것이 효과적이다. 마음이 한없이 복잡다단하여 단순히 상담만 해서는 일시적인 위로 정도밖에 되지 않는다. 최면치료는 간단하면서도 큰 비용을 들이지 않고 복잡한 마음을 다스릴 수 있게 되고 또한 누구나 할 수 있다. 사람은 무의식을 위주로 살아가므로 강한 말 한 마디에 무의식이 움직여 인생 전체가 바뀌기도 한다. 무의식이 조금 드러난 얕은 최면상태 가운데 암시를 반복하여 주는 것만으로도 곧 큰 힘을 얻게 된다. 그러면 부모의 보이지 않는 힘이 유지되고 생겨나므로 그 힘이 자녀에게 저절로 전달되어 가정을 안전하게 지탱시켜준다.
　부모를 주민센터 같은 공공장소에 모아놓고 주기적으로 집단최면 같은 치료를 하는 것도 크게 효과적이다. 비슷한 처지에 있으므로 그 효과는 의외로 강력하다. 또한 간단한 자기최면 같은 것을 가르쳐주어 스스로 늘 편안한 마음을 갖도록 해서 힘을 충전할 수 있도록 해주는 것은 필수적이다.

　멀쩡한 자식을 둔 부모도 자식문제로 부모가 수시로 다투게 되는데, 하물며 잠재적인 분노가 집안에 늘 깔려있는 상태인지라 장애자식을 둔 부모는 더욱 그러할 가능성이 클 수밖에 없다. 장애자식마저 눈에 들어오지 않고 부모가 자살할 정도로 심한 스트레스에 일상적으로 시달리고 있다. 사실 부부의 인연관계에서 생겨났으니 전적으로 그 누구의 책임도 아니고 힘을 합쳐 헤쳐 나갈 과제의 하나일 뿐이다. 그런데 부부로서의 인연 자체에 대한 부정적인 암시가 생겨나고 점점 강해지게 되기 쉽다.

　그래서 위태롭게 진행되니 부부화합 역시 장애가정을 돕는 데 절대적으로 필요하게 된다. 어느 한 쪽이 완전히 지치거나 무심해져버리면 그 끝은 장애자녀를 비롯한 많은 이들의 고통이 된다. 부부가 서로 원망하지 않도록 하고 힘을 합할 수 있도록 심리적인 지지를 해야 하는데, 장애자녀가 생겨난 이후에도 원만하게 부부 사이를 이어갈 수 있도록 하려면 반드시 제3자의 개입이 필요하다. 부부에 대한 심리치료 역시 병행해야만 되는 법이다.

　장애자녀와 비장애자녀가 함께 있는 가정은 조금 더 섬세하게 배려해야 된다. 부모의 관심과 손길이 아무래도 장애자녀에게 집중될 수밖에 없는 가운데 비장애자녀는 부모와 함께 장애형제를 도와야 하는 처지에 있다. 비장애자녀는 소외감과 더불어 애정결핍이라는 무서운 마음병이 생길 가능성이 없지 않아 있게 된다. 그러므로 수시로 비장애자녀를 격려해주고 안아주는 데 소홀함이 없어야 한다. 애정결핍은 몸의 장애보다 더 무서워 육체의 장애 못지않은 삶의 고통을 가져다주기 때문이다. 특히 밖에 나가 기죽지 않고 당당하도록 가르쳐야 된다.

예민하고 의사표현에 서툴러 소통에 어려움을 겪는 장애인이 많고 더구나 장애자녀를 세상과 연결시키는 것은 부모의 노력만으로는 쉽게 되지 않는다. 그리고 상처가 많고 부모를 원망하며 부모와 싸우는 아이도 많다. 장애인 5명 중 1명 정도는 자살을 생각할 정도로 우울증을 심하게 앓고 있다. 그러므로 자녀교육은 물론 자녀가 자기비하를 하지 않도록 막아주는 등 자녀의 장애를 어떻게 대하고 이끌어야 되는가 하는 점을 반드시 그 부모에게 철저히 교육시키는 것은 제일 중요한 사항이다.

장애가 가정에 생기면 부모의 노력만으로는 너무나 힘들고 감당하기 어렵고 어려운 문제들이 많이 생겨나게 된다. 더구나 이 사회에 장애아동이 점점 더 많이 생겨나고 있으므로 하루 속히 부모교육 시스템을 구축해야만 한다. 장애로 인해 한 가정이 파괴되면 사회적비용도 엄청나게 되므로 국가예산을 여기에 투자하는 것은 단순히 복지차원으로 그치는 것이 아니라 장기적으로 보면 크게 이득이 된다.

더구나 일자리가 부족해서 앞으로 남아도는 엄청난 인력을 어떻게 할 것인가? 사람이 사람의 마음을 직접 도우는 방면이 큰 축을 이루게 될 것이다. 지혜롭게 하면 비용도 크게 들지 않고 혜택을 크게 할 수 있다. 장애가정의 통장에 돈 몇 푼 넣어주는 것으로 그치면 우리 모두 인간의 존엄성이 손상 받게 된다.

기본적 욕구 충족하기

미래의 희망이 곧 욕망의 실현과 똑같은 것이 아닌데도 장애가 생기면 당장 포기해야만 되는 욕망들이 순식간에 많이 생겨나기 때문에 웬만해서는 감당하기 어려워 죽음까지 택하는 것은 충분히 이해된다. 욕망이 곧 삶이 되어 있으니 그것을 잃으면 살 이유가 없어지는 것이다. 그러므로 살면서 나 자신에게 어떤 장애가 생길지 모르므로 평소에 자기욕망을 어떻게 다루어가고 있는지를 수시로 점검하는 것이 지혜롭다. 그리고 자기욕망과 별개로 삶의 가치를 이루는 것을 갖고 있어야 한다. 욕망이 좌절된 후에 절망으로 끝나지 않고 그 욕망을 승화시키는 사람은 그 욕망을 마침내 극복해낸 사람이니 곧 훌륭한 사람이다. 욕망의 실현에 덧붙여 욕망의 극복까지 포함해서 가치를 두고 삶을 이끌어나가야 비로소 인간다운 삶이 가능하게 된다.

비장애인이라면 대부분 큰 어려움 없이 평등하게 누리는 본능에 가까운 욕망들이 좌절되는 것은 인간으로서의 기본적인 존재가치까지 상실되는 감각을 갖는다. 여기에다 사람들과의 교류도 크게 축소되어 고독의 쓰나미가 덮쳐오니 숨쉬는 것도 불편하게 된다.

장애를 돕는 데 현재 가장 무력한 부분이 바로 이 좌절된 보편적이고 기본적인 욕구들을 어떻게 다루어주느냐 하는 것이다. 이것은 어려운 문제이지만 결코 손 놓고 있으면 안 된다. 그냥 위로와 격려만 해서는 될 일이 아니다. 루소가 『에밀』에서 본능을 규제하는 일은 본능을 죽이는 일보다 어렵다고 경고했듯이 지혜를 모아야 한다.

몸의 기능이 장애가 있다고 해서 그에 관련된 기본욕구가 사라지는 것이 아니다. 시각장애인이 과연 디자인과 색깔에 대한 욕구와 감성이 사라질까? 물론 아니다. 이왕이면 다홍치마인 것은 장애인도 똑같고 오히려 비장애인보다 섬세한 감성이 더욱 강하게 된다. 그런데 시각장애인에게 디자인이나 색깔을 무시하는 것은 존중이 전혀 없는 것이고 일방적인 차별 그 자체다.

그리고 장애인임이 항상 드러나는 용품이 부담스럽게 된다. 기능만 생각하는 장애인 전용용품은 장애인을 순전히 고장난 기계로만 보는 것이다. 몸은 기계적 기능부분만 있는 것이 아니다. 시각장애인은 각 색(色)이 내뿜는 고유의 색파동을 감지하여 다양한 색깔을 충분히 느끼고 감상할 수 있다. 비장애인의 용품 가운데 장애인도 사용할 수 있는 것이라야 한다. 있는 가운데 보지 못하는 것과 처음부터 없어서 보지 못하는 것은 전혀 다르다. 보지 못해도 욕구상 있는 것이 훨씬 더 나은 법이다. 만지고 느끼고 상상해보며 만족할 수 있기 때문이다. 그리고 근본욕구인 〈색수상행식〉의 작용은 몸의 기능적 장애와 관계없이 그대로 〈색성향미촉법〉을 받아들이는 것은 여전하기 때문이다.

서로 어울려 사랑하고 사랑받고 싶은 근본적 욕구의 좌절은 그 누구에게나 가장 견디기 어려운 사항이 된다. 그러므로 장애인들의 결혼과 성(性) 문제 역시 소홀히 할 것이 아니다. 지체 및 뇌성마비장애인을 비롯한 많은 장애인들도 비장애인과 마찬가지로 성욕을 느끼고 성기능이나 감각도 정상이다.

문제는 몸을 자유롭게 움직이기 힘들어 파트너를 만나기가 쉽지 않다. 평생 성생활을 해보지 못하고 사는 중증장애인 부부도 많이 있다. 기본적 인권인 '결혼과 성을 누릴 권리'에서도 장애인을 차별하는 경향이 강하다. 더구나 장애의 몸으로 결혼해서 아이를 낳으면 절대 안 된다는 주변의 생각에 큰 압박을 당하고 있으며 이런 것들이 삶의 의지를 무참하게 꺾어놓고 있기도 하다.

장애를 가진 여성은 임신 초기부터 주위와 병원에서의 모욕과 차별을 견디는 고난의 연속인지라 아예 처음부터 아이 갖기를 꺼리게 되고 장애인임산부의 산전 진찰률은 70%에 불과하며 유산율도 43%로 일반인의 2배나 된다고 한다.

의사가 장애인산모에 대한 차별심과 두려움을 갖고 있기도 하다. 북한은 아예 강제로 불임수술을 시킨다고 한다. 한마디로 남북한 모두 장애인은 정상적인 인간이 아닌지라 그냥 그 상태로 살다가 남기는 것이 조금도 없이 깨끗하게 죽어야 마땅하다는 것이니 비참한 현실이다.

최초 호주에서는 다운증후군 커플이 결혼해 아이를 갖겠다는 꿈을 갖고 있으나 정서적으로나 신체적으로 부모 역할을 하기 어렵다는 이유로 부모들의 강력한 반대에 직면해 논란이 일어나고 있다.

네덜란드에는 플렉조그(Fleks Zorg:섹스 돌봄이)라는 장애인 성 서비스 제공기관도 있고 독일도 장애인과 성 도우미를 연결해주는 비정부기구가 있다. 국내에서도 성 도우미가 음성적으로 이미 이루어지고 있고 그 필요성을 주장하는 장애인들의 목소리가 나오고 있다. ·

장애인차별금지법은 "장애인의 성에 관한 권리는 존중돼야 하며, 장애인은 이를 주체적으로 표현하고 향유할 수 있는 성적 자기결정권을 가진다"고 명시했다. 그리고 지체장애인 등 성적 소외자는 성매매에 대한 법적 판단을 다소 달리하는 경향이 있기도 하다.

근본적으로는 장애인들이 이성을 만나 성을 똑같이 향유할 수 있도록 교육, 이동, 취업권 등 사회적 여건을 마련해줘야 하고 이것은 장애인에 대한 전반적 인식의 개선을 바탕으로 해야 되므로 성(性)에 한정하여 따로 이 부분만을 다룰 것은 아니다. 장애인의 결혼과 성 문제 역시 비장애인과 마찬가지로 삶의 일부로서 자연스러워야 되기 때문이다.

경제적 지원 및 자립

자폐장애를 가지고도 일반인과 똑같이 경쟁하고 투어에서 상금도 받은 프로골프선수, 이○○군(19세).

두 살 무렵 변기 물소리에도 놀라는 선천적 2급 자폐성 발달장애라는 진단을 받은 부모는 희망을 버리지 않았다. 바보라는 또래들 놀림과 사소한 것에도 놀라는 고통을 많이 겪었다. 이군은 특이하게도 파란 잔디에 하얀 공이 날아다니는 골프를 좋아한다는 사실을 발견했다. 그리고 잔디냄새만 맡아도 잔디 종류를 알아맞히는 것은 물론 사소한 것까지 꼼꼼하게 기억하는 놀라운 집중력을 갖고 있다고 한다. 거의 매일 12시간 가까이 연습하는데, 아무리 힘들어도 요령을 전혀 부리지 않는다고 한다. 알아듣게 타이르면 이야기한 그대로 따라 하기 때문에 가르치기도 쉬웠다고 한다. 이른 바 불신사회에서 장애인이 오히려 안심하고 믿을 수 있는 사람인 것이다. 자폐장애가 가진 이런 성격특성은 사회의 여러 직업분야에서 큰 장점으로 발휘된다.

세계적으로, 특히 선진국을 중심으로 자폐를 앓는 사람들이 급격히 늘어나고 있다. 마음을 함부로 써서 사회의 악(惡)이 많아질수록 인과에 따라 자폐증은 늘어나게 된다. 하지만 자폐환자의 상당수가 비장애인 못지않은 능력이 있는데도 사회적으로 방치되고 있는 실정이다. 자폐 아동은 빛과 소리, 냄새 등 모든 자극이 극도로 민감하게 느껴지고 결국 견딜 수 없는 지경에 이르게 되지만 사회생활에는 장애가 되는 이런 결함이 데이터 업데이팅, 도서 정리 등 고도의 꼼꼼함을 요구하는 작업에는 뛰어난 장점이 된다. 그것은 인간의 무의식이 본질적으로 크게 다르지 않기 때문이다.

또한 다양하게 보고 듣거나 생각하지 못하면 하나의 생각에 집중하게 되어 집중력과 기억력이 비상해진다. 자폐환자를 고용한 회사가 이들에게 빠른 실행력과 반복작업 능력 등 놀라운 능력이 있음을 알게 되었다고 한다. 때문에 이미 수백 명의 자폐환자를 고용한 독일의 한 프로그램 회사는 2020년까지 전 직원의 1%를 자폐환자로 대체하겠다는 계획을 밝히기도 했다.

우리나라 사람들은 특히 손 감각이 뛰어나 기술을 습득하는 속도가 빠르고 장애인들도 여건만 된다면 많은 잠재력을 가지고 있다. 장애인 기능올림픽에서 우리나라가 우승을 많이 차지하는 것은 장애인과 부모와 선생님들이 적극적으로 협력하면 된다는 가능성을 보여주고 있다.

미국의 독립기념관에서는 휠체어를 탄 장애인이 똑같이 휠체어를 탄 가이드의 안내를 받기도 한다. 장애인에 대한 왜곡된 인식을 바꾸고 교육을 비롯한 환경을 개선하면 능력에 따른 정당한 일과 대우가 주어지는 장애인 일자리 창출이 충분히 가능하다.

조선시대에는 모든 장애인들이 능력에 합당한 일자리를 가져야 하는 것이 당연하다고 생각했으며 실제로 국가에서 적극적으로 나섰다. 현재 우리나라에서 사회적 차별은 전보다 많이 개선되었다고 하지만 취업을 하는 과정에서 차별을 경험한 경우는 되레 더 높아졌다. 미국에서는 지난 1970년보다 자폐아동이 200배 이상 늘어났고, 우리나라의 경우 현재 7세에서 12세 아동의 38명 중 1명이 자폐를 앓고 있다.

이들 자폐환자의 절반가량은 일반인보다 지능이 높거나 비슷한 것으로 알려졌지만, 직업을 갖는 경우는 20%도 채 안 되는 것으로 추정되고 있다. 일할 능력이 있는데 방치되는 자폐환자들과 여기에 이들을 돌보는데 들어가는 기회비용까지 감안하면 엄청난 사회적 자산이 낭비되고 있다. 그리고 꾸준히 재활치료를 받으면 크게 좋아질 수 있는 장애아동들이 경제적 이유로 방치되어있는 것은 미래의 개인적, 사회적비용도 키울 수밖에 없다.

장애인 전문병원이 각 지역마다 하나씩 정도는 국공립으로 들어서야 된다. 장애가 경제적 어려움으로 귀결되는 불공평한 세상이고 장애인들도 조선시대처럼 자신의 재능을 마음껏 펼칠 수 있도록 공평한 기회가 주어졌으면 한다.

우리나라의 장애인 고용현황은 통계가 부끄러울 정도이다. 그나마도 장애인을 당당한 근로자로 인정하지 않는 경향이 있다. 장애인이 일을 한다는 것은 단순한 생계를 넘어 일반인과는 또 다른 가치를 갖고 있다. 어떤 형태의 일이든 간에 사회 속에 있도록 하고 사회와 소통하고 교류한다는 것은 그 자체만으로도 장애인에게는 크나큰 복지가 된다. 장애인 본인은 물론 그 가족까지도 출퇴근 자체가 남다른 행복을 느끼게 된다.

장애인을 집안에만 있도록 만들고 사회에서 소외시키는 것은 집과 사회 전체를 거대한 감옥으로 만드는 일이다. 과학기술의 발달로 직업 분야에서 육체적 한계가 많이 극복되고 있는 만큼 장애인이 활동할 수 있는 일의 영역 또한 자연스럽게 넓어질 것으로 본다. 그러므로 장애인들 역시 기죽지 말고 적극적으로 자기의 소질을 찾아내고 개발할 수 있도록 애쓰면 삶이 달라질 가능성은 더욱 커지게 된다.

베트남처럼 장애인을 위한 사회적 기업이 많이 생겨야 한다. 경영능력이 있는 전문운영자를 중심으로 사회복지사와 장애인 등이 한 팀이 되면 조직화시켜 얼마든지 가능하다. 중증 지적장애인들이 직원으로 일하는 제주도의 엘린호텔이 좋은 본보기다. 영등포구청에서 발달장애인들을 직접 근로자로 채용하여 빵집을 운영할 수 있도록 지원하는 것도 매우 바람직한 사례이다.

110명의 시각장애인으로 이루어진 '한빛예술단'이라는 사회적 기업이 있다. 단원들의 실력이 대단하고 음악의 질이 높기 때문에 연주를 들으면 사람들이 감동을 받는다. 장애인이라서가 아니라 〈색수상행식〉의 공감이 이루어지기 때문이다. 오로지 능력만 보면 '장애인'이라는 칭호가 생뚱맞을 뿐이다.

청각장애인들이 마룻바닥을 통해 느껴지는 진동으로 호흡을 맞춘 끝에 탄생한 천상의 춤 천수관음무(手千觀音舞)를 공연하고 있는 중국장애인예술단(中國殘疾人藝術團)도 마찬가지다. 이 예술단은 중국내 장애인예술대회에서 선발된 13명의 청각장애인을 비롯해 11명의 지체부자유자, 4명의 시각장애인과 1명의 정신지체장애인 등 12세부터 33세까지 팔다리가 없고 듣지도 보지도 못하는 29명의 장애인으로 구성되어 있다. 장애인으로선 세계에서 유일하게 문화시장에 진입한 특수예술공연단인데, 미국의 카네기홀과 이탈리아의 스카라대극장 등 세계 2대 예술의 전당에 오를만큼 실력을 인정받고 있으며 특히 중국의 민간 외교관으로서의 역할도 톡톡히 수행하고 있다. 세계장애인의 대사로 전 세계 6억여 명에 이르는 장애인들에게 불가능을 가능으로 바꿀 수 있다는 꿈을 심어주고 있다. 이 예술단은 덩샤오핑(鄧小平) 전 국가주석의 하반신마비장애인 장남 덩푸팡(鄧朴方)의 연장된 하반신이다. 두 다리를 잃고 천 개의 다리를 만들었다. 아버지와 아들이 그 어떤 고난에도 굴하지 않았으니 과연 훌륭한 그 아버지에 그 아들이다.

중요한 것은 눈으로 보이는 것이 아니라 마음으로 보는 것이라고 했다. 음악 등 문화예술을 통해 사람들 앞에 서는 것이 더 이상 두렵지 않고 사회와 진심으로 소통하는 그 마음을 받아주는 사회가 정상이다.

소통으로 마음병 치유하기

행복은 몸에도 있지 않고 마음에도 있지 않으니 다만 몸과 마음이 서로 오갈 때 비로소 드러난다. 온화한 마음이 장애의 몸을 나와 소박한 말 한 마디를 타고 부드럽게 흘러 다닐 때 행복은 온전한 바가지에 담기고 불편한 몸의 움직임과 그침이 그대로 자연의 아름다운 화음을 가진 율동과 노래가 된다. 몸과 마음이 통째로 행복의 화신으로 변신하니 장애는 더 이상 나와 남의 일이 아니게 된다.

몸은 비록 나뉘어 있지만 그 마음은 본래 안팎의 경계가 없으므로 몸이나 정신이 부자유하다고 해서 제한된 공간에만 주로 머물면 뜻(意)과 〈색수상행식〉 역시 이상을 일으키게 되고 장애상태를 더욱 악화시킨다. 그러므로 밖과 소통하는 것은 장애인복지 차원만이 아니라 생명력 유지 그 자체를 위해서도 필수가 된다.

장애인이 비록 외부감각에 과민한 반응을 가지거나 반대로 지나치게 둔감하거나 하는 경우가 많아 사회와의 소통에 어려움도 겪지만 이것이 안에만 있어야 되는 필연적 이유는 되지 못한다. 또한 장애인이 마음 놓고 밖에 나다닐 수 있게 배려하는 것은 장애인뿐만 아니라 사회와 우리 모두를 살리는 길이다. 약자를 냉혹하게 대하는 사회는 누구나 스스로에게 냉혹하게 대하는 것이 된다.

장애인에게 마음을 닫고 차별을 일삼으며 집안이나 시설에 가두어 격리하고 배제한 채 두는 것은 곧 나 자신의 〈색수상행식〉을 스스로 제한시키는 결과가 되므로 마음에 곰팡이가 생겨나게 된다. 장애인과 소통이 되지 않으면 이 부분이 타인과의 소통에도 걸림돌을 만들게 된다. 소통하는 마음은 다른 마음이 없이 하나이기 때문이다.

소통은 각자의 〈색수상행식〉을 상호간에 열리게 만드니 막힌 데서 생겨나는 마음병을 치료하는 핵심이다.

민관이 협력하여 사회안전망을 잘 갖추어 장애인과 소통을 잘하는 방향으로 사회가 배려하게 되면 분노가 줄어들어 사회전체의 살기(殺氣)가 약해진다. 우리 사회는 지금 다소 어려운 심신 상태에 있는 사람을 함께 부축해서 가려고 하지 않고 냉정하게 낙오시켜버리는 잔혹성을 크게 발하고 있다. 임산부에게조차 다른 직장인과 똑같이 일을 시키며 대하고 있다. 어쩌다가 생명을 이렇게 하찮게 여기게 되었는지 한탄스러울 정도이다.

이렇게 살기등등한 분위기에서는 모든 이들이 언제 희생자로서 장애인이 될지 모르는 불안사회, 위험사회가 된다. 그렇다고 해서 장애인더러 밖은 위험하다고 나오지 말고 안전하게 집에만 있으라는 것은 사회를 더욱 사나운 사회로 만들어가며 위험이 커질 뿐이다. 어린이와 장애인 등의 약자가 안심하고 밖에 자유로이 나다닐 수 있는 사회가 되도록 해야 우리 역시 안전하게 살 수 있는 사회가 된다.

장애인을 사회와 소통시키기 위해 노력하면 이 잔혹한 살기가 크게 순화되어 사회의 공기가 부드럽고 편안하게 바뀌므로 모두가 후천적 장애인이 될 가능성이 낮아지고 마음이 편해지게 된다. '시설' 중심으로 일관했던 뒤틀려지고 왜곡된 사회복지정책을 탈피하여 '지역사회' 중심으로 근본적인 전환을 꾀해야 인간이 사는 나라가 된다.

정치 및 사회참여

외국에서는 "말은 잘 못하지만 거짓말은 안 한다"고 말했던 캐나다의 언어장애인 장 크레티앙 총리를 비롯하여 장 차관, 수상, 총리, 국회 의원 등을 하는 장애정치인이 많다. 우리는 지금 장애인을 조선시대처럼 정치와 지역사회에 당당하게 참여시키기는커녕 들러리나 살짝 서게 만들어 대의명분용으로 이용하며 오히려 장애인을 무시하고 있다.

종교기관들 역시 장애인을 위하는 척 하면서 성장하려거나 이미지쇄신용으로 많이 이용하고 있다. 또한 장애인을 위한 시설이나 물건을 만들고 정책을 펼치는 데 있어서 장애인의 의견을 듣지도 않고 대충 비장애인의 추측으로 만드는 것은 장애인을 이중으로 골탕 먹고 있다.

장애인 감각의 특수성은 일반인들이 잘 이해하지 못하고 너무 무심하니 비장애인이 독단적으로 하면 오류를 범하는 것이 있게 된다. 배려를 잘못하면 하지 않은 것보다 더 못하게 되는데, 지금 우리 사회의 배려라는 것이 온통 이렇다. 정작 당사자들은 원망을 쏟아내고 예산낭비는 물론 더 복잡하게 꼬인다. 장애인을 배려해준다고 하지만 정작 관심은 별로 없고 귀찮고 생색내는 마음일 뿐이다.

장애인에 대한 관심은 일차적으로 무조건 장애인의 참여이고 장애인에게 직접 의견을 묻고 그에 따라 배려해주어야 하는 것이다. 장애인을 위한 어떤 것을 할 때는 반드시 장애인을 참여시켜 함께 논의하며 배려를 실천해나가야 한다.

이렇게 함께하는 것 자체가 곧 소통이고 복지이며 행복이다. 비장애인이 장애인에게 돈을 들여 혜택을 이렇게 주니 군소리 말고 고맙게 받아들이라는 것은 불평등이고 장애인 학대에 해당된다. 사회 구석구석에 사소한 것이라도 장애인에 대한 배려심이 깃들어 있다면 이는 곧 사회를 밝고 건강하게 만드는 일이다.

어둠 속에서 만든 언론의 대명사 미국의 퓰리처와, BBC 뉴스를 진행하는 영국의 앵커 게리 오도노휴, 스페인의 앵커우먼 누리아 델 사스는 모두 시각장애인이다. 영국 BBC 뉴스 앵커 제임스 패트리지는 안면장애인이다. 우리 사회에서도 이들과 같은 언론방송인이 많이 나오기를 바란다.

자살 예방

장애가정에서 누가 자살했다는 이야기가 흔하다. 이 글을 쓰고 있는 도중에도 어느 장애아동 어머니가 투신자살을 했다는 소식이 들려왔다. 사정을 알아보니 그 어머니는 참 밝고 명랑했으며 자살을 할 사람이 아니라고 했다. 그런데 가정불화로 남편과 싸우다가 그대로 고층아파트에서 뛰어내렸다고 한다. 그런데 모두들 장애아이는 어쩌냐구 하면서 떠든다고 한다. 누군가 그 어머니의 평소 너무나 힘든 마음을 알아주고 이야기를 들어주고 보이는 표정만 보지 말고 조금이라도 마음을 함께했다면 적어도 아이를 생각해서라도 자살이란 극단적인 선택은 하지 않았을 거란 생각이 든다.

자살은 원하는 것을 가질 수 없거나 반대로 모두 가져서 이후의 삶의 의미가 상실되어 세상의 모든 것이 무의미하게 느껴졌을 때, 자기존재와 밖의 갈등과 대립이 견디지 못하는 정도로 심해졌을 때, 죽어 귀신이 되어 복수하려고 할 때, 자기 목숨보다 소중하게 여기는 그 무엇을 얻거나 지키기 위해서…… 등등의 이유로 한 번 쯤 생각하게 될 수 있는 문제이지만 자살을 결국 실행에 옮기는 것은 한마디로 자기 자신에게 갇혀 있는 마음을 해방시키지 못한 결과다.

주관적인 안이비설신의(眼耳非舌身意)에만 따라 마음을 운용하다 보면 밖의 색성향미촉법(色聲香味觸法)과의 괴리가 무조건 생기게 된다. 그러면 그 차이로 인해 자기도 모르게 저절로 마음이 찌꺼기처럼 자기존재에 조금씩 남아 머물러 있게 되고 점차 쌓이면서 그 무게에 자기존재가 짓눌리게 된다. 계속 이렇게 진행되어나가면 최종적으로는 그 압력에 견디지 못하게 되는 것이다.

그래서 상호소통은 그 누구나 자기내면에 남게 되는 마음들을 상대방을 통해 밖으로 배출시켜 심신을 가볍고 시원하게 해서 자살로부터 멀어지게 하는 것이니만큼 자살예방에 가장 좋은 처방이 될 수밖에 없다.

그리고 스스로는 〈색성향미촉법〉과 〈안이비설신의〉와의 괴리를 줄여나가야 되는 과제가 있다. 〈색성향미촉법〉은 대우주의 법에 의해 주어진 환경이니만큼 개인적인 노력만으로는 한계가 있고 〈안이비설신〉은 장애를 가진 몸 상태 그 자체이니 우선은 스스로 뜻(意)을 새롭게 조정하고 뭉치는 것이다. 그 후 〈안이비설신의〉를 만든 근원인 〈색수상

250

행식)을 끄집어내어 강력한 힘을 가진 주체적 인간이 되는 것이다. 이것을 두고 마음을 닦는다고 하는 것이다. 그렇게 되면 환경이자 대상인 〈색성향미촉법〉으로 인해 아무리 괴롭더라도 자살만큼은 없게 된다. 오히려 〈색성향미촉법〉이 가져다주는 그 역경을 잘 활용하여 마침내 장애를 떨쳐내게 된다.

개인적으로는 뜻(意)을 바르게 조정하면서 올바른 〈색수상행식〉을 이끌어내도록 노력하고 서로 간에 소통(疏通)을 잘하도록 만들면 장애인뿐만 아니라 인간의 자살은 사라지게 된다. 뜻을 바르게 조정하려면 장애의 실상과 그 삶의 의미를 바르게 아는 것이 우선이다. 〈색수상행식〉을 밝게 이끌어내려면 마음을 닦는 노력이 필요하다. 그리고 편견 없이 자연스럽게 상호소통되는 사회적 분위기가 갖추어져야만 한다.

한 개인의 자살은 여러 사람을 또한 죽어있는 삶으로 몰아가기 때문에 그냥 한 개인의 잘못된 행위로만 돌리면 안 된다. 서로가 서로를 살리는 수밖에 없다.

종교의 각성

우리나라는 동네마다 십자가와 오색 깃발과 기와지붕들이 경쟁이라도 하듯이 나부끼고 있다. 국민 숫자 대비 영적 세계에 종사하는 인구비율 역시 전 세계에서 단연 으뜸이다. 또한 수많은 이들이 신앙에서 힘을 얻어 살아가고 있기도 하다. 과연 한반도는 신(神)의 나라이고 우리 모두가 신의 자녀일 수밖에 없다. 이 많은 영적 자원을 가지고도 제대로 활용하지 못하고 오히려 사회에 부담이 되고 있는 실정이니 안타까울 따름이다. 종교는 민간과 정부가 할 수 없는 일을 해야만 진정 존재가치가 있게 되니 그것은 곧 고통받는 사람들의 색수상행식(色受想行識)을 담당해야 하는 것이다.

종교가 제 역할을 못하면 아편이자 사업이 되고 제 역할을 하면 빛과 소금이 된다. 지금 종교는 인간을 위하는 것이 아니라 오히려 인간이 종교를 위한 것이 되고 있으니 종교에 의한 또 다른 인간소외의 현실이다. 장애인들 역시 종교기관 성장에 전혀 도움이 되지 않고 부담만 준다는 이유로 배척받고 크게 소외되어 있다. 물신숭배사상에 물들어 건물을 거대하고 짓고 사람들을 잔뜩 끌어 모아 돈 버는 일에 더욱 전념하며 위세를 떨치고 있는 미개한 수준에 머무르고 있다. 종교에서 사회복지사업이 돈벌이와 교세확장을 위한 면이 많은 만큼 이것은 순수한 본업이 아니다.

이제 종교는 이기적인 팽창주의를 넘어서 진정 소박하게 사람들 곁에 돌아와야 된다. 그것은 곧 사회의 가장 고통 받는 사람들 속으로 들어가 소외를 없애는 것이다. 이것은 종교와 성직자의 존재이유를 사람들에게 직접 보여주며 신(神)을 증거하는 것이기도 하다. 인간 사이에서 믿음의 덕을 이루지 못하면 신앙생활을 해서 아무리 굳건한 믿음을 갖더라도 그것은 맹신 내지 광신에 지나지 않게 되고 신에게 크게 덕 볼 일은 없다.

그래서 장애인을 외면하고 배척하면서 신앙생활을 하는 이나 성직자는 스스로를 위선자로 만들어가니 믿음의 공덕이 생겨나지 않는다. 엄청나게 많은 종교인이 장애인을 돕기 위해 발 벗고 나선다면 이 나라는 금방 하늘을 느끼게 될 것이다.

종교에서 각 지역의 성직자들이 그 지역의 장애가정을 위해 진심으로 간절하게 기도해준다면 이것은 보통 일이 아니다. 왜냐하면 이 사회에 큰 힘을 창출해내는 것이기 때문이다. 그러면 그 힘을 모든 이들이 알게 모르게 얻고 누리게 되어 모든 가정에 도움이 오게 된다. 전적으로 신에게 귀의해 있는 사람들의 기도는 기적을 곧잘 일으키기도 한다. 기도로 집중되어 강해진 염력은 장애가정에 신의 도움을 불러오기도 하고 〈색수상행식〉에 힘을 보태 정신력을 강하게 해주어 그 어떤 고난도 견뎌나갈 수 있도록 해준다.

신의 사랑과 자비를 드러내는 기도를 통해 약자들에게 힘을 보태주면서 동시에 이들의 본래 가지고 있는 힘을 이끌어내고 강자가 약자를 돕게끔 인도하는 것이 사회에 대한 종교인의 기본사명이다. 가장 근본적인 역할은 정작 소홀히 하면서 눈에 보이는 것만을 위주로 해준다면 일반봉사자들과 차이도 없고 성직자는 단순히 복지사업가일 뿐이니 성직자와 종교라고 따로 부를 이유가 없다. 자기 종교가 위대하여 믿으면 복을 받고 천국에 간다는 믿기 어려운 설교에서 벗어나 실제 그러함을 직접 보여주면 될 일이다. 신을 모시고 있으니 기도와 심리치료 같은 것을 종교에서 맡아서 주로 하면 포교나 전도는 따로 필요가 없게 된다. 밝고 건강한 마음이 널리 퍼지게 되니 스스로 신을 향해 모여들게 된다.

인간의 도리(양심) 내세우기

이상사회(理想社會)는 권리와 의무라는 용어가 사라진 사회다. 법조문에 권리 한 줄 넣고자 역사적으로 수많은 희생과 대가를 치르고 피를 뿌려온 끝에 그나마 기본적인 권리와 의무가 보장되게 되었다. 인간의 도리가 자연스럽게 마땅히 행해지고 있다면 그럴 필요도 없었고 권리와 의무라는 단어도 필요 없게 된다. 인간성이 상실된 사회일수록 사회질서를 위해 강하게 요구되는 것이기 때문이다.

권리와 의무를 주장하지 않아도 되는 사회가 선진사회이다. 그래서 아직도 기본적이고 정당한 대우를 찾고자 권리라는 용어를 내세워 투쟁하고 있는 것을 보면 우리가 가야 할 길이 한참 멀었다는 사실을 다시 확인한다.

장애인 역시 정당한 권리를 보장받기 위한 투쟁이 지금도 진행 중이다. 특히 우리 사회같이 장애인을 내치고 소외시키는 사회에서는 강한 분노가 끝이 보이지 않는 투쟁을 낳고 있다. 언제가 되어야 '장애인의 날' 만이라도 서로 부둥켜안고 웃게 되는 장면을 볼 수 있을까.

역사적으로 살펴보았듯이 본래 우리 민족의 장애인에 대한 태도는 세계 최고였는데, 근세에 6.25 한국전쟁과 베트남전쟁을 거치면서 누구나 먹고 살기 힘든 사회현실 속에서 일부 장애인들이 권리를 거칠게 주장하다가 장애인 전체의 이미지가 다소 실추된 경험이 있음을 부정할 수 없다.

안타깝게도 정당한 것일지라도 권리로 지나치게 강하게 주장하면 오히려 역효과를 낳기 쉬운 면이 있다. 사람들이 아직 장애를 개인책임으로 많이 돌리고 있으며 비장애인들도 대부분 나름대로 살기 힘든 처지에 있다고 생각하고 있기 때문이다. 그러므로 그것은 반드시 비장애인이 해주어야 될 의무가 아니라고 주장하기 때문에 권리와 의무가 팽팽하게 평행선을 달릴 뿐 장애인이 정작 얻을 것은 줄어들게 된다.

장애인들의 주장은 거창하거나 엄청난 비용이 드는 것들을 요구하는 것이 아니라 대부분 인간으로서 최소한의 기본적인 것들이 지켜지도록 요구하는 것이다. 그러므로 장애인들은 주장을 하더라도 장애인의 당연한 권리가 아니라 '인간의 양심과 도리'를 내세워 지키자고 주기적으로 조용하면서도 엄중한 시위집회를 해야 한다. 인간은 악마화되지 않은 사람이라면 누구나 기본적인 양심은 갖고 있으므로 양심을 자극해야 오히려 장애인들의 주장이 더욱 먹혀들게 되고 공감을 얻게 된다. 그리고 사회의 정의와 윤리도덕을 세우는 데도 크게 도움이 된다.

한비자((韓非子)도 '설득이 어려운 것은 상대방의 마음을 알아서 자신의 마음을 거기에 맞추는 일이 어려운 것'이라고 했다. 싸우더라도 희생을 최소화하고 분노를 줄이며 공감을 불러일으키고 사회가 바람직한 방향으로 나아가도록 하는 지혜가 필요하다. 본래 폭력보다 비폭력이 더욱 무섭고 엄한 침묵이 화려한 지식과 달변(達辯)보다 더욱 강한 법이다.

아무리 도움을 많이 주고받아도 항상 부족한 것이 이 세상이다. 이 부족한 부분은 오로지 스스로 마음을 잘 달래서 마음으로 채워갈 수밖에 없다.

이제부터는 자기 마음을 어떻게 채워갈지를 차근차근 살펴보자. 단, 장애로 인해 가진 현재의 마음을 잠시 뒤로 물리고 텅 빈 마음으로 살펴보면 더욱 좋겠다는 생각이 든다.

6장

장애를 연꽃 위에 살며시 앉히다

6장
장애를 연꽃 위에 살며시 앉히다

"너 자신을 알라" — 소크라테스

"나 같은 신체조건을 가진 배우에게 들어오는 역할은 매우 평면적이다. 하지만 나는 오로지 내가 얼마나 해당인물에 몰입할 수 있는가만 생각한다."

유명한 판타지 미드인 〈왕좌의 게임〉에 출연한 왜소증 환자 피터 딩클리지(47)가 한 말이다. 오랫동안 난쟁이 전문배우로 무명시절을 보내다가 이제는 세계적 스타인 그는 입체적이고 개성적인 연기로 에미상 남우조연상을 2번이나 수상하였다. 그를 이제는 아무도 난쟁이 전문배우라도 부르지 않는다. 단지 키 작은 영웅일 뿐이다.

왜 영웅인가? 쟁쟁하고 키가 크며 늘씬한 미남미녀 배우들이 즐비한 가운데서 상대적인 열등감을 과감하게 떨쳐버리고 오로지 자신에게 집중하여 자기 역할을 충실하게 해서 스스로를 뛰어난 배우로 만들었다.

자기가 곧 자기 자신의 스승이다. 이 때 왜소한 몸은 제자가 된다. 스승은 제자인 이 몸이 무엇을 어떻게 해나가야 할지 깨닫게 해 주면서 힘과 용기를 보태 몸을 바른 방향으로 움직이게 만든다. 이렇게 자기 스승이 등장하면 아무리 불리한 신체조건도 당당하게 극복해내고 오히려 그 몸을 최대한 유리하게 활용하게 되어 장애가 오히려 성공의 계기가 되도록 이끈다.

소설 『피터팬』의 작가인 스코틀랜드의 제임스 배리 역시 본인이 왜소증이었지만 이로 인해 오히려 역사적 문학작품을 남겼다.

중국의 덩샤오핑은 키가 약 150cm 정도인지라 작은 거인이라고 불렸다. 덩샤오핑은 "하늘이 무너져도 난 두려워하지 않는다. 하늘이 무너지면 키가 큰 사람이 먼저 다친다"고 하면서 긍정적인 마인드를 가지고 단점을 이겨냈다고 한다.

강감찬장군 역시 키가 151cm 정도였다고 한다. 이들은 육신의 몸과 정반대로 마음의 몸은 일반인들보다 비교할 수 없이 컸다.

작은 키의 안이비설신의(眼耳鼻舌身意)에 마음이 걸리지 않았으니 색수상행식(色受想行識)이 스승으로 등장하여 능력을 맘껏 발휘해 몸과 마음을 연꽃 위에 앉혀 스스로를 빛냈다.

피터 딩클리지와 비슷한 키와 얼굴을 갖고 있는 어느 왜소증 젊은이가 꾼 꿈을 한 번 살펴보자. 나름대로 큰 목소리를 갖고 꿋꿋하게 열심히 일을 하며 살아가고 있다.

얼마 전까지 지냈던 오피스텔 건물이었고 밤이었습니다. 1층 엘리베이터 앞에서 배경이 바뀌었고, 제가 엘리베이터에 타고 있었습니다. 밖이 환히 보이는 그런 엘리베이터였는데 배경이 낮으로 변했고 한 사람이 같이 타고 올라가고 있었습니다. 그 사람이 저에게 오천 원짜리 한 장을 보여주면서 여기 적혀있는 숫자가 무엇이냐 물었고 저는 일련번호 아닌가요? 라고 대답했는데 그 사람은 그건 아닌 것 같다고 말을 했고 저에게도 오천 원짜리가 손에 쥐어져 있었습니다. 숫자같이 적혀있는 것은 파란색이었고, 제 오천 원짜리는 조금 낡아 보였습니다.

그리고 엘리베이터가 8층에 잠시 섰었는데… 8층은 백화점 같은 곳이었습니다. 옆에 사람하고 여긴 백화점 아닌가? 이런 얘기를 잠시 했었던 것 같고 잘못 온 것 같다는 생각이 들었습니다. 이후 저는 12층이 내가 살던 집이라는 생각을 했고, 옆에 사람도 12층에 내린다는 것을 알게 됐고 저는 이 사람을 피해야 된다는 생각이 들었던 것 같습니다. 옆의 사람은 20~30세 정도 되어 보이는 남성입니다. 꿈에서 생각을 하기로 다시 현실의 오피스텔을 생각하면서, 24호까지 있는 조금 큰 오피스텔입니다. 근처 호수만 아니면 괜찮다는 생각을 같이 했습니다. 일단 그 사람을 피해야 된다는 생각에 12층에서 제가 섰는지 안 섰는지 정확히 기억이 없습니다. 12층에서 그 사람이 내렸던 것 같기도 하고 제가 만들어 낸 생각 같기도 해서… 저는 한층 위인 13층을 눌러서 계단으로 내려가자는 생각을 했고 13층을 누른다는 게 14층으로 가버렸습니다 꿈에선 14층이 꼭대기층이었습니다. 14층에 제가 내릴 때 그 사람이 엘리베이터 안에 같이 있었는지 없었는지 정확히 기억은 없지만 내릴 땐 혼자였고, 14층은 지은 지 10~15년 정도 지어진 것으로 생각되는 그렇게 좋다는 생각도 그렇다고 낡았다는 생각이 안드는, 그냥 영화관 같은 건물내부 모습 같은 곳이었는데 ….

계단으로 12층으로 내려가야겠다는 생각을 했습니다. 계단을 내려가기 전에 14층 매점에서 뭐 좀 사먹고 갈까? 생각을 잠시 하다가 그냥 갔습니다. 계단 앞에서 내려갈려는데 그냥 계단 밑으로 날아간다는 표현이 맞는 건지, 아무튼 밑을 향해 떨어졌습니다. 이거 땅바닥에 닿으면 상당히 아프겠단 생각이 들었고 그런 생각을 했을 때 뭔가 오른쪽 손에 잡혔다 속도가 느려졌는데 … 1초 정도 느려졌다 다시 아래쪽으로 떨어졌습니다. 좀 신기한건 떨어지면서 오른손에 걸린 것 말고 어떻게 뭐하나 부딪치는 것 없이 계단 밑으로 떨어질 수 있는가 하는 건데, 꿈이라서 가능했던 것 같습니다. 다시 꿈으로 돌아가서, 이제 지면에 닿으면 죽겠구나 싶었는데, 그 순간 꿈에서 깨어났습니다. 꿈의 영향을 받았는지 심장이 심하게 뛰는 것을 느꼈습니다.

꿈에 밤이었다는 것은 자기에게 세상은 어두운 곳임을 암시한다. 그러다가 엘리베이터에 타서 낮으로 바뀌었으니 곧 나만의 공간에서만 좀 밝게 지내고 있다는 것이다. 엘리베이터는 현재 내가 몸담고 있는 세계로서 엘리베이터는 좁고 단순히 위아래만 오르락내리락하는 것이니 좁은 세계에서 답답해하고 있음을 알려주고 있다. 그나마 밖은 보이니 조금 숨통은 트고 있는 중이다.

꿈에 오천원 지폐는 알다시피 큰 단위가 아니고 작은 단위의 지폐로서 본인이 벌고 있는 돈이다. 그리고 꿈에서 5000원의 일련번호가 아닌 것 같다고 하는 대답은 앞으로 돈을 계속 벌 수 있을지에 대한 불안을 나타내고 있다. 일련번호란 그 뒤에 이어 계속 돈이 있다는 것이니까 그렇다. 꿈에 5000원을 내민 그 사람은 타인이 아니라 바로 나의 영혼이다. 그래서 같이 엘리베이트를 타고 같은 층에 사는 옆의 사람으로 나오는 것이다.

엘리베이터가 선 8층 백화점은 다양한 고급 물건이 있는 장소로서 잘못 온 것 같다는 말은 이곳과 이곳에 있는 물건들은 내 것이 아니라는 사실을 알려준다. 즉 아무리 좋아도 내 것이 아니니 탐내지 마라는 것이다. 주식투자 등으로 한 번에 돈을 많이 벌어 남보란 듯이 부자로 살아보겠다는 욕심을 조심해야 됨을 일깨워준다.

거기서 피해야 되겠다는 생각이 든 그 사람은 타인이 아니라 바로 나 자신이다. 평소 내 나이 또래의 남자들이 나를 바라보는 시선이 곱지 않아서 내가 잘 사귀지 못하고 내 모습에 대한 거부감을 무의식적으로 느끼고 있다는 사실을 암시한다. 그 증거는 꿈에서 그 사람은 내게 아무 짓도 하지 않았고 단순히 내가 그렇게 느껴서 피해야 되겠다고 하는 느낌이 든 것이다. 나 자신이나 세상에 대한 거부감도 좀 들어가 있다.

타인을 피해서 내 집으로 들어가기 위해 오히려 내 집의 층보다 위에 올라가는데, 이것은 내가 타인들보다 위에 올라서고 싶은 욕망이다. 그러나 그렇게 되었을 때 내 집으로 다시 내려가는 것이 아니라 추락하는 꿈이니 그런 욕망을 품지 말고 그냥 편안하게 내 집의 층으로 바로 들어가라는 사실을 알려준다. 물론 추락해도 다치지는 않았으니 위층으로 올라가는 것도 괜찮다고 생각할 줄 모르나 꿈에서 느끼듯이 죽겠구나 하는 느낌을 본인은 가지게 되어 편안해질 수가 없게 된다. 이것은 타인에 대한 거부감이자 내 자격지심으로 그렇게 되는 것이니 본인이 잘 살려면 이런 생각을 없애야 한다는 것이다.

이 꿈은 미래에 어떤 일을 알려주는 예지몽이 아니라 단순한 현상과 악몽이다. 꿈에서 전반적으로 앞으로 어떻게 살아야 하는지를 자기스승이 몸에게 일러주고 있다. 그리고 내 자신의 내면을 바로 알고자 스스로 돌아보고 있다. 앞으로 잘 살기 위해서는 무엇을 바꾸어야 되는지, 현상의 걸림돌이 되는 잠재의식이 무엇인지를 정확하게 일깨워주고 있다. 지금 현재의 처지에 마음이 이런 상태로 매여 있으면 안 된다는 것이다.

이런 꿈은 미래예지몽과는 비교할 수 없이 중요한 길몽이다. 이것을 깨닫고 지혜롭게 해나가면 모든 상황이 저절로 개선되어가기 때문이다. 자기 스승의 인도를 받으면서 몸과 마음이 자기 스승과 비로소 힘을 합칠 수 있게 되니까 그렇다.

마음이 가는 데로 산다고 그것이 자기 스승을 따르는 것이 아니다. 그것은 자기 욕망일 뿐이고 오히려 자기 스승을 가로막는다. 자기 스승

은 지혜를 바탕으로 보다 큰 차원에서 바르고 분수에 맞으며 선(善)하
게 인도하기 때문이다.

나 자신의 스승은 미래를 길고 정확하게 보고 꿈속이든 깨어 있든 지
금 진정으로 필요한 현재와 미래 등의 어떤 정보를 수시로 내 몸에 보내
주고 있다. 그런데 그것을 내 생각과 욕망 등으로 스스로 차단시키고 있
으니 모를 뿐이다. 누구나 자기 스승이 있지만 마음이 상대적인 몸에만
머무르고 몸속에 가두어져 있으면 스승이 확연하게 등장하지 않는다.

지혜로운 사람이나 삶에서 크나큰 역경을 극복하고 성공한 모든 사
람은 예외 없이 알게 모르게 자기가 자기 몸의 스승이 되어있는 사람이
다. 이때 피할 수 없는 위험을 기적같이 피하기도 하고 정확한 영감이
떠오르며 이대로 살면 안 된다는 생각이 문득 생겨나고 전화위복이나
새옹지마의 일도 생겨난다. 실패에서도 교훈을 깨닫게 해서 성공시킨
다.

그러므로 내 스승이 곧 나와 함께하고 있는 동반자이고 나를 가장 아
껴주고 있으니 혼자라고 생각하며 너무 외로워하지 말자. 스승과 내가
서로 합쳐 온전한 나 자신이 되어 장애의 몸을 제자삼아 이끌어 사랑꽃
을 피우는 자연의 길로 나서보자.

붓다가 말한다.

"장애가 정녕 없기를 바란다면 장애를 뛰어넘은 마음을 가져야 한

다. 그러므로 그대 자신이 그대 스승이다. 자기를 믿고 온전히 일체를 맡길 수 있을 때 장애의 모습은 튼튼한 수레가 되어 그대를 밝고 자유로운 곳으로 태워갈 것이다."

자기가 자기 자신의 스승이 되면 안으로는 갖추지 않은 덕(德)이 없고 밖으로는 떠나지 못할 근심이 없게 된다. 그러므로 지금 있는 그대로의 모습에서 자기 스승을 이끌어내지 못한다면 길을 가는 것은 물론이고 삶 속에서 그 무엇도 제대로 해낼 수 없게 된다. 설령 그 무엇을 얻는다 할지라도 그것이 곧 업이 되어 또 다른 후유증을 낳게 된다.

"세 사람이 길을 가면 반드시 내 스승이 있다"고 공자(孔子)가 말했지만 실은 홀로 있어도 그 어떤 모습 속에서건 반드시 자기 스승이 있다. 그러므로 자기 자신의 마음이 곧 자기의 스승이 되어 스스로 밝으니 어둠이 없고 스스로 아름다우니 추함이 없다. 그 때 그 어디에 장애의 몸을 내밀어도 천고의 밝음과 아름다움은 변함이 없으니 비로소 장애는 비(非)장애의 영원한 스승이 되고 참된 표상이 된다.

장애 속에서도 할 수 있는 범위 내에서 내 역할을 잘해나가면 잘 사는 것이고 행복한 사람이며 비(非)장애일지라도 이런 저런 이유를 들이대며 그렇게 하지 못하면 못 사는 것이고 불행한 사람이다. 왜냐하면 최종결과가 전혀 다르기 때문이다.

힘들어도 그 속에서 굴하지 않고 내가 제대로 해나가면 타인들도 알게 모르게 모두 득을 볼 것이고 당연히 타인의 도움이 오게 되며 그 결과로 내게도 향상과 더불어 큰 복이 주어지니 진정 원하는 편안함이 결국은 찾아오게 된다. 최종적으로는 자리이타가 되니까 당연하다.

어떤 몸을 가지든 그 몸에 따라 제 역할을 해내려면 누구든지 힘들 수밖에 없다. 장애인이든 아니든간에 하늘에서 보면 현재 상황에서 오로지 주어진 내 역할을 제대로 하는 것만이 문제시된다. 행복한 사람이 행복을 부르는 것이고 불행한 사람이 불행을 부르는 것이다. 그러므로 장애인은 까닭없이 먼저 스스로 행복한 사람이 되어야만 한다.

큰 물고기를 잡고 싶으면 깊은 물로 나아가야 하듯이 장애를 극복하려면 남다른 정신을 갖추어야 되는 법이다. 장애인은 특히 마음과 관점을 조금만 바꾸어도 앞으로 크게 나아가게 된다. 기본적으로 장애의 몸을 나 자신의 제자로 삼고 출발한다. 최종에서는 장애를 연꽃 위에 살며시 앉힌다. 장애를 안고 길을 가는 것은 크게 다섯 가지 차원이 된다.

첫째, 장애로 인해 잃는 것이 있으면 반드시 얻는 것이 있고 얻는 것이 있으면 반드시 잃는 것이 있는 법을 깨달아가는 것이 길을 나서는 출발점이 된다. 나아가 본래 얻음도 없고 잃음도 없으며 청정한 나 자신을 깨닫는 데까지 나아가는 것이다.

둘째, 장애도 자연의 한 모습이니 장애를 자연스러운 순리로 받아들여가는 과정이 곧 길을 가는 것이다.

셋째, 장애에 대한 안팎의 마음이 소멸되어가는 것인데, 이것은 장애로 받게 되는 주위환경의 압력에 마음이 물들지 않는 것으로써 장애와 비장애의 차별경계를 내면에서 스스로 없애가는 것이다. 그래서 착하고 순수한 마음을 끝내 지켜가는 것이다.

넷째, 장애로 인한 두려움을 없애는 것인데, 이것은 밖에서 무엇을 얻는다는 것보다는 내 존재 자체의 변화를 이루어가는 데 삶의 가치를 크게 두는 것이다.

다섯째, 장애를 극복하는 것인데, 이것은 마음과 행(行)이 장애에 지지 않는 것이다.

1. 장애를 제자삼아 길을 나서다

장애를 얻었다면 단순히 운이 나쁘다고만 생각하지 말아야 한다. 나 자신과 천지간의 많은 요소들이 모여 발생한 현상이니만큼 좋고 나쁨을 따지면서 마냥 슬퍼할 것만 아니라 장애가 생긴 나 자신을 더욱 신중하게 대해야 한다. 그런 현상은 보이지 않는 많은 힘들이 나에게 움직이고 있다는 증거이기도 하고 뭐니 뭐니 해도 그 힘의 중심은 당연히 나 자신이기 때문이다.

내 모습을 떠나 이름과 상(相)이 없이 고고한 나 자신을 장애로부터 해방시켜 내 모습을 자유롭게 활용하게 되는 자연의 길은 곧 뜻(意)을 바르게 갖추어 색수상행식(色受想行識)을 움직이고 정화시키며 드러내는 과정이다. 나 자신을 완전히 믿고 앞날의 모든 것을 나 자신에게 맡긴 바탕 위에서 스스로를 격려하고 장애와 친숙해지며 욕망을 승화시키고 분수를 가져 장애로 무너지지 않도록 하는 동시에 새로운 〈색수상행식〉의 발현에 걸림이 되는 두려움과 나약함을 깨끗이 치운다. 그리고 마음을 열고 베풀며 내 몸을 연장시켜 〈색수상행식〉을 밝게 움직이고 스스로에게 다짐하며 내 마음을 〈색수상행식〉과 하나가 되게 한다. 그리고 강하게 움직이게 된 〈색수상행식〉이 후퇴하지 않도록 인욕을 통해 더욱 굳건히 지키고 정진을 통해 〈색수상행식〉을 부지런히 움직이도록 하면서 장애를 극복하는데, 그 과정에서 고요함을 이루어 〈색수상행식〉을 장애로부터 완전히 벗어나게 한다. 최종적으로는 광명을 얻어 〈색수상행식〉이 곧 광명체가 되어 마침내 장애가 연꽃 위에 영원히 앉게 된다.

장애극복 이야기가 가끔 터져 나올 때마다 보통의 장애인들은 또 움츠러든다. 그러나 그럴 필요가 없다. 자연의 길은 누구나 갈 수 있으므로 그 여정들을 하나하나 구체적으로 살펴보고 따라가 보자. 이것들은 비장애인에게도 길을 가는 큰 지침이 된다.

나 자신에게 믿고 맡기기

〈색수상행식〉이 새롭게 움직여 드러나게 하려면 가장 먼저 나 자신을 믿어야 한다. 이 믿음의 힘에 의해 〈색수상행식〉이 비로소 잠을 깨니 뭔가 내면이 달라지게 된다. 그리고 앞날의 모든 것을 나 자신에게 깊게 맡기는 것이다. 진정으로 맡기게 되면 두려움이 반드시 사라지게 되어 있다. 그래서 〈색수상행식〉의 힘을 온전하게 발휘할 수 있는 상태가 된다.

여기에는 현재의 모습과 상황과 조건 등이 일체 끼어들면 안 된다.

이른 바 무념(無念) 속의 믿음인 것이다. 무념이라야 바른 집념(執念)이 생겨 장애 이전의 마음으로 일단 돌아가게 된다. 나 자신에 대한 믿음은 곧 나를 사랑하는 것이다.

스스로를 격려하기

나 자신을 위로하고 어루만지며 격려하는 것은 나 자신에게 상처를 입히지 않도록 하고 타인의 격려와 공감을 잘 받아들여 내 힘으로 삼기 위함이다. 그것은 지금의 몸과 마음으로부터 살며시 빠져나와 온전한 나를 잘 보전하면서 좋은 마음을 이어가고 강화시킴으로써 용기를 불러일으켜 나 자신을 새롭게 변화시키는 일이다. 그래서 내 모습에 적대 감을 갖지 않게 되고 분노를 잠재우며 절망을 멀리 하게 되니 이보다 더 나 자신에게 잘해주는 일이 어디 있는가?

당연히 이런 사람은 자기 자신을 사랑하고 아끼는 것이니 반드시 성 공하게 되어 있다. 성공할 수 있는 또 하나의 자기를 스승으로 모시고 있기 때문이다.

반드시 깨끗한 마음으로 매일 스스로에게 잘 격려해주어야 한다.

"슬프지만 너무 걱정하지는 마. 내가 있잖아. 우리 같이 가면 돼. 조금 힘은 들겠지만 우리 함께 가는 기쁨도 반드시 있을거야!"

장애의 몸을 제자로 삼아 격려하는 그 마음은 나 자신이 곧 몸의 스승이 되어 스스로를 비하하거나 차별하지 않는 마음이니만큼 반드시 타인으로부터도 존중받게 된다.

장애와 친숙하기

'나는 할 수 있다'는 자신감은 내 모습과 진정으로 친숙해질 때 저절로 생겨나게 된다. 이는 몸과 마음이 하나로 합쳐지는 데서 힘이 뭉쳐져 일어나는 자연스러운 현상이다.

이 세상에 적(敵)은 없다. 그래서 적에 지지 않으니 항상 진정으로 승리한다. 장애 역시 그 자체로는 내 인생의 적이 아니다. 그렇다고 친구도 아니다. 단지 장애에 대한 거친 생각이 곧 나에게 가장 무서운 적이 될 뿐이다. 장애가 나와 함께 있기에 나를 여러모로 아주 힘들게 하고 있는 것이므로 지혜롭게 대해서 그만큼 남달리 큰 이익을 얻으면 된다. 원래 큰 이익일수록 눈에 보이지 않고 시간이 꽤 흘러 알게 되지만 결국은 눈에 보이는 큰 이익으로 그 모습을 드러내게 된다.

그러므로 장애에 단순히 익숙해지는 것을 넘어 우선 마음에서 장애와 부드럽게 친숙해지는 것이 필요하다. 그렇게 해서 분노를 낳고 힘을 소모시키는 억울함과 거부감을 줄이면서 텅 빈 마음을 얻는다. 그러면 비로소 몸과 마음의 움직임이 비교적 자연스럽게 되어 장애가 원만하게 되므로 내가 장애에 지배되거나 걸리지 않는다. 그리고 새로운 마음으로 장애를 주체적으로 다스려갈 수 있게 된다. 장애에 결코 지지 않으니 저절로 극복되기 시작하고 그 보람도 밝게 된다. 새로운 인생은 지금의 모습에 대한 철저한 인정(認定)으로부터 출발한다. 여기에는 긍정도 부정도 몽땅 떨어져 나간다.

장애와 싸우면 힘만 흩어지고 스스로 패배하게 되므로 장애를 항복받으려고 할 때 장애 자체를 싫어하고 미워하면서 애쓰면 결코 안 된다. 그 마음 자체가 온전한 자기 자신에 대해 스스로의 걸림돌이 되기 때문에 늘 그 자리에서 맴돌거나 단지 반대편으로 움직일 뿐이고 차원이 다른 새로운 길로 나아가지는 못하게 된다. 행복과 불행이 본래 하나인데다가 자연(自然)의 길은 내가 싫어하는 모습을 떠나 좋아하는 모습을 가진 쪽으로 나 있지 않기 때문에 장애를 버릴 수 없게 되어 자유는 나타나지 않게 된다. 그리고 나는 단지 장애를 싫어하고 비장애를 좋아하는 사람이 되고 마니 더욱 불행해진다. 또 그런 나 자신을 더욱 싫어하니 어둠 속에서 탈출할 기회가 점점 멀어지게 된다.

그러므로 길을 간다는 것은 장애의 모습을 떠난 나를 따로 찾는 것이 절대 아니다. 장애와 비장애, 좋고 싫음의 상대성을 모두 초월한 절대적 차원으로 나아가 자유를 얻고 장애의 모습도 빛을 발하고 있음을 알아가는 것인 만큼 굳이 장애와 비장애에 싫고 좋은 마음이 머물러 있을 이유가 없다. 가까이 있는 것을 새롭게 보며 내 것을 있는 자리에 슬며시 놓고 나 자신을 가까이 하는 것은 돌멩이를 황금으로 만드는 일이다. 그때 행복한 내가 등장한다. 그 때 여유가 생겨 밖의 행복요소들을 취할 수 있게 되니 장애의 행복 여부는 여기에 달려 있다.

단지 장애의 모습과 친숙해지면서 거부감만 크게 느끼지 않아도 된다. 장애의 모습과 부드럽고 따뜻한 대화를 주고받으며 길을 갈 수 있는 힘을 스스로에게 부여하기만 하면 된다. 그리고 길을 가는 것은 홀로 가는 것인 만큼 밖에서 나를 어떤 시선으로 보건 괘념할 것이 없다. 오로지 내가 나 자신의 모습에 대해 어떻게 생각하며 대하는지만 중요할 뿐이다.

욕망을 승화시키기

미국에서는 Robert Lee라고 불리는 재활의학과 의사 '이○○' 씨.

그는 어린 시절 미국으로 이민을 가 그 곳에서 올림픽 대회에 나가도 될 만큼 촉망받는 운동선수로 성장하였다. 미국이민자이긴 하나, 대한민국 태극마크를 달고 뛰고 싶었던 이○○씨에게 그의 코치는 올림픽 한국대표의 길을 열어주겠다는 기쁜 소식을 전했고, 이 소식을 접한 이

○○씨는 눈물이 날 정도로 기뻤다고 한다.

그러던 어느 날, 체조에 대한 열정이 너무 강했던 그는 연습도중 턱으로 땅을 박아 신경을 다치는 바람에 평생 휠체어 신세를 지게 되었고, 체조선수로서의 인생도 끝나버렸다. 올림픽에 나갈 수 없다는 절망감에 그는 분노했고, 재활을 위해 힘썼다고 한다.

부단히 노력한 끝에 근육들을 거의 쓸 수 있을 정도로 몸이 회복되었고, 휠체어를 타고 다니며 자신의 병과 관련된 의학서적들을 읽으며 그 책 속에서 재활의학이 육체와 더불어 정신적인 상처까지도 회복시켜 줌을 깨닫게 되었다고 한다.

체조선수로서의 꿈을 이룰 수 없었던 이○○씨는 의학에 눈을 돌려, 학업에 매진했고 비장애인도 하기 힘든 의학공부를 훌륭히 해내 인턴 과정을 수석으로 졸업하기도 했다. 그는 결국 세계 최고인 '존스홉킨스 병원'의 재활의학 수석전문의가 되었고, 자신과 같은 처지에 놓인 장애인들이 내미는 도움의 손길을 잡아주며 희망을 안겨주고 있다.

나 자신이 타인보다 더 나은 사람이 되고자 하는 욕망을 가지는 것은 상대적으로 조금 더 나은 사람이 될 수는 있을지언정 절대평가에서는 결코 큰 이익을 얻지는 못하게 된다. 장애를 입어 욕망이 좌절되었을 때 비장애인보다 더 나은 사람이 되고자 하는 경쟁심으로 노력했다면 과연 행복할 수 있을까? 오히려 나와 비슷한 처지의 사람들을 비롯한 타인을 돕는 사람이 되고자 좌절된 욕망을 승화시켰으니 이는 단순히 장애만을 극복한 것이 아니라 비장애도 동시에 극복한 것이 되므로 비장애인보다 훌륭한 사람이 아니라 절대적으로 훌륭한 사람이 되는 법이다. 장애를 이기려고 할 때는 비(非)장애를 쳐다보면 안 된다.

좌절된 욕망을 전혀 다른 모습으로 드러내 이루는 것은 인간의 다차원성에서 나온다. 그러므로 나는 그 욕망을 승화시키고 어느 차원에서든 행복을 얻을 수 있게 되어 있으니 절망이란 본래 없다. 단지 좌절된 욕망에만 마음이 매여 있으므로 잘 되지 않을 뿐이다. 장애의 자리를 어떤 자리로 만드느냐는 오로지 자기 자신에게 달려 있으니 지혜로운 이는 장애의 자리마저 기쁨이 생기게 만든다. 이것은 단순히 좌절된 욕망을 다른 욕망으로 대신 채우는 것이 아니다. 오로지 산산이 부숴져 있는 그 욕망의 파편들을 깨끗이 청소해내고 미련없이 싹 비워버리는 것이 일차적이다. 그리고 나서 그 상태를 쭉 이어나가다보면 전혀 새로운 것이 내면에서 저절로 나오게 된다. 이때 나오는 것이 새로운 차원에 해당되는 내용물인 것이다. 이것을 따라가면 이전에는 생각도 못했던 차원의 삶이 장애 속에서도 이루어진다. 욕망이 승화되면 신기하게도 그 몸이 어떤 상태이든간에 새롭게 할 수 있는 것이 저절로 나오게 된다. 그러므로 장애인에게 욕망의 직접적인 충족을 이루어주는 도움이 필요한 반면 동시에 길을 멈춘 욕망을 바르게 승화시키는 도움 역시 반드시 필요한 법이다.

욕망을 억누르는 것도 아니고 충족시키는 것도 아니며 그 욕망의 본성을 잘 관(觀)하여 장애 속에서 비(非)장애를 찾아 드러내고 그것마저 초월한 공심(空心)을 갖는 것이 곧 늘 함께 하고 있던 신(神)을 찾은 결과가 된다. 장애의 역경을 마음에서 극복한 사람들은 곧 이와 같은 사람들이니 일반성직자들보다 실제로 훌륭한 사람이다. 신을 온몸으로 직접 세상에 증명해주었기 때문이다.

필자는 개인적으로 착하고 순수한 마음을 지켜내면서 장애를 승화한 이런 장애인들이 성직자가 되면 좋겠다는 생각이다. 가장 고통스럽고 어두운 자리에서 밝음을 찾았으니 그럴 자격이 있고 사람들에게 신의 힘과 마음과 지혜를 전해줄 수 있기 때문이다.

조심할 것은 인간은 항상 역경을 극복한 뒤가 문제이니 그 동안에 자기도 모르게 장애로 억눌려 있던 욕망이 합리화된 모습으로 정당화되거나 변형되어 분출할 가능성이 있으니 스스로 경계해야 한다. 욕망은 몸의 장애보다 훨씬 오래되고 힘도 비교할 수 없이 더 강하고 무서우므로 자칫 그 동안의 모든 공들인 노력이 한순간에 허망하게 되기 때문이다.

열심히 노력해서 장애를 극복하여 행복해졌다면 비교적 대운도 좋은 시기였다는 것을 알 수 있다. 운(運)이란 노력에 따른 결실을 얼마나 줄 것인가를 크게 결정하기 때문이다. 그렇다면 그 다음에는 자연의 리듬상 조심해야 될 대운이 기다리고 있다고 판단하면 크게 틀리지 않는다.

그런데 좋은 운의 도움을 받아 장애를 극복하고 나면 내가 잘난 사람이 되었다는 이상이 앞으로 마냥 행복해질 것이라는 착각을 불러일으킨다. 그래서 오만과 불운(不運)에 의해 장애를 밝혔던 빛이 꺼지고 이전의 장애시절보다 더 큰 어둠에 휩싸이게 된다. 널리 알려져 많은 이들에게 큰 용기를 주었던 '오체불만족'이 안타깝다.

장애를 극복한 것이 끝내 행복으로 이어지고 그 기쁨이 두루 퍼지도록 하기 위해서는 반드시 지혜와 바른 마음이 필요한 법이다. 비록 장애를 극복했을지라도 장애를 낳은 최초의 씨앗은 여전히 보이지 않게 남아 있다는 사실을 잊으면 안 되는 법이다. 그래서 평소 성현(聖賢)의 말씀을 늘 접하면서 체화시켜나가야 마침내 그 씨앗마저 소멸하게 되어 장애를 바르게 극복한 광채가 오래 빛나게 된다. 그 때 장애인은 지혜롭고도 강인한 정신으로 비장애인에게도 훌륭한 인생의 스승이 된다.

분수를 갖기

능력이 작으면 적게 가지게 되어 불만이다. 그러다가 능력을 키우면 탐욕을 부리게 되어 골치 아픈 문제를 일으키게 된다. 이렇게 보면 행복은 능력과 더불어 심상(心相)이 크게 좌우하게 된다. 잘못된 마음을 깨달아 없애면서 능력을 키워가야만 행복이 저절로 충만해진다. 장애로 인해 능력이 작아져 불행하게 된다는 것은 사실이지만 그것이 전부는 아니다.

장애에 가려진 능력을 찾고 키우는 보람과 부정적인 마음을 없애 점차 원만한 마음이 되어가는 데서 오는 기쁨은 오로지 본인만이 알 수 있다. 본래 좋은 결과보다 애썼던 과정이 더 행복한 법이다.

　지혜로운 이는 장애의 환경이 본래 아름다운 자기 마음을 잠식하지 않도록 스스로 경계하고 어리석은 이는 장애의 환경에 자기 마음을 몽땅 내주고 마니 결국 빈껍데기가 된다. 똑같은 장애의 겉모습 속에 알맹이가 있거나 없으니 알맹이가 있는 장애는 결국 그에 맞는 환경이 주어지고 새로운 모습으로 옷을 갈아입으니 이는 인연법의 혜택이다.
　행복한 길은 모습이 아니라 마음에 상응하기 때문에 장애를 외면하지 않는다. 장애가 거칠게 변형시키는 안목에 스스로 속아 넘어가지 않아야 삶을 새롭게 영위할 기초가 있게 되니 그에 맞는 행복이 드러난다.

　분수를 안다고 하는 것은 거품이 없는 자연을 내 속에 받아들이는 것이고 많고 적음에 따라 변하는 마음에 행복을 전적으로 내맡기지 않는 것이다. 그래서 주체성을 가지고 나 자신을 우뚝 세우니 내실이 튼튼해져 장애를 다스릴 수 있는 마음의 힘을 온전하게 갖추게 된다. 그러므로 장애상황을 비롯하여 어려운 처지에 임해 있을수록 분수를 아는 것이 가장 중요해진다. 나를 극(剋)하는 힘이 들어와 있는 시절에는 그 누구든지 스스로 그쳐야 되기 때문이다. 그렇지 않으면 당랑거철이 되어 위태로워진다.
　장애인은 인생이 망가진 사람이 아니고 준비를 잘 갖추어 새롭게 출발해야 되는 사람이다. 장기간 이어지게 되어 있는 이런 상황을 버텨내고 삶을 새롭게 이끌어나가기 위해서는 갖고 있는 힘을 모으고 집중시키는 것이 절대적으로 중요한데 마음의 거품이 클수록 정반대로 되어나가기 때문이다.

그래서 분수를 아는 것은 곧 힘을 쓸데없이 낭비하지 않는 일이 되는 것이다. 마음은 본래 장애도 없고 한계가 없는지라 마음의 힘 역시 본래 그렇지만 장애라는 씨앗을 굳이 싹을 틔워 그늘을 만드는 것은 분수를 넘어선 마음이 만드는 현상이다.

주어진 대로 그냥 그럭저럭 만족하며 사는 것은 분수를 아는 것이 아니다. 그러면 삶의 가치가 없기 때문이다. 마음과 물질로 이루어져 있는 삶을 볼 때 장애상황에서 분수를 지키며 살아간다는 것은 물질의 마이너스(—)에 마음을 보태 전체적으로 제로(0)로 만들거나 더 나아가 마음이 더 커져 전체적으로 플러스(+)가 되도록 하는 것이다.

천지자연에서는 주어진 현상의 물질상황은 좋은 것도 나쁜 것도 아닌 것으로 그냥 객관적인 상황일 뿐이고 이후의 새로운 출발점이 될 뿐이다. 여기서 장애가 생겨난 후의 앞으로를 보면 삶의 가치는 분수를 얼마나 알고 지키는가 하는 데 크게 달려 있다. 장애로 인해 많은 것에 눈뜨게 되고 삶의 기준이 바뀌고 장애 속에서도 행복을 느낄 수 있다고 한다면 크게 플러스(+)를 만들어가는 것이니 전화위복의 지혜를 발휘하고 있는 것이다.

행복은 근본적으로 좋은 것을 갖는 것이 아니라 오로지 자기 존재가 향상될 때 자연스럽게 가장 크게 느껴지기 때문이다. 죽고 나서도 남는 것은 유일하게 자기 자신 뿐이기 때문에 당연하다.

마음을 주고 받기

지체장애부부의 아름다운 선행 이야기이다.

윤○○와 김○○씨 지체장애 부부는 한 장애인 가족의 안타까운 사연을 듣고 장애가족에게 무료 촬영을 해주게 되었다. 가족들에게 폐가 될까봐 사진을 찍지 않은 장애인 한 분을 보고, 장애인들에게도 가족의 추억을 남겨주고 싶다는 일념으로 가족사진을 찍어주기 시작했다고 한다. 가족의 구성원으로서 당당하지 못하다면 사회에서의 일원으로서는 더 힘들 것이라고 생각했기 때문이다.

이 부부는 사진을 찍어줄 뿐 아니라 또한 머리도 무료로 해주고 있었다. 머리를 잘라주면 거동이 가능한 장애인 직원이 뒷정리를 하는 식으로 서로 도우며 운영을 하고 있었다. 이 외에도 이 부부는 백혈병 아이들에게 모발을 기증하는 등 다양한 봉사활동을 하고 있는 중이다. 장애가 있기 때문에 할 수 없는 것들에 불평하기보다는 할 수 있는 것들을 찾아서 나눔을 베풀고 있다는 이 지체장애 부부는 다 같이 행복하고 편하게 사는 세상을 직접 만들어가고 있는 중이다.

단순히 동병상련(同病相憐)으로만 볼 수 없다. 직접 만나보지 않아도 이 부부의 생기넘치는 환한 표정이 전해온다. 앞으로도 사진을 통해 더 많은 장애인 가정에게 웃음을 전해주면 좋겠다.

이 세계는 그 누구나 물과 불을 모두 갖고 있는데, 불행한 장애인은 드러난 하나에만 마음이 온통 뺏겨 있어 불행이 계속 이어진다. '내가 장애인인데 도움을 당연히 받아야지, 어떻게 남을 돕겠는가?' 하는 사람은 불행한 신세를 면하지 못한다. 본래 한없이 넓고 큰 복덕을 갖춘 마음이 좁디좁은 몸에 갇혀 있으니 마음마저 장애가 생겨 스스로 장애가 커지게 되고 행복해질 수 있는 가능성이 점차 사라진다.

'비록 장애가 있지만 사람들에게 보시할 수 있는 길을 열심히 찾아보겠다' 하는 사람은 때가 되면 반드시 불행한 신세를 면하게 된다. 자존감이 크게 살아나며 마음이 이미 몸의 장애로부터 빠져나왔기 때문이다. 그리고 그 마음이 두루 펼쳐지며 모든 곳에서 행복할 가능성을 스스로 찾고 만들어가니 행복은 당연한 법이다.

본격적으로 장애를 항복받기 위해서는 마음에 갇혀 내 안에서 꼼짝하지 못하고 있는 색수상행식(色受想行識)을 우선 움직여야만 하는데, 밖으로 마음을 열고 나아가 베푸는 것이 첫째가 된다. 그 때 인연의 소중함을 깨닫게 되어 사람들을 대하는 마음에 변화가 오게 되고 그 마음으로 장애를 가진 자신 역시 변화시키게 된다.

장애 때문에 행복할 수 없고 타인을 행복하게 해줄 수도 없다는 마음은 불행의 원천이다. 장애가 없다면 얼마든지 타인을 행복하게 해줄 수 있을 것이라는 마음 역시 망상이다. 행복과 불행은 장애 여부가 아니라 마음이 어떻게 되어 있느냐에 달려 있다. 마음이 닫혀 있으면 백약이 무효이고 스스로 질식해간다. 장애를 갖고 있을수록 마음을 여는 일은 나 자신에게 절대적으로 중요한 사항이 된다. 마음을 열면 주고받는 것이 생기고 다양한 유무형의 것들이 오고 가니 살아있음을 크게 느끼게 된다.

그 실천사항은 당연히 베푸는 행(行)이 된다. 보시(布施)는 내가 받은 것을 단지 되돌려주는 것이다. 그 결과로 스스로 무소유가 되어 마음의 광명을 밝히게 된다. 그리고 내가 네가 되어 불이(不二)를 이루게 된다. 그러므로 보시는 우리 모두가 본래 한마음임을 직접 확인하는 일이기도 하다. 나아가 그로 인해 큰 힘을 새로 드러내고 깨닫게 되어 삶의 용기를 키우는 것이다. 그렇게 장애가 나에게서 멀어지게 된다.

내가 장애인이라서 세상으로부터 받은 것이 없거나 나쁜 것만 받았다는 생각은 슬픔과 분노에 사로잡힌 착각일 뿐이다. 이러면 나 자신을 똘똘 뭉쳐놓고만 있다는 의미가 되니 장애로부터 벗어날 길이 없게 된다. 치우친 생각을 버리면 두루 이득이 된다.

장애인 역시 보통사람보다 월등히 많고 큰 보시를 할 수 있다. 그래서 얼마든지 큰 복을 지을 수 있다. 특히 스스로 복을 만들어내는 무위

복(無爲福)은 밖으로부터 얻는 복이 아니라 장애에 붙어있는 자기 마음을 크게 떨쳐버릴수록 저절로 내면 깊은 곳에서부터 생겨나니 미래를 크게 기약하게 된다.

장애인이 열심히 살거나 혹은 역경을 극복하고 무언가를 이루어내는 것은 세상에 크나큰 보시가 된다. 사람들의 〈색수상행식〉을 움직여 힘과 용기를 갖게 주는 것이기 때문이다. 누구나 장애인이 될 수 있는 앞날에 빛을 비쳐주는 것이니 장애를 잘 다루어가는 사람은 그 자체로 세상에 공헌하게 된다.

장애가 곧 장애가 될 수 없음을 증명해 보여주는 것은 장애란 본래 없다는 진리를 세상에 보시하는 것이다. 그러므로 장애인은 오히려 몸과 마음을 함부로 쓸 일이 아니다.

장애인이 비장애인에게 따뜻한 말 한 마디 해주는 것이나 밝은 표정을 가지는 것은 비장애인이 하는 것보다 더욱 큰 무게를 지니게 된다. 그리고 타인을 위해 기도해주는 것 역시 크나큰 보시가 되는데, 이는 나 자신을 벗어난 차원의 기도라서 평범한 기도가 아니기 때문이다.

보시는 쌍방이 동시에 하는 것으로서 도움을 받는 장애인 역시 처지를 한탄하지 않고 감사한 마음만 갖게 되면 이 또한 상대방에게 훌륭한 보시가 된다. 그 마음이 전해져 상대방에게 추가로 복(福)이 생겨나기 때문이다. 그래서 일방적인 것은 없으니 어찌 보면 도움을 주는 것보다 받는 마음을 잘 갖는 것이 자존심 때문에 훨씬 어렵다. 하지만 어려울수록 잘 실천하면 그만큼 덕이 생기기 마련이다. 도와주는 마음을 도움 받는 내 마음과 잘 이어주는 일 역시 보시를 완성시켜주는 일이기 때문에 나 자신에게나 상대에게 보이지 않는 덕을 주는 일이 된다.

어떤 장애로 인해 스스로를 위축시키지만 않으면 장애인은 이렇게 다양한 차원에서 훌륭한 보시를 하는 사람이 된다. 장애인이 보시를 잘 실천하면 타인과 세상이 내 몸의 연장이 되므로 장애로 인해 인생이 크게 왜곡되는 일은 없게 되고 삶이 보이지 않게 풍요로워져간다.

스스로에게 다짐하기

스스로에게 다짐하여 〈색수상행식〉을 더럽히거나 흐트려 놓지 않도록 한다. 이것은 악심(惡心)을 제어하고 선심(善心)을 지키며 키워가는 가운데 전체적으로 부동심(不動心)을 양성하는 일이다. 그래서 장애로 생기는 마음의 거칠고 불규칙한 움직임을 줄여나가 항상 고요한 마음을 이루는 길이다.

스스로의 평화를 깨뜨리는 마음 일체가 곧 악심이다. 악심은 탐진치(貪嗔痴)를 먹이로 삼아 커진다. 장애인은 엉뚱한 편견과 소외와 낙인 속에서 인간으로서의 존엄성을 스스로 지키기 위해서는 늘 마음을 다저나가야 된다.

적극적으로 착한 마음을 내세우고 수시로 돌출하면서 나 자신을 괴롭히는 악심은 고요함으로 다스린다. 고요함이 침체로 빠져들 때는 착한 마음을 실천에 옮겨 고요함을 다시 생생하게 살려낸다. 그러다보면 점차 선(善)으로 가득 채워져 마침내 길을 나아가고 있는 사람이 된다. 스스로의 다짐을 잘 지켜나가는 것은 욕망충족과 비교할 수 없이 더 좋은 결과를 가져오게 된다. 나 자신에 대한 존중감과 긍정이 저절로 커지므로 때가 되면 안팎이 저절로 뒤바뀌게 된다.

마음을 통합하기

욕됨과 분노를 참는 것은 〈색수상행식〉이 드러났을 때 밖으로부터 오는 온갖 압력에 다시 물러나 안으로 쑥 들어가지 않도록 크게 힘을 갖추는 것이다. 그것은 상대와 환경의 자극에 의해 내 마음이 부질없이 크게 움직이는 비주체성을 없애 내 앞에서 그것들이 사라지게 하는 일이고 그렇게 상대가 없어 참는 것이 없는 인(忍)을 이루는 일이다. 상대가 있어 참는다고 하는 것은 참음이 아니라서 무의식 속에서 분노만 키우고 화병(火病)을 얻게 된다. 그러므로 참음은 상대를 공(空)으로 만들어 나 자신이 공(空)이 되어가는 길이다. 이는 밖에 물들지 않고 마음에 새기지 않아 순수한 마음을 끝내 지켜내는 것이기도 하다.

장애인의 참음은 장애 그 자체와 그로 인해 밖으로부터 오는 마음을 대상으로 한다. 절망보다 분노가 더 낫다는 것은 사실이지만 분노 그 자체는 또 다른 큰 피해를 발생시킨다. 참는다는 것은 분노의 힘을 자기 향상에 긍정적으로 활용하는 일이다. 욕됨의 분노로 인해 생겨난 강력한 결심으로 잠자고 있는 의지와 가능성을 일깨워 큰 발전을 이루어내는 것이다. 그러면서 안으로는 나 자신에 대해 고요하면서도 당당한 마음을 갖추어가면서 할 일에 몰입하는 것이고 밖으로는 너그러이 자비로운 마음으로 대하는 것이다. 내 안에서 장애와 비장애의 마음이 엄격하게 나누어져 서로 다투면 밖으로부터 오는 욕됨을 극복할 수가 없게 된다.

그러므로 비장애의 갈망과 장애의 절망 사이의 다툼을 내면에서 우선 해소해나간다. 둘 다 버리고 당당하며 고요해진다. 밖으로부터 주어지는 욕됨은 참는 것이 아니라 참을 필요조차 없는 하찮은 것임을 깨닫고 장애를 손가락질하는 그 마음을 자비심으로 포용한다. 몸은 다르지만 마음은 똑같은데 그 사실을 모르고 장애를 차별하고 비웃는 상대의 어리석음과 얄팍한 자존심을 측은하게 여기는 마음을 갖추는 것이다.

장애인의 참음에서는 남다른 중대한 측면이 있다. 그것은 고독(孤獨)의 완화다. 사회적 편견과 소외, 그리고 자유롭게 어울리거나 함께하기 어려운 사정상 고독을 인내하는 일은 길을 가는 데 또 하나의 핵심 사항이 된다. 출가한 승려처럼 자발적으로 자기 자신을 세상으로부터 벗어나게 하지 못하고 비자발적인 단절상황에서 고독이 뿜어내는 압력은 엄청나 죽음까지 생각하게 만든다. 그러나 고독을 잘 승화시키면 인연으로부터의 자유를 크게 얻게 되고 자기향상을 더없이 이루게 되니 고독에 대한 내성을 바르게 키우는 것은 참음의 하이라이트가 된다.

참음은 이렇게 나와 상대 사이의 분별경계와 충돌을 없애감으로써 고통을 소멸시키고 승화시켜가는 일이다. 장애인은 단지 몸 그 자체로 눈치를 받으니 크게 억울한 면이 있지만 나와 상대가 모습과 생각 등이 서로 다름을 인정하고 존중하며 나아가 포용하면서 상대의 마음을 받아들여 내 마음 속에서 무화(無化)시켜간다. 그리고 밖으로부터 끊임없이 차별을 강조하는 압력에 평등을 지키면서 마음이 밖의 늪 속으로 끌려들어가지 않는다.

인생의 최종승자는 마음이 큰 사람이다. 이 사람은 블랙홀이면서 곧 화이트홀이니 사람들의 다양한 마음쪼가리들을 차별없이 흡수하여 가루로 만들어 새로운 마음으로 재창조해준다. 참음은 나 자신을 이렇게 만들어가는 것이니 몸과는 전혀 무관하다.

참음에서 참으로 조심해야 될 점이 한 가지 있다. 죽는 것보다 더한 고통을 참고 견디기 위해 스스로를 무감각한 인간, 무미건조한 인간, 밋밋한 인간, 무관심한 인간, 냉정한 인간, 그저 그냥 사는 인간으로 만들지 말아야 하는 점이다. 감정을 억누르다 못해 정(情)을 느끼지 못하는 사람이 되면 모든 것이 이미 끝난 사람으로서 숨쉬고 있으면서 이미 죽음의 세계에 들어선 사람이 되니 참음은 없다. 참음은 감성이 펄펄 살아 움직이는 가운데 이루어지는 것이다. 분노를 내는 자기 자신의 어리석음을 잘 통찰하여 깨달아가는 것이니 여기에는 살아있는 감성이 반드시 필수가 된다.

마음 확산시키기

중국 지린(吉林)에 사는 위에(58)씨는 23년 전 사고로 아홉 손가락과 두 다리를 잃었다. 더구나 출산 사흘 만에 세상을 떠난 아내를 대신해 딸을 키우던 그는 수술비를 갚기 위해 집을 팔면서 굳건한 가장에서 거리의 부랑자로 전락했다. 이 정도면 인생이 사실상 그친 것이나 다름없다.

이웃에 딸을 맡긴 위에씨는 구걸로 하루를 근근이 버텼다. 그러던 어느 날 위에씨는 '이래서는 안되겠다'는 생각이 문득 들었다. 지금 당장은 남의 도움으로 살지만 평생 이래서는 안 된다고 스스로 되뇌었다. 구걸생활 10여년 쯤, 위에씨는 남은 돈을 탈탈 털어 자전거 수리장비와 관련서적을 샀다. 자전거 수리기술자로 인생을 일구기 시작한 그때부터 그의 인생은 값지게 변했다. 아홉 손가락이 없지만 큰 문제는 아니다. 두 다리가 없어도 괜찮다. 위에씨는 남은 손가락 하나와 손바닥으로 자전거를 고친다. 다리에 낀 보호장비는 그에게 튼튼한 버팀목이다.

이웃에게 맡겼던 딸은 어느새 훌쩍 커 가정을 이뤘다. 딸과 사위가 위에씨를 보살피겠다고 했지만 그는 괜찮다고 손사래를 쳤다. 위에씨는 "구걸로 평생을 살 수 없지 않느냐"며 "내가 할 수 있는 일을 찾기로 결심했다"고 말했다.

그의 장애 속의 정진(精進)은 많은 이에게 큰 감동과 교훈을 주고 있다. 앞으로 나아가고 달라지는 것은 지금 처지와 별 관계없고 오직 내 마음에 달려있다는 사실을 보여준다. 장애로 인한 그침은 새로운 움직임의 전제일 뿐이다.

마음을 집중하여 확산시키는 것은 〈색수상행식〉을 부지런히 움직이도록 해서 장애의 의식과 한계로부터 탈출하는 과정이다. 정진은 현재의 삶과 따로 있는 것이 아니다. 인연과 장애 속에서 마땅히 할 일을 해나가는 일이 곧 나의 삶이면서 동시에 길을 부지런히 가는 것이다. 장애 속에서 할 수 있는 일을 적극적으로 찾고 노력해나가는 것이 내 숙명을 찾아가는 것이고 인생을 값지게 만들며 이는 곧 정진이 된다. 만일 장애가 아니라면 내가 이런 저런 일을 할 수 있을 것이고 그것이 내 본래의 인생이라고 생각한다면 그 자리에서 비바람에 풍화되어갈 뿐이다.

만일 아무 일도 할 수 없는 극심한 장애상태라면 내 마음이 움직이는 그 길이 곧 내 운명이니 마음을 함부로 가져서는 안 되는 법이다. 마음은 모든 인연과 거미줄처럼 이어져 있어 몸의 만남과 헤어짐에 관계없이 서로 영향을 주고받기 때문이다.

정진은 나 자신에게 행하는 일들을 흐트러짐이 없도록 자연스럽게 해나가려고 애쓰는 것이고 나아가 삶 전체를 인도하여 인생과 나 자신, 그리고 길이 따로 놀지 않고 하나임을 체득해가는 일이다. 이것은 곧 타고난 운명과 장애의 상황을 둥글게 잘 굴려가는 것이고 이렇게 될 때 시공간 속에서 개체화되어 형성된 장애로 그 지배를 받고 있는 나 자신을 시공간과 전체로 통합해나가는 것이 된다. 그러면 장애는 큰 방해물이 되지 못하게 진행된다. 그러므로 정진에서는 좀 더 강력한 의지가 요구되는데, 안이비설신(眼耳鼻舌身)에 작용하여 이 감각들을 움직이고 있는 의(意)를 좀 더 깊은 차원인 색수상행식(色受想行識)으로 이끄는 것이다. 그리고 마음을 몸에 머무르게 하지 않고 두루 확산시켜간다. 이때 단순한 감각기관에 영적 감각이 더해지기도 하고 하나의 감각이 온몸으로 퍼져나가기도 한다. 눈과 코와 귀와 입과 몸의 구별된 한계를 조금씩 넘어서는 것이다.

이렇게 〈색수상행식〉이 발현될 때 세상은 감동을 받는다. 그 누구나 마음의 능력은 위대하고 평등하다. 여기에 비하면 몸은 장애와 비장애를 굳이 분별할 필요도 없고 마음이 활용하는 나름대로의 방편에 불과하다.

고요한 마음 갖기

마음을 고요히 해서 장애를 살며시 잠재운다. 그리고는 사방이 조용한 가운데 장애로부터 〈색수상행식〉이 몰래 슬쩍 빠져나온다. 그래서 장애로 인한 번뇌덩어리가 소멸된다. 선정(禪定)은 나 자신의 몸과 마음, 그리고 주어진 환경, 즉 안이비설신의(眼耳鼻舌身意)와 색성향미촉법(色聲香味觸法) 일체를 넘어선 경계에 들어가는 것이다. 그러면서 내 몸과 마음이 제한된 것이 아니고 주어진 환경 역시 보이지 않는 질서하에 주어진 것임을 확인하는 것이다.

그러면 이 모든 것에서 드디어 벗어난 길로 들어서게 되니 이른 바 장애로부터 해탈(解脫)의 초입이다. 장애에 걸려 있는 〈안이비설신의〉를 넘어서 드디어 〈색수상행식〉까지 전적으로 내 몸으로 삼게 되어 장애를 뜻대로 활용하고 마음껏 다룰 수 있게 된다. 장애의 몸이 오히려 삶의 가치를 더 크게 향상시키도록 나아가게 된다. 몸이 곧 소우주(小宇宙)이고 마음은 허공과 같은 대우주(大宇宙)이며 환경은 곧 나의 마음이 전개한 것이라는 사실도 비로소 알게 된다.

여기서는 나와 남, 장애와 비(非)장애의 분별의식이 점차 사라지게 되면서 장애로부터 나 자신을 점차 해방시키니 곧 장애를 완전히 이긴 승리자가 된다. 그리고 장애도 아니고 비장애도 아닌 불변의 나 자신을 느끼게 된다. 한 손에는 장애를, 한 손에는 연꽃을 쥐는 것이다.

장애를 장애로만 보고 비(非)장애를 비장애로만 보며 행복을 행복으로만 보고 불행을 불행으로만 보는 안목을 가지고서는 선정에 들어갈 수 없다. 그리고 장애를 벗어나고 면하기 위해서 수행한다면 선정에는 결코 들어가지 못하게 된다. 몸도 잊고 좋고 나쁨도 잊고 미래도 잊고 잃어버린 감각과 좌절된 욕망에 집착하는 마음도 잊어서 한 면만 보면서 요동치는 마음이 사라져 고요해져야만 되는데, 이는 양면의 본질을 꿰뚫어봐야만 되는 것이다. 분별에서 불이(不二)로, 차별에서 평등으로, 유심(有心)에서 무심(無心)으로, 한계에서 초월로 이전해가는 선정은 생생하게 깨어있으면서 동시에 고요한 마음이 극(極)에 달한 끝에 자연히 이루어진다.

　행복한 사람은 고요한 분위기를 갖고 있다. 그러면서 살아 움직이는 생기와 미소가 그 자리를 가득 채우고 있다. 두려움 없이 깊은 고요함 속에서 뻗어나오는 〈색수상행식〉의 큰 힘이 곧 행복의 절정이 된다. 그러므로 장애에도 행복의 절정이 주어지게 된다. 이런 사람은 움직이지 않는다. 그러나 주변의 모든 짐승들이 가만히 있는 사자 주위를 저절로 도는 것처럼 그 위엄으로 질서를 잡아주고 모든 사람들을 즐긴다.

　대공황 때 나라를 위기에서 구한 소아마비장애인 미국의 루즈벨트 대통령이나 명연설가로서 2차 세계대전을 승리로 이끈 언어장애인 영국의 처칠 수상, 시각장애인으로서 어둠 속에서 근대 개혁을 이끈 영국의 국회의원 헨리 포셋이 이런 사람이었다. 휠체어에 앉아 있어도, 말을 심하게 더듬어 발음조차 제대로 못해도, 눈이 보이지 않아도 이 사실은 변함없다.

선정(禪定)은 반드시 몸의 자세에 따라 이루어지는 것이 아니기 때문에 장애인이라도 선정에 도전해볼만 하다. 뇌성마비 장애인인 스위스의 알렉상드르 졸리앙 철학자도 선(禪)을 배우러 최근에 우리나라에 오지 않았는가? 몸이 장애인데 인생에서 그 무엇이 더 두려울 것이 있겠는가? 더 이상 잃어버릴 것도 없으니 그 무엇을 못하겠는가? 잘하면 초월감각이 나오게 되어 대부분의 성직자에게도 어려운 영적(靈的)인 삶을 살 수도 있다. 그리고 선정을 닦아야 장애를 초월한 후에 새롭게 등장하는 세련된 욕망의 늪에 끌려 빠져들지 않을 수 있게 된다. 이 쯤 되면 장애가 곧 축복이며 하늘의 선물임을 진정으로 알게 되니 환희심이 죽을 때까지 몸에서 떠나지 않게 된다.

마음의 광명 밝히기

큰스님이 길을 가고 있다가 나이가 지긋한 동네 부인이 길가에 말없이 서 있는 돌부처에게 아주 간절하게 손바닥을 비비며 기도하고 있는 모습을 보았다.

"부처님, 우리 아들 손가락을 생기게 해주십시오."

그 부인의 아들이 태어날 때부터 오른손에 5개의 손가락이 없는 주먹손장애인이라는 사실을 들은 큰스님이 물었다.

"아들 손가락을 기도로 어떻게 생기게 할 수 있다는 것이오?"

"그래서 부처님께 빌고 있잖습니까?"

"오호! 착하구나. 진정 불자로다……."

불가능한 소원을 끈으로 삼아 부처님과의 인연을 끝까지 놓지 않은 선근(善根)의 공덕으로 그 염(念)이 순수해져 마침내 찬란한 광명을 발한다. 그 빛은 곧 불지혜(佛智慧)로서 반야(般若)다. 장애에 따른 좋고 나쁨, 사랑과 미움, 밝고 어두움, 움직임과 고요함, 행복과 불행, 어렵고 쉬움 등 탐착심에 물들어 생겨난 양쪽의 상대적 마음이 모두 소멸되어 〈색수상행식〉의 고요함조차 넘어서 적멸(寂滅)을 이루었다. 〈색수상행식〉 가운데 숨어있는 장애의 색상(色相)이 사라져 〈색수상행식〉의 광명이 마침내 〈안이비설신의〉 밖으로 뻗어나와 끝도 없이 〈색성향미촉법〉에 두루 퍼지고 영원히 소멸되지 않는다.

그러므로 장애의 업(業)과 인연(因緣)으로부터의 자유를 얻어 나를 보는 이의 마음이 모두 밝아지고 어둠이 싹 씻겨진다. 몸과 몸에 머물러 있는 마음으로부터 영원한 해탈이다. 장애와 무관하게 자유자재하게 되니 장애에 대한 집착은 완전히 소멸된다. 나를 기준으로 생겨나고 만 들어진 장애와 비(非)장애의 상대성을 모두 벗어나 청정하므로 장애의 색(色)은 사라지고 장애의 공(空)을 이루고 증명하니 그 어떤 장애라고 할지라도 내 마음을 영원히 물들일 수 없게 된다. 장애를 영원히 항복받 아 장애는 더 이상 내 일이 아니므로 완전히 그리고 변함없이 무심해져 버린다. 이제부터는 장애의 몸으로 과연 무엇을 할 것인가 하는 사실만 하나 남아 있다.

불교계에서 유명한 『신심명』을 지은 3조(祖) 승찬스님도 한센병환자 였다가 반야를 성취하여 마음의 광명을 밝히니 저절로 싹 나았다. 아나 율존자도 시각장애를 갖고, 혜가스님도 팔이 없이 성불하였다. 장애를 여의지 않고 장애 속에서 성불했던 것이다. 또한 김교각스님 등 반야를 성취한 큰스님들이 장애인을 고쳐준 역사적 사례가 많다.

이런 것을 보면 몸은 마음을 따른다는 사실이 증명된다. 지금도 종교 집회 등에서 장애가 그 자리에서 낫는 사례가 종종 있는데, 이는 순전히 심리적인 이유가 몸의 장애를 일으킨 경우이다. 이와 같이 몸의 본래구 조와 기능이 아무런 이상이 없던 경우는 최면에 의해 장애가 고쳐진 사 례는 무수히 많다.

이와 같이 우리의 깊은 내면 속에는 몸의 상태와 무관하게 상상 이상 의 능력을 가진 마음이 있다. 그 마음은 자연의 길을 가면서 드러나고 반야를 성취하는 데서 완전히 이루어진다. 그런데 이것은 우리 모두 본래 가지고 있는 능력이고 지혜다. 그러므로 장애인일수록 반야를 성취하기 위해 매진해야 된다. 앞으로는 장애의 세계 속에서 부처가 많이 나오기를 바란다. 그래서 인간의 위대함을 증명하여 누구나 고통을 영구히 벗어날 수 있도록 인도해주기 바란다.

반야에서는 무수상행식(無受想行識)과 무안이비설신의(無眼耳鼻舌身意)가 내 몸이 되므로 대상과 불이(不二)가 된다. 그리고 〈색성향미촉법〉과의 충돌과 투쟁이 없어지고 〈안이비설신의〉가 영광(靈光)을 뿜어내며 〈색성향미촉법〉을 아름답게 장식한다. 장애도 없고 경계도 없음을 비로소 확증하게 되니 더 이상 타인을 쳐다보며 사랑을 주거나 받거나 하지 않고 완벽한 주체성을 세우게 된다. 오로지 내 몸속에 고여 있는 무한하고 순수한 사랑을 끄집어내어 사랑이 내 몸을 감싸며 흘러넘치게 된다. 외로움과 소외감은 영원히 사라져버린다. 내가 사랑하건 말건 사랑받건 말건 그것은 더 이상 나의 인위적인 일이 아니게 되니 곧 내 몸과 마음으로부터의 대자유(大自由)다. 대자유는 천지자연의 힘으로 나의 사랑이 저절로 퍼져나가며 사랑이 저절로 모여든다. 그래서 사랑하고 사랑받는 데 전혀 힘들지 않고 애씀이 없이 자연스럽다.

사랑은 이렇게 장애로부터 나와 마침내 장애에게로 돌아오니 비로소 사랑이 생기거나 없어지지 않게 되고 사랑의 순수함이 변하지도 않게 되며 사랑의 양(量)이 늘어나거나 줄어들지도 않아 장애인의 사랑은 영원하고도 원만하게 완성된다. 그리고 휘황찬란한 사랑의 둥근 빛 가운데서 장애가 연꽃 위에 고요히 앉아 스스로 빛을 발하니 장애와 연꽃이 몰록 사라지고 무한한 희망만이 세상을 밝고 또 밝게 가득 채운다.

장애를 가진 그대는 비(非)장애인인 누구에게 "너는 반드시 행복할 거야!"라고 일심(一心)으로 말해준 적이 있는가? 그래서 상대가 아주 확신에 차서 반드시 그렇게 될 것이라는 굳은 믿음이 생기도록 해준 적이 있는가?

그렇다면 장애를 가진 그대는 상대에게 마음의 광명을 사랑과 자비로 전해주는 진정한 스승이자 구원자이고 그대는 비장애를 넘어 저절로 가장 행복한 사람이 되어간다.

2. 길 위의 날개

장애 그 자체가 도중에 주어진 내 고유의 길인데도 불구하고 따로 길이 있는 줄 착각하여 장애로 인해 길을 갈 수 없다는 망상과 장애의 길을 가면서도 한눈파는 것, 그리고 장애의 몸 그 자체보다도 장애로 인해 그 어느 것도 제대로 할 수 없다는 마음은 눈에 보이는 것만 따지는 어리석음과 불행이다.

몸으로 직접 생산적인 일을 하지 않는다고 해서 쓸모없는 인생도 아니고 가치 없는 사람도 아니다. 착하고 순수한 마음을 지키고 키워가며 탐진치(貪嗔痴)로부터 벗어나는 일은 인생에서 가장 큰 일을 하고 있는 것이 된다.

장애로 인해 사회에서 쓰임새가 많은 유용한 사람이 되기는 어려울지라도 자기 자신에게 크게 유능(有能)한 사람은 얼마든지 될 수 있다. 유용한 사람보다 유능한 사람이 비교할 수 없이 더 행복한 법이니만큼 장애로 인해 아무 것도 하지 못하며 시간을 허비하고 있다고 생각이 들거들랑 다음과 같은 것들을 해보자.

장애를 연꽃 위에 살며시 앉히는 길에서 도움이 되는 방편들이 많이 있다. 그것들의 도움을 받아 높이 날아오르면서 개개인의 구체적 장애 상황에 맞게 활용하면 아주 좋을 것이니 비교적 간단한 몇 가지만 살펴보자.

긍정적인 화두(話頭)

장애가 생기면 그 몸에 따라 온갖 마음이 생기고 뒤엉켜 혼란을 겪게 됨은 당연하다. 그래서 여기에서 빨리 벗어나는 것이 첫 걸음이 된다. 그러기 위해서는 생각을 하나로 모을 방편이 필요하니 곧 수행자들이 많이 갖는 화두가 바람직하다.

장애를 가졌을 때 떠오르는 의문들은 매우 조심해서 다루어야 한다. 자칫 잡다한 의문 속에 빠져 혼돈과 비관이 더 생겨나기 쉽게 된다. 또 행복하다고 강변해봐야 스스로를 속일 뿐이다. 자기의 드러난 모습도 있는 그대로 소중하니 억지로 비틀거나 눈감으면 괜히 속만 더 곪을 뿐이다.

화두내용이 부정적이 되면 절대 안 된다. '나는 왜 장애인이 되었나?' 하는 종류의 의문은 생각만으로는 정확한 답을 알 수 없을뿐더러 장애의 모습을 색수상행식(色受想行識)에 강하게 심어주게 되므로 더욱 벗어나지 못하게 되고 해롭게 될 뿐이다. 장애인이 된 이유가 굳이 궁금하다면 최면상태에 들어갈 수 있는 장애인은 최면을 통해 알아보면 된다.

바람직한 화두는 긍정적인 내용을 기본으로 한다. '내가 할 수 있는 것은 무엇인가?', '무엇으로 나 자신을 즐겁게 해 줄 것인가?', '사람들을 어떻게 도와줄 것인가? 하는 의문 등을 기본으로 그 구체적 내용은 자기 자신이 직접 정하면 된다.

화두는 단기간에 결론이 나지 않는 실마리이니 조급해하지 말고 바꾸지 않으며 가슴 속에 늘 품어 무의식적인 집중을 유지해나간다. 동시에 평소에는 보지 못했던 나 자신과 주위를 두루 살피는 안목을 반드시 겸비하면서 참구해나가야 한다. 머리가 맑은 시간을 택해 매일 집중하면 더욱 좋다.

칠보(七寶) 품기

어느 선비가 길을 가다가 멀리 산봉우리 정상에 우뚝 서 있는 소나무를 바라보고 있었다. 눈이 덮인 그 험준한 바위 위에 하얀 옷을 입고 홀로 푸르게 변함없이 세월을 뽐내고 있으니 얼마나 멋있었겠는가? 발걸음을 멈추고 감탄을 하며 "참 멋있다!" 라는 말을 연신 내뱉었다. 그 때 그 소나무가 저 멀리서부터 갑자기 눈앞으로 다가오며 가슴 속으로 쑥 들어오는 것이 아닌가? 깜짝 놀랐지만 뭔가 느낌이 있어 산을 올라 그 소나무 코앞까지 다가섰다. 그러자 몸이 구부정한 그 소나무가 말을 꺼냈다.

"내가 처음에 이 자리에 왔을 때 얼마나 힘들었는 줄 아시나요? 가냘 픈 발을 죽을힘을 다해 바닥에 붙이고 거센 비바람을 이겨냈지요. 조금 씩 아주 천천히 이 바위 속으로 몸을 내리느라 내 발은 늘 상처투성이었 소. 어떤 때는 이 바위에게 나를 받아달라고 간절하게 애원까지 하기도 했었소. 결국 자리를 잡기는 했지만 그 다음부터는 하늘에서 내려주는 빗물에 겨우 의지해서 나 자신을 먹이고 살려가야 되었지요. 겨울은 내 온 몸을 더욱 차갑게 만드는 탓에 죽지 않으려고 낮에 받은 햇빛을 품속 에 고이 간직하고 달래며 기나긴 겨울밤을 힘겹게 보냈지요. 지금은 내 가 이 바위의 주인이 되어 어깨를 활짝 펴고 있지만 내 구구절절한 마음 을 어찌 다 말로 하겠소? 다만 그대가 나를 보고 멋있다고 하길래 내 살 아온 마음을 일러주려고 이리 불렀소."

선비가 가만히 듣다 보니 좀 미안해졌다.

"미안합니다. 그렇게 오랜 세월 동안 처절하고 공을 들인 그 모습을 보지 못해 그만 그대를 너무 가볍게 봤구려."

나무가 싱긋이 웃으며 말했다.

"내가 심심해서 지나가는 그대를 붙잡고 농담 좀 해봤소. 마침 그대 가 마음이 비워져 있어서 말이오. 그대나 내가 별다를 게 뭐가 있겠소? 그대가 나를 바라볼 때 그대 자신도 언젠가는 지금의 나처럼 멋있게 될 것임을 스스로 알았으니 말이오."

선비가 비로소 속마음을 털어놓는다.

"실은 내가 과거에 여러 번 낙방해서 처자식을 볼 면목이 없어 집으로 돌아가지 못하고 다 포기하고 죽을 자리를 찾던 중이었소. 그런데 그대가 나에게 큰 은혜를 베풀어주었소. 다시 용기를 얻었소. 내 열심히 살아 반드시 그대처럼 멋있는 사람이 한 번 되어보겠소."

선비는 힘들 때마다 마음속에서 그 소나무를 떠올리면서 날을 새며 공부했다. 그리고 공부하면서 이전보다 글자가 선명하게 눈에 들어와 마침내 과거에 합격을 했다. 피상적으로 글을 익히던 습성을 벗어나 글이 가진 속뜻을 더 깊이 파악할 수 있게 되었으니 당연하다.

장애를 가진 몸에서는 마음속에 무엇을 품는가에 따라 삶의 질이 상당부분 좌우된다. 장애 때문에 자살까지 하는 것은 평소 마음속에 변함없이 깊숙이 품고 있는 소중한 대상이 아무 것도 없었거나 너무 힘들고 우울한 나머지 잊어버리거나 덮어버렸기 때문이다. 마음속에 강하게 새기며 품고 있는 것은 그 대상이 그냥 그대로 있는 것이 아니라 영적, 정신적 힘을 크게 뿜어내 온몸에 골고루 전해준다. 그리고 큰바위얼굴처럼 자기도 모르게 점차 그것과 닮아가게 되니 자기한계를 벗어나는

데 큰 도움이 된다. 그러므로 장기간 지속되며 언제 나아질지 알기 어려운 장애를 갖게 되면 반드시 나름대로 7가지 보물을 정해서 몸과 마음에 새기며 살아갈 수 있는 힘을 얻어야 한다. 7(七)은 생명력과 회복력을 주는 북두칠성을 상징한다.

마음속에 소중한 보물은 많을수록 좋으므로 자기가 가장 소중하게 여기는 사람이나 물건, 자연물 등 7가지를 정해서 보물로 삼는다. 그래서 힘들 때마다 7가지의 보물들을 마음속에서 하나하나씩 떠올리다 보면 어느 듯 자기 자신이 바로 보물창고임을 깨닫게 되니 아름다운 마음과 밝은 표정이 몸과 마음을 은은하게 장식하게 된다.

칠보는 변하고 일시적이거나 물질적인 것보다는 영원하거나 불변하며 큰 힘을 주는 어떤 정신적, 영적 대상을 근본에서 포함하는 것이 바람직하다. 그러므로 어려운 때를 대비하여 평소 신앙생활을 삶 속에 바르게 접목시키는 것이 좋다. 부처님이나 예수님 등을 비롯하여 자기가 좋아하는 신(神)을 선택하면 되는데, 밝고 부드러우며 내 마음을 초월하게 해주는 표정이 바람직하다고 볼 수 있다.

불교의 신을 보면 장애를 스스로 잘 통제하고 다루며 다스려갈 수 있도록 해 주는 신은 문수보살과 대세지보살이다. 의도하지 않은 불필요하고 과도한 반응으로 인해서 대인관계가 어려울 때 기도하면서 의지하면 크게 도움이 된다.

그리고 기존의 마음과 상황에서 벗어나 자유를 크게 느끼고 갖도록 해주는 신으로는 관세음보살과 지장보살이 있다. 뭔가 갇힌 듯한 답답함 속에서 늘 지내는 장애인이 의지하면 아주 좋다.

보현보살은 용기와 희망의 후퇴를 막아주면서 앞으로 꿋꿋하게 한 발씩 나아가도록 해서 장애를 극복하는 노력이 마침내 좋은 결실을 볼 수 있도록 해준다. 노력은 하는데 성과가 잘 나타나지 않는 장애인에게 큰 도움이 된다.

운동(스포츠)를 통해 장애를 극복하고자 하는 사람은 금강역사에게 기도하면 된다. 몸과 자세를 뜻에 맞도록 착착 제어할 수 있는 절묘한 감각을 비롯해 육체의 한계를 넘어선 힘과 집중력을 부여해주기 때문이다.

어두운 마음을 밝게 하고 편안한 마음이 되고자 할 때는 아미타불에게 기도하면 좋다. 아미타불은 무량광여래불(無量光如來佛)이기 때문에 큰 광명을 마음속에 전해준다.

부모 사후 장애자녀의 미래를 크게 걱정하고 있는 부모라면 살아 생전 미륵불에게 꾸준히 기도하면 자녀가 훗날 도움을 받는다. 미륵불은 미래불(未來佛)인지라 자녀의 미래를 밝혀준다.

그리고 장애를 치료하고 있을 때 속히 완치되고 건강해지며 부작용이 없기를 용왕신(龍王神)에게 청하면 좋다. 용왕신은 질병치료에 있어 가장 으뜸가는 신인데, 이는 인체가 70% 가량 물로 이루어져 있기 때문이다. 용왕신은 조화무궁하고 신통력이 걸림이 없어 몸과 마음의 부조화와 모순을 자연스럽게 해소시켜준다. 수중치료를 하면서 기도하면

더욱 좋다. 불자라면 이 분들 가운데 한두 분을 통해서 꾸준히 기도를
해 보자.

산을 칠보로 삼아 높은 산의 잘 생긴 산봉우리 같은 것을 마음속에
새겨도 좋다. 자연은 보이지 않게 일체가 연결되어 그 힘과 성향이 오고
가기 때문이다. 자기가 좋아하는 산의 힘찬 봉우리를 수시로 눈을 감고
마음속에 떠올리면 그 산의 엄청난 기운이 전해지게 된다. 그리고 가끔
그 산을 보러 가면 더욱 좋다. 그래서 그 산봉우리와 같은 부동심(不動
心)을 얻게 되고 마음의 흔들림이 줄어들어 의지를 강화시켜나갈 수 있
게 된다. 또한 넓은 바다를 마음속에 담게 되면 마음이 좁아지는 것을
예방하고 열기가 식게 되어 관대함과 평정심을 갖게 된다.

장애인을 돕거나 봉사하며 복지사업에 종사하는 사람들에게는 8(八)
이 큰 힘을 주는 행운의 숫자가 된다. 직업특성상 어려운 사람들을 위해
더욱 큰 힘을 끊임없이 발휘해야 되는데, 이 힘을 주는 숫자는 무한대
(∞)의 의미를 갖고 있는 8(八)이기 때문이다.

그리고 숫자 3(三)도 좋다. 그에 따라 3가지의 보물을 정하여 마음속
에 품고 살면 운명이 개선된다. 하늘과 땅과 나, 부처님과 진리와 나, 법
신(法身)과 보신(報身)과 화신(化身), 나와 너와 신(神), 성부와 성자와
성령 등의 다양한 3위일체 사상은 천지자연의 큰 힘을 갖고 편견과 치
우침이 없는 지혜를 갖도록 하여 완벽하고도 흠결이 없이 자비와 사랑
을 지속적으로 실천하도록 해주기 때문이다.

통 큰 기도

신(神)을 믿거나 믿지 않는 이유는 각자 나름이겠지만 길을 계속 가려면 그 길에서 신과 함께 하지 않을 수가 없다. 길을 가다 보면 누구나 반드시 자기 자신의 의식이나 한계에 부딪히고 매이게 되기 때문이다. 그래서 신에 대한 자기 나름의 생각은 일단 접어두고 신에게 기도하는 생활은 계속 이어나가는 것이 바람직하다.

장애는 하늘의 채찍이 아니다. 하늘은 평등하여 장애와 비장애를 차별하지 않는다. 그리고 엄격하여 누구에게나 몸과 마음을 통틀어 분수에 맞고 감당할 수 있는 만큼만 소원을 들어준다. 그러므로 장애일지라도 하늘과 조금의 틈이 없이 하나가 되어 있다. 그러므로 자기욕망에 따라 무엇을 해달라고 무작정 요구하며 매달리는 것만으로는 되지 않는다. 개인마다 그 처지에 맞게 기도 역시 차원을 조금씩 달리해야 된다. 많은 장애인들에게 몸의 한계는 명확하니 마음을 위주로 기도사항을 정한다. 장애인인 내가 오히려 비장애인을 덮어씌우는 큰마음으로 신의 성품을 드러낼 수 있도록 하는 것이 가장 이상적이다.

'신이시여, 제가 장애에 결코 지지 않는 사람이 되도록 힘을 주소서, 제가 사랑이 넘쳐나게 되는 사람이 되도록 인도해주소서', '제가 모든 사람에게 기쁨을 줄 수 있는 사람이 되도록 해주소서', '제가 모든 사람의 아픔을 같이 할 수 있는 사람이 되도록 해주소서' 하는 등등의 기도 내용이 그렇다.

내가 일체상황에 있어서 늘 당당한 주인이 되도록 통 큰 기도를 통해 나 자신을 이끌어나가게 되면 결국은 장애의 의미를 스스로 깨치게 된다. 그러면서 신과 진정으로 하나가 되니 장애를 덮어버리게 된다. 장애를 초월한 마음을 이루니 장애가 곧 장애가 아님을 깨닫는 것이다. 비(非)장애인을 위해서 기도해주는 장애인이 어찌 장애인인가?

인문학적 소양 기르기

장애로 무기력을 겪게 되고 그 속에서 허우적대는 인생을 벗어나려면 할 수 있는 것과 할 수 없는 것을 냉철하고도 깊게 살펴 할 수 없게 된 것에 대한 미련을 단번에 잘라버리고 할 수 있는 것에 더욱 집중해야 된다. 그리고 나 자신에게 또 다른 차원의 긍지를 갖는 것은 바람직하다.

이를 위해서는 우선 가치관부터 크게 바꾸어 취하고 버리는 것들을 재조정할 필요성이 생긴다. 현재로서는 욕망이 좋고 나쁨을 분별하여 거기에 매여 있으니 일단 인간과 인생을 보는 안목이 깊고 넓어져야 되고 여기서 미련만 살며시 잘 내려놓으면 비장애인보다 훨씬 더 밀도 있는 삶을 영위하게 된다.

보이지 않는 것을 더 소중하게 여기는 마음은 큰 가치를 가진다. 보이는 것은 보이지 않는 것을 뿌리로 삼기 때문이다. 평범한 삶에 대한 미련조차 떨쳐버리자. 본래 평범한 삶이란 것은 없다. 평범해 보이는 그 속에서 엄청난 굴곡을 넘나들기 때문이다.

스스로 일어날 수 있도록 되려면 빵과 더불어 영혼의 양식을 충분히 얻어야 한다. 노숙자에게 빵을 주면 잠깐 배고픔을 면하는 것으로 끝나지만 빵과 더불어 인문학이나 예술을 가르쳐주면 정신이 달라져 스스로 그 신세를 면하게 된다. 인간을 진정으로 일으켜 세우는 힘은 자존감 회복이기 때문이다. 그리고 음(陰) 속에 양(陽)이 있고 〈양〉 속에 〈음〉이 있으며 물질과 정신이 다르지 않고 정신이 근본이기 때문이다.

이는 장애인에게도 마찬가지다. 색수상행식(色受想行識)은 남녀노소와 장애, 비장애와 관계없이 작용하고 있다. 그래서 장애인의 행동과 생각이 다섯살짜리라고 해서 근본정신도 그렇다고 착각하여 무시하면 안 된다. 태교를 생각하면 쉽게 이해될 것이다.

장애인이 예술과 인문학적인 내용 등을 풍성하게 얻는 것은 육체적 쾌락의 포기로부터 오는 불만족을 잘 이겨내고 할 수 있는 것에 대한 집중력을 키워 외부와의 소통을 늘려 마음을 살려서 생명력을 갖는 일이다. 소통을 잘하려면 소통할 내용물이 풍부해야 될 것 아닌가? 내면이 빈약한 사람은 소통에도 한계가 생기게 됨은 당연하다. 내가 단순히 장애인이라는 이유만으로 소외당한다는 생각은 단편적이다. 소통은 말 그대로 쌍방이 하는 것이기 때문이다. 내가 소통할 꺼리를 만들고 많이 갖고 있으면 소통을 원하는 〈색성향미촉법〉이 자연히 나타나니 소통은 쉽게 된다.

유럽의 유명한 베스트셀러작가인 스위스의 철학자 알렉상드르 졸리앙은 태어날 때부터 뇌성마비장애인이고 17년간 요양원에서 살며 큰 고통을 겪었다. 절망으로 나날이 보내다가 철학을 배우면서 새로운 삶이 시작되었다. 그리고 선(禪)을 배우기 위해 우리나라를 방문하며 장애를 주체적으로 이끌어나가고 있다.

미련을 떨치고 가치관을 바꾸어 사는 데 큰 도움이 되는 것은 아무래도 성인의 가르침을 비롯하여 인문학적인 지성을 필요로 하니 좋은 내용의 글을 많이 접하면 큰 도움이 된다. 그러면 장애에 걸려있는 〈색수상행식〉의 내용물이 많이 교정된다. 그래서 장애를 가질수록 책을 많이 읽고 사색하며 마음의 눈을 떠야 된다. 이것은 장애로 제한된 몸의 욕망의 압력을 정신적인 방향으로 분출시켜야 되기 때문이기도 하다.

지성(知性)이 욕망을 압도하고 정신이 몸을 이끌어가는 사람은 장애인이 아니다. 자기 존재의 주체를 지성과 정신에 두기 때문이다. 그리고 이런 장애인이 많아질수록 품격 높은 사회가 아닐 수 없다. 인생과 자기 자신에 대해 그 누구보다도 많은 사색을 하게 되는 장애인 세계에서 훌륭한 철학자나 사상가, 작가들이 많이 나오지 않는 것은 참으로 이상한 일이다.

괴테상과 노벨문학상을 받은 유명한 독일의 소설가 헤르만 헤세, 첫 여성 노벨문학상 수상자인 스웨덴의 셀마 라게를뢰프, '돈키호테' 처럼 살다 간 스페인의 세르반테스 등도 자폐증환자가 아니었던가? 경제학의 아버지 아담 스미스는 외모에 대한 열등감을 심하게 가진 언어장애인이었다.

특정인만 불가능을 가능으로 바꿀 수 있는 것이 아니다. 위대한 사상과 철학 등을 비롯하여 각종 크나큰 업적은 항상 자기 자신으로부터 시작된다.

이름과 상징 갖기

자기의 이름과 상징은 색수상행식(色受想行識)의 무의식에 새겨져 평생동안 큰 힘을 발휘하고 있다. 그러므로 이전과 다른 새로운 자기 자신을 형성하려고 할 때 이름을 새롭게 하고 상징을 갖게 되면 크게 이롭다.

이름은 그 사람의 대명사이고 문자와 어감, 그리고 이미지 형상을 통해 자기암시화되므로 어떤 보이지 않는 신비한 주술적 힘을 발휘하며 삶에 개입하고 있다. 그래서 인생에서 큰 전환을 맞이하는 시기에는 기존 이름의 부족한 점을 보완해줄 필요성이 있게 된다. 그러면 추가로 힘을 얻게 되고 자기 자신을 재정립하여 새롭게 출발을 하는 데 큰 도움이 된다. 장애를 갖고 살아가려면 기존의 이름이 가진 힘만으로는 감당하기 어렵게 된다. 그리고 비장애일 때의 이름이므로 그 이름에 부정적 암시를 갖기 쉬워진다.

그러므로 이름이 마음에 썩 들지 않거나 살기(殺氣)가 있을 때 오래 지속되는 장애가 생기면 개명하는 것이 좋고 그렇지 않으면 기존 이름에 다른 이름을 지어서 함께 쓰는 것도 좋다. 별명, 아호, 예명, 필명, 가명, 법명 등이 그것이다. 이때 흔해빠진 이름이나 촌스러운 이름은 피해야 된다. 자아존중감을 떨어뜨리고 타인에게 천시되는 감각을 갖도록 해주기 때문이다. 장애상태를 잘 극복해나갈 수 있는 힘을 얻도록 오행(五行)과 소리의 감각과 뜻을 잘 살려 지어주면 의외로 큰 용기와 생동감과 활동력을 얻게 된다.

장애를 갖게 되면 나 자신을 대신하여 나를 표현하고 상대에게 각인시키는 상징(symbol)이 더욱 필요하다. 이 상징은 강한 이미지를 구성하여 대인관계에서의 소통길을 만들고 자기 자신을 진취적으로 만들며 스스로에게 동기부여를 하게 되는 힘을 갖고 있다. 이런 것을 통하여 마침내 자기 자신에게 행운을 불러다주게 된다.

상징은 사인(sign), 마크(mark), 로고(logo), 캐릭터(character) 등이고 그 외 색깔이나 옷이나 특정 악세사리 등 겉모습으로 구성하기도 하고 제스츄어 등의 동작으로 구성하기도 한다. 회사는 물론 유명인일수록 이런 상징으로 자기의 이미지를 구축하고 그 덕을 크게 본다.

상징은 너무 복잡하지 않고 단순한 것이라야 되며 진취적 기상이 들어가 있고 형상이 안정적이 되어야 좋다. 물론 자기만의 것이니 독창적인 것은 기본조건이다. 그리고 반드시 그 형상기호에 강한 의미와 힘을 부여해야 한다. 명함이나 이메일, 휴대폰 등 일상적인 용도로 사용하는 물건에 새겨 활용해보자. 아마 각오가 새로워지면서 자신감이 넘치게 될 것이다.

장애인을 상징하는 사회적 기호 역시 지금보다 더 의미가 깊게 바꾸는 것이 바람직하다. 휠체어에 앉아 있는 사람모습을 상징으로 사용하는 것은 단순히 비장애인과 구분하는 표시에 지나지 않아 상징이 본래 가진 의미를 살리지도 못하고 화장실 남녀구분 그림과 다를 바 없다. 가만히 멈추어버린 시간과 갇혀있는 공간을 무기력하게 느끼게 하고 있는 지금의 상징은 해롭기까지 하다. 사람들이 볼 때 장애에 대한 이미지를 새롭게 갖게 되고 보다 역동적이며 생생하게 움직이는 감각을 느끼도록 되어야 한다.

유서 깊은 사찰에는 나무가 된 지팡이에 얽힌 전설이 많다. 용문사 은행나무를 비롯하여 수타사의 주목, 백양사 이팝나무, 쌍계사 국사암의 느릅나무, 오대산 사자암 단풍나무, 정암사 주목, 송광사 고향수와

쌍향수 등이 있다. 이들 나무는 고승이 지니고 있던 지팡이에 그 혼(魂)이 들어가 있어 뿌리를 내려 싹을 틔우고 나무가 되었다. 그리고 그 어떤 나무보다 오랜 세월을 살고 있다.

사실 여부를 떠나서 이것은 죽은 것도 자연의 힘을 얻어 그 마음에 따라 다시 살아날 수 있다는 가능성을 암시하고 있다. 단, 혼(魂)이 들어있다면 말이다. 그러므로 땅 위의 생명은 근본적으로 몸이 아니라 정신에 달려있게 된다. 하물며 살아있는 장애인이 꽃을 피우지 말라는 법이 없다. 그 몸이 어떠하든간에 오로지 신묘(神妙)한 마음에 달려있을 뿐이니 자기스승인 그 〈색수상행식〉과 함께 하는 것이 과제일 뿐이다.

〈색수상행식〉을 바르게 드러내지 못하도록 만드는 가장 큰 적은 공포(恐怖)다. 장애 때문에 행복을 얻지 못할까 두려워하면 작은 행복을 얻을지언정 큰 행복은 얻지 못한다. 행복을 잃을까 걱정하면 이미 큰 행복이 사라졌다. 장애 때문에 불행이 생기면 어떡하나 걱정하면 이미 작은 불행을 얻었다. 불행이 오래 갈까 걱정하면 이미 큰 불행을 얻은 것이다. 시간은 단지 이 사실을 확인시켜 줄 뿐이다.

장애로 생기는 두려움은 큰 행복과 같이 있을 수 없으니 장애 그 자체가 아니라 두려움을 스스로 덧붙이는 것이 진정한 불행이다. 두려움 없이 노력함에 따라 저절로 되어가는 나를 잘 살피는 것이 장애를 연꽃 위에 올려 드러나는 진정한 행복이니 행복에는 본래 장애가 끼어들 틈이 조금도 없다.

7장

붓다,

꽃 한 송이 들고 장애 속으로 걸어 들어오다

7장
붓다,
꽃 한 송이 들고 장애 속으로 걸어 들어오다

"나 자신은 항상 나와 함께 있다"

— 지공선사

부처님이 길을 가던 중 어느 동네에 들어서자, 여러 남자들이 한 여인을 에워싸고 손가락질하며 놀리고 있었다. 거지차림의 이 여인은 다리를 질질 끄는데다가 얼굴 반쪽이 흉측하게 일그러져 있었다. 이른 바 안면장애에다가 불구였던 것이다. 거기다 성폭행을 당해 임신까지 해서 배가 불룩했다. 사람들이 비웃어도 익숙해진 탓인지 화도 내지 않고 멍하니 있었다.

그 장면을 묵묵히 지켜보고 있던 부처님이 손에 꽃을 높이 든 채로 쥐고 이들 옆에 말없이 가만히 서 계셨다. 무리 중 한 사람이 문득 고개를 돌려 부처님을 쳐다보는 순간 이 여인을 비롯해서 모든 이의 시선이 꽃에 모였다. 모두가 숨죽여 생각이 멎고 그 자리의 고요함이 극에 달했다.

침묵을 지키던 붓다가 문득 입을 열었다.

"꽃을 바라보는 마음에 장애도 없고 장애 아님도 없다. 오로지 꽃이 있을 뿐……. 이 꽃은 너희로부터 나왔으니 너희 모두 꽃이다."

붓다의 말을 듣는 순간 그 자리의 모든 이들이 문득 마음이 열려 가슴속에서 연꽃이 활짝 피어남을 느끼고 분별심이 사라지는 동시에 삼매(三昧)에 들게 되어 평등한 깨달음을 얻었다. 이 여인의 몸에서는 세상에 없는 향내가 진동하였다. 무리들 모두 부처님께 삼배를 올리고 제자가 되었다. 여인은 이 마을에 남아 마을사람들의 스승이 되었다. 여인이 낳은 아들 역시 훗날 출가하여 부처님 제자가 되어 깨달음을 이루었다.

그렇다. 꽃을 바라보는 마음에 차별이 없다. 장애는 꽃을 바라보는 마음에 차별을 둘 때 생기게 된다. 꽃을 바라보는 마음과 장애인을 바라보는 마음이 다르지 않은 사람은 곧 부처다. 그리고 장애인 스스로도 자기 모습과 꽃이 다르게 보이지 않으면 더 이상 장애인이 아니고 부처다. 이 때 우담바라 꽃이 비로소 이 땅에도 피어나게 된다.

318

장애 속에서 행복해지려면 고통을 주는 요소들을 어떻게든 잘 처리해야 된다. 그런데 그것들을 하나하나 맞상대하면 끝이 없으니 아예 자기 자신이 통째로 변해버리는 것이고, 그것은 밖의 다양한 행복요소들을 모두 얻어서만도 되는 것이 아니라 오히려 장애라는 불행요소를 숫돌로 삼아 불행을 느끼는 자기의 굳어있고 지저분한 실체를 갈고 닦아 나가며 없애버리는 것이다. 장애 자체를 맞상대하여 극복하는 것이 아니라 장애를 존중하여 나 자신의 불행한 마음이 사라지도록 하는 것이다.

이것은 장애가 나 자신의 스승이 되는 것이고 이것을 두고 장애를 극복했다고 표현한다. 장애를 연꽃 위에 잘 앉히고 남아 있는 나 자신마저 그것을 바라보며 연꽃이 되는 것이다. 장애를 아기 어루만지듯이 부드럽고 자연스럽게 대하고 소중하게 다루어가다가 마침내 장애가 내 스승으로 화(化)할 때 나 역시 붓다가 된다. 그러므로 기본적으로 장애가 두터운 벽이 되어 마음이 꽉 막혀 변질되지 않도록 하고 예전처럼 물 흐르듯 마음이 계속 흘러가도록 하는 것이 요구된다.

유(有)는 무(無)로부터 나오니 창조의 근원은 깨끗한 마음이다. 그러므로 무엇을 행하더라도 깨끗한 마음으로 행해야 원만하게 되면서 장애로 인해 잠시 사라졌던 것 같은 행복을 다시 맛볼 수 있게 된다. 장애로부터 행복으로 건너가는 징검다리가 곧 깨끗한 마음이다. 장애를 가지면 열심히 노력하더라도 곧바로 행복이 되지 않는다. 또 장애로 인해 이미 오염된 마음으로는 무엇을 하더라도 불행을 확대재생산해내기 쉬우니 행복은 요원하다.

　깨끗한 마음은 장애의 불행을 세탁시켜 불행의 본바탕인 행복으로 만들어 다시 누릴 수 있도록 해준다. 장애를 가진 후 새로운 인생을 크게 창조해내려면 반드시 마음이 텅 비워져 새로워져야만 되는 것이다.

장애의 상(相)만 있을 뿐이다

　장애의 상(相)이란 장애를 만들고 유지해가는 몸과 마음, 즉 〈색수상행식〉과 〈안이비설신의〉와 〈색성향미촉법〉이 하나로 뭉친 명색(名色) 덩어리다. 그러므로 뜬구름같이 생겨나고 사라지는 망념(妄念)이므로 이는 진실상(眞實相)이 아니다. 장애의 근본자리는 허명(虛明)하여 번뇌망상과 탐착이 비어있어 순수하면서 빛을 발하고 있다.

　그러므로 장애란 본래 없지만 장애라는 관념이 있으므로 장애의 〈상〉이 생기게 되고 그에 따른 환경과 삶이 전개된다. 결국 자기가 스스로 분노를 만들게 된다. 그렇게 〈상〉은 몸의 장애와 마음의 장애를 하나로 묶어버려 몸의 장애가 마음의 장애를 낳게 만들고 마음의 장애가 몸의 장애를 낳게 만든다. 다양하고 복잡한 〈상〉 가운데 자기가 어느 부분을 중점으로 취하는가가 곧 삶의 여정이며 가치가 된다. 장애가 곧 장애가 아님을 증명하는 것이 장애인의 삶의 의미이면서 동시에 운명이고 마땅히 이 세상에서 해야 될 바가 된다. 몇 가지 대표적인 장애의 〈상〉은 다음과 같다.

아상(我相)은 '나는 장애인이다' 라고 스스로 자신을 고정되게 규정 짓는 마음이다.

인상(人相)은 '너는 장애가 없어서 좋겠다' 라는 상대적인 마음이다.

중생상(衆生相)은 '장애라서 아무 것도 할 수 없어. 나는 무능력자야' 라는 마음이다.

수자상(壽者相)은 '미래가 망가졌고 오래 살 수도 없을 거야' 라는 마음이다.

아수라상(阿修羅相)은 '나를 이렇게 만든 것들을 가만두지 않을 거야' 라는 마음이다.

법상(法相)은 '장애를 가진 것은 어쩔 수 없는 운명이야' 라는 마음이다.

비법상(非法相)은 '재수가 없어 장애인이 되었어' 라는 마음이다.

제한된 〈상〉으로만 사는 사람은 비장애인일지라도 인생에 답이 없고 모든 성인들이 와서 달라붙어 애써도 구제되지 못한다. 하물며 장애라면 더욱 해답이 없다. 인간이 알게 모르게 가지고 있는 크나큰 역량과 가능성에 비하면 장애 역시 스스로 지어내고 자기 자신을 축소시키는 물리적 평계에 지나지 않는다.

장애는 〈상〉에 붙어있는 업(業)의 그림자일 뿐이다. 그러므로 장애를 붙들고 늘어지면 업이 더욱 신나서 춤춘다. 그러다가 결국 신명난 그 그림자가 순수한 몸체를 덮어버리고 사람들이 나를 투명인간 취급한다. 장애와 비(非)장애를 붙드는 자기를 잘 보고 알아 그 손을 한 번에 놓아버리면 그림자가 사라지면서 업이 점차 조용히 잠든다. 나아가 장애와 비장애를 붙잡는 습성마저 떨쳐버리게 되면 업이 소멸되고 순수한 모습만 남게 된다. 단순히 장애를 벗어나려고 애쓸수록 더욱 힘들고 불행해지는 이유부터 먼저 깨우쳐야 된다.

실상은 장애 그 자체에 갇힌 것이 아니라 장애의 상(相)에 갇혀있는 것이다. 〈상〉은 생멸하는 가운데 치환되고 변화무쌍하며 고정됨이 없으니 내가 주무르고 다스리며 벗어날 수 있는 여지가 얼마든지 있게 된다. 그리고 여기에서 벗어나려면 장애의 〈상〉을 미련 없이 벗어던져버려야 한다. 남이 뭐라고 하건 말건 이것은 내가 직접 할 수밖에 없는 일이다. 그러기 위해서는 마음이 고요한 가운데 지혜의 눈을 좀 떠야 한다. 스스로를 장애인으로 규정지어 남과 비교하고 차별하며 그 욕망과 불만 속에서 살아가는 모습은 그 자체가 장애 정도가 아니라 아예 불치병이다. 장애인이 길을 가는 것은 이와 같은 장애라는 식(識)과 〈상〉을 소멸시켜가는 것이다.

장애와 비(非)장애는 서로 의지하고 있다.

장애가 있으므로 비(非)장애가 있고
장애가 생기므로 비장애가 생긴다.
장애가 없으면 비장애가 없고
장애가 소멸하면 비장애가 소멸한다.

비(非)장애가 있으므로 장애가 있고
비장애가 생기므로 장애가 생긴다.
비장애가 없으면 장애가 없고
비장애가 소멸하면 장애가 소멸한다.

장애인이 장애에 맞춘 운동기구로 운동할 때는 장애인이 아니게 된다. 장애인이 비장애인의 운동기구로 운동하니 장애인이 되는 것이다. 세상사람 모두가 장애의 모습을 갖고 있다면 장애 또는 장애인이라는 이름은 생겨나지 않게 된다. 이와 같이 장애 또는 장애인이라는 명칭은 상대적일 뿐 절대적인 것이 아니다. 장애가 비(非)장애로부터 나오고 비장애가 장애로부터 나와 하나가 되어 있으니 장애를 장애로만 보고 비장애와 다르게 보는 것은 마치 파도만 보는 것과 같아서 바다 속을 알 수가 없게 된다. 그것은 내 존재를 스스로 장애와 비장애로 쪼개어 나누는 것이므로 내면 속에서 저절로 일어나는 갈등과 투쟁으로 인해 결국은 삶의 고통을 일으키게 된다. 어떤 장애에 마음이 걸린다면 멀쩡한 다른 모든 것에 마음이 걸리게 되는 것이다. 그러므로 장애인을 차별하는 것은 곧 나 자신을 차별하여 스스로를 낮추는 결과가 생겨나게 된다.

　　장애의 상(相)이 독자적으로 생겨나지 않는다. 연기(緣起)에 의하면 장애와 비(非)장애가 서로 의지하여 생겨나므로 단독으로 있는 것이 아니고 또한 둘이 아님을 일러주고 있다. 뿌리가 하나이므로 그 누구나 장애와 비장애를 하나의 몸에 동시에 구현하고 있다. 그러므로 장애가 드러나면 비장애는 숨어 있고 비장애가 드러나면 장애는 숨어 있다. 장애가 움직이면 비장애는 멈추어 있고 비장애가 움직이면 장애는 멈추어 있다.

　　장애를 알아야 비장애를 알고 비장애를 알아야 장애를 안다. 누구나 장애를 가질 수 있고 또한 장애를 초월할 수 있기도 하다. 다만 현상적으로 어느 것을 드러내고 어느 것을 움직일 것인가는 오로지 마음에 달려 있게 된다. 그리고 서로에 대한 도리와 책무가 있게 된다. 노자(老

子)는 천하를 내 몸처럼 아끼고 도(道)는 그 어떤 존재도 버리지 않으며 〈도〉가 들어있지 않은 생명은 없다고 했다. 그러므로 장애의 몸일지라도 아껴야 되는 법이고 그것이 곧 마음을 비장애로 가지는 것이다. 자연의 길에서 당연히 비장애의 마음을 중심으로 나아가는 데, 장애와 비장애는 함께 있거나 동시에 사라지는 것이고 어느 하나만 있거나 따로 소멸될 수 없는 법이다.

 나 자신은 비어 있는 부분과 채워져 있는 부분이 묘하게 한 덩어리가 되어 이루어져 있다. 그래서 몸의 장애와 마음의 장애는 본질적으로 다르지 않다. 몸의 장애와 비장애 역시 마찬가지로 다르지 않다. 다만 장애는 채워져 있는 부분이 손상된 것이고 비장애는 비어 있는 부분이 손상된 것이다. 행복하려면 장애인은 비어 있는 부분을 크게 찾아내야 되고 비장애인은 비어 있어야 되는 부분을 건들지 않도록 분수를 지키며 조심해야 되는 법이다. 이전의 비(非)장애의 모습이 나 자신의 전체가 아니었듯이 장애의 모습 또한 그러하다. 비워지고 채워짐, 장애와 비장애에 따라 들락거리는 마음과 관계없이 존재하는 나 자신이 바로 행복의 원천을 갖고 있다.

 그러므로 장애를 없애려고 애쓰는 것은 장애와 비장애로 나누어지지 않고 온전하게 하나의 나 자신이 존재하게 되는 일이다. 장애가 비장애가 된다고 해서 장애가 근본적으로 극복된 것이 아니다. 오로지 장애와 비장애 모두와 관계없이 존재하고 있는 나 자신을 찾는 것이 곧 장애를 밝혀 영원히 극복하는 길이다.

장애는 곧 장애가 아닌 모습이다

청정해진 마음에서 일체의 장애가 장애가 아닌 모습을 보면 이는 곧 신(神)을 보는 것이고 실상(實相)을 드러낸다.

장애가 아닌 모습이란 것은 색(色)과 상(相)이 없이 온전한 〈색수상행식〉인 무수상행식(無受想行識)으로서 곧 신령적(神靈的)인 몸이다. 이 몸은 밝게 일체생명과 신의 차원에서 네트워크화되어 있다. 그래서 그 마음은 곧 사랑과 자비를 근본으로 무량하며 초월적인 능력과 큰 지혜를 가진 광명이다. 순수한 이 몸은 장애의 모습도 아니고 비(非)장애의 모습도 아니다. 장애와 비장애의 상대적 모습을 모두 넘어선 모습이고 이는 곧 절대적 비장애의 몸이 된다. 이 몸은 다시는 장애가 되지도 않고 장애와 비장애의 차별성과 상대성에 걸리지도 않으며 자유롭다.

그러므로 몸과 대상의 경계와 한계가 없어 몸의 장애와 무관하게 대우주에 두루 퍼져있는 정보를 있는 그대로 받아들일 수 있으니 이는 곧 주관적 차별상인 허상을 벗어나 절대적 평등상(平等相)인 실상을 이룬 몸이다. 그래서 항상 헛됨이 없이 참되고 착하며 아름다운 열매를 맺게 된다.

인간의 위대한 정신은 일차적으로 겉으로 드러난 모습을 초월한 데서 이루어지니 장애와 비장애가 없는 절대적 차원에 항상 마음을 두고서 장애를 바라보도록 해야 된다. 그 때 믿음이 청정하게 되어 장애가 곧 장애가 아님을 보게 되고 비로소 신을 느낄 수가 있게 되며 신이 장애 속에서도 항상 함께 있음을 알게 된다.

장애인의 마음이 그 주체성을 〈색수상행식〉에 두고 비장애인 이상으로 마음이 나아간다면 이는 곧 자연의 길을 가는 일이 된다. 그것은 장애인이 비장애인을 품고 넘어서는 마음이다. 몸은 비록 내가 의지하지만 마음은 비장애인의 의지처가 되는 것이다. 장애인인 나를 향한 비장애인의 좋고 나쁜 일체마음을 미소 한 번으로 가볍게 품는 것은 나 자신을 대장부로 만들어간다. 그렇게 되면 많은 이들의 중심에 항상 내가 있게 된다. 이는 참으로 무서운 정신이면서 점차 영적인 존재가 되어가는 것이다.

장애와 비장애에 머무름이 없는 마음을 낸다

장애인이 길을 가는 것은 곧 장애와 비장애의 몸에 머무르지 않는 마음을 점점 키워가고 갖추어가는 것이 된다. 마음을 육신과 별개로 가질 수 있고 무한한 우주공간에 꽉 채울 수 있는 것은 마음이 본래 모습이 없기 때문이다. 그러므로 장애의 상(相)에 머물지 않는 마음이 본래 정상이다. 잃어버린 그 본래모습을 다시 찾기 위해서는 생명과 인생을 폭넓게 볼 수 있는 안목이 요구될 뿐이고 몸의 장애와는 아무런 관련이 없다.

장애의 상(相)에 머무르지 않는 마음은 장애 이전에 갖고 있던 마음과 장애로 생긴 마음을 몽땅 넘어서는 마음이다. 이 마음은 곧 무(無)에서 유(有)를 스스로 새롭게 만들어내는 창조의 힘을 불러일으켜 장애에도 불구하고 새로운 인생을 창조하게 된다. 이 인생은 장애를 입지 않고 살았을 때 본래 갖게 되었던 인생이 아니다. 그것과는 완전히 차원이 다른 인생인 것이다. 이것은 자기 자신을 한없이 아름답게 장엄(莊嚴)하는 것이다. 그렇다고 장애상태 자체를 무시하며 사는 것은 아니다. 그러면 이상한 사람이 될 뿐이다. 몸이 장애가 되면 마음을 밝히면 되고 마음마저 장애가 되면 참회하여 영혼을 밝히면 될 일이다. 길을 가는 것은 끝없는 길이라고 하고 길 없는 길이라고 하니 그것은 곧 나의 깊이와 범위가 한정되어있지 않음을 일깨워준다. 장애의 육신은 가장 겉에 물질로 드러나 있는 존재의 표면에 불과하다. 내 존재의 알맹이는 허공의 모습이다. 장애의 상에 머물지 않는 무주심(無住心)이란 상(相)에 대한 인식의 폭넓은 전환을 갖는 것이 일차적이다.

무아상(無我相) — '나는 한량없는 마음이다"

328

무인상(無人相) — '너의 행복이 곧 나의 행복이다"

무중생상(無衆生相) — '내 삶은 나의 마음이 결정한다"

무수자상(無壽者相) — '미래는 항상 열려 있고 살고 죽는 것은 하늘의 뜻이다"

무아수라상(無阿修羅相) — '장애에 지지 않는 것이 가장 큰 복수다"

무법상(無法相) — '인과는 마음따라 사라지는 것이고 그 마음마저 비워지면 자유인이다"

무비법상(無非法相) — '장애도 이 세계 질서의 한 부분이다"

아상(我相)은 큰마음이 작은 몸을 움직이는 무아상(無我相)으로 바뀌니 나 자신의 장애가 아닌 부분을 점차 또렷하게 보게 된다. 그래서 원하는 마음을 갖추게 되어 장애로 인해 침체되었던 모든 부분을 스스로 떨치고 일어나게 된다.

인상(人相)은 받는 것보다 주는 것이 크게 되는 무인상(無人相)으로 바뀌니 내 욕망을 쫓거나 타인을 의식하는 나약한 마음에서 벗어나게 된다. 그래서 일체의 상대로부터 흔들리지 않고 상대 속으로 내 마음이 들어가고 상대를 내 마음에 받아들이면서 내가 크게 확장되게 된다.

중생상(衆生相)은 잠자고 있던 능력을 일깨우게 되는 무중생상(無衆生相)으로 바뀌니 장애의 공허함이 반드시 할 수 있다는 자신감으로 바뀐다. 그래서 밖으로 몸을 큰 차원에서 움직이게 된다. 장애인이 자신감이 없는 것은 주어져 있는 〈색성향미촉법〉에 끌려 스스로를 불행하다고 느끼고 있기 때문이다. 스스로 망설이니 밖으로도 불행을 스스로 확인하게 되어 더욱 불행한 사람이 되어간다. 이는 장애 탓이 아니라 장애에 대한 생각 때문이다. 행복은 곧 자신감을 갖게 해주니 중생상이 사라져 행복한 장애인에게는 진정한 자신감이 잠시도 떠나지 않게 된다.

수자상(壽者相)은 과거에 대한 집착에서 벗어나 미래를 창조해가고 삶과 죽음에 초연한 마음을 가지게 되는 무수자상(無壽者相)으로 바뀌니 희망없다고 느끼는 미래의 절망과 질병과 죽음 등에 대한 공포를 떨쳐버리고 영혼의 힘을 크게 불러일으키게 되어 삶을 새로 만들어내고 장애로 인해 어느 정도 의학적으로 정해진 수명도 얼마든지 넘어설 수 있게 된다.

아수라상(無阿修羅相)은 나를 내치고 비웃는 밖에 대한 원망과 복수심을 거두어 분노가 소멸되고 자비의 덕을 형성하는 무아수라상(無阿

修羅相)으로 바뀌니 밖에 대해 관대해지고 나 자신에 집중하게 된다. 이것은 자기 자신을 가장 사랑하는 것이 되므로 장애를 부드럽게 이기 게 되고 아름다운 마음이 결국 좋은 성취를 이루어내게 되는 것이다.

법상(法相)은 밝고 자유로운 마음을 가지게 되는 무법상(無法相)으 로 바뀌니 운명을 한탄하며 인과와 죄의식 등으로 움츠러들었던 자기 자신을 다시 활짝 펴게 만든다. 진정한 참회가 되니 누구 앞에서나 그 어디에서나 당당하게 되어 살기는 사라지고 생기를 갖게 된다. 그에 따 라 새로운 활력이 솟아난다.

비법상(非法相)은 인과와 인연을 존중하는 무비법상(無非法相)으로 바뀌니 혼돈에서 벗어나 조화와 질서를 가진 자유를 이루게 만든다. 장 애상태를 기꺼이 받아들이는 가운데서 새로운 미래를 탐색해나가게 되 니 현재에 머무르고 있는 마음을 미래로 신중하게 움직일 수 있게 된다.

장애상태에 머물지 않는 무주심(無住心)이 상(相)에 어느 정도 갖추 어지면 이와 같이 달라지게 된다. 장애의 악몽을 깨고 나면 신나게 지내 던 비(非)장애의 몸 이전에 진정 행복한 나 자신이 변함없이 여전히 있 다는 사실을 비로소 알게 된다. 그리고 나 자신이 달라진 데서 비롯되는 것과 더불어 나에게 머물고 있던 신(神)이 그 변화된 마음을 따라 함께 움직여주니 이전까지 느껴보지 못하던 힘이 샘솟게 된다.

장애를 벗어나면 비(非)장애도 떠나가고 비장애를 벗어나면 장애도 떠나간다. 장애와 비장애의 찌꺼기마저 마음속까지 한 점도 남김없이 싹 치울 때 그 텅 빈 자리에는 들어찰 수 있는 것이 없다. 오로지 고요함 속에 영원히 밝은 광명만이 드러나 채울 수 있게 된다. 일생에 상대적인 장애와 비장애의 마음을 한 번이라도 근본적으로 말끔히 버리고 비우는 경험을 하지 못한 사람은 늘 뭔가에 허덕이게 된다.

내 본래의 몸 ― 무안이비설신의(無眼耳鼻舌身意)

『반야심경(般若心經)』에서 장애의 모습에 대해 가르치고 있는 바를 살펴보자. 『반야심경』은 장애에도 불구하고 여전히 변함없는 나 자신의 본래면목과 장애로 인해 새로운 능력이 생기고 발휘되는 그 이치, 그리고 장애란 아예 없는 것이고 장애가 아님을 가장 직설적으로 밝혀놓은 진리이므로 이득이 크다. 장애가 없는 마음자리로 나를 옮겨주고 비장애인마저 포용하는 큰마음을 갖게 해주어 두려움과 비굴함을 없애주며 장애를 받아들이는 가운데서 주체적으로 당당하고 꿋꿋하게 살도록 해준다. 『반야심경』을 늘 독송하게 되면 마침내 장애라는 허상(虛相)이 산산조각나 점차 사라지면서 밝고 큰 힘을 얻게 된다.

일체의 장애는 꿈과 같고 허깨비와 같고

물거품과 같고 그림자와 같으며

이슬과 같고 번개와 같으니

마땅히 이와 같이 꿰뚫어보라

얻은 행복보다 그 행복을 얻는 데 있어서 갖고 있는 지혜는 비할 바 없이 더욱 소중하다. 불행을 헤쳐 나가는 데서 얻는 지혜와 힘은 불행이 곧 행복의 원천이 되도록 승화시키니 단순한 행복보다 우위에 있게 된다. 지혜는 행복을 계속 낚는 그물이기 때문이다.

그러므로 지혜 없는 행복 없고 행복 없는 지혜 역시 없다. 당연히 지혜로운 사람은 장애와 무관하게 항상 행복하다. 그래서 장애의 지혜를 비(非)장애의 복에 비교할 수 없는 것이다. 장애가 지혜를 닦아 겸비하면 천수천안(千手千眼)의 몸이 되고 자유자재한 관자재보살이 된다.

색수상행식(色受想行識)이 있어 안이비설신의(眼耳鼻舌身意)가 생기고 나를 둘러싼 고유의 색성향미촉법(色聲香味觸法)이 나타난다. 이로써 내 안팎의 경계와 분별과 한계가 생기게 된다. 〈색수상행식〉은 생멸과정을 알려주는 12연기법에서 보면 〈무명(無明)→행(行)→식(識)〉이 되는데, 인과를 품고 있는 정신체의 쌓인 움직임으로 생겨난 무의식적 감각작용으로서 모습을 가진다. 이 과정에서 개인마다 다른 〈식

〈識〉〉에 의해 지수화풍(地水火風)의 4대(大)가 개개인별로 다른 구성비율을 가지고 모여 명색(名色)과 육입(六入)이 생기니 곧 〈안이비설신의〉가 된다. 그러면서 〈색수상행식〉과 〈안이비설신의〉가 점차 한덩어리가 되어 〈촉(觸)→수(受)〉를 하는데, 〈애(愛)→취(取)→유(有)〉로서 태어나(生) 늙음과 죽음(老死)을 겪는다.

여기서 모든 인간의 똑같은 점은 〈무명(無明)〉과 〈생(生)〉과 〈노사(老死)〉밖에 없으니 인간으로서의 시작과 끝이 있다는 점만 동일하다. 나머지는 고유의 나 자신이고 장애의 몸 역시 그렇다. 〈안이비설신의〉에서 의(意)가 붙어 있으니 몸과 감각기관이 〈색수상행식〉과 더불어 하나가 되어 주관으로 작용한다. 즉, 개개인마다 〈색성향미촉법〉을 받아들이는 것이 다르게 된다. 똑같은 것을 봐도 각각 다르게 보고 똑같은 소리를 들어도 각각 다르게 듣는 것이다. 큰소리가 작게 들리기도 하고 작은 소리가 크게 들리기도 한다. 그리고 그에 따라 다른 생각과 마음을 갖는 것이다. 그러므로 외부 〈색성향미촉법〉의 스트레스를 어느 정도 받아들이는가는 스스로 조정할 수 있는 법이다.

〈색성향미촉법〉은 내 밖의 일체존재로서 영적(靈的), 기적(氣的), 물적(物的) 환경을 총칭하는데, 〈색수상행식〉의 인과와 〈안이비설신의〉로 이루어진 내가 〈촉(觸)→수(受)→애(愛)→취(取)〉하므로 나타나는(有) 대상이다. 〈색성향미촉법〉은 본래 순수한 객관이지만 내 마음(욕망)에 의해 그만 주관으로 되어버린다. 그래서 공(空)이 사라지고 만다. 당연히 색(色)으로 전락하여 나와 항상 부딪치며 갈등을 만들고 업(業)

이 지어지게 된다. 여기서 나와 환경 등 일체가 상대성의 세계에 존재하게 되고 생로병사(生老病死)와 성주괴공(成住壞空)을 겪어 결국은 허망하게 된다.

그런데 〈색성향미촉법〉에 법(法)이 붙어 있으니 이것은 원하는 것을 자유롭게 취하거나 뜻대로 무작정 주어지는 것이 아니라 대우주의 법칙에 따라 개개인마다 다르게 주어지고 개별적인 작용을 한다는 사실을 알 수 있다. 즉, 밖(환경)은 〈색수상행식〉의 내용물에 따라 법에 의해 주어지고 〈안이비설신의〉가 주관대로 받아들이는 것이다. 〈색수상행식〉 가운데 복을 지은 선한 마음은 대체로 편하고 풍요로운 환경을, 죄를 지은 악한 마음은 대체로 힘들고 빈약한 환경을 결국 초래하게 된다. 이른 바 자업자득인 것이다.

이렇게 법이 〈색수상행식〉의 자유를 구속하고 있다. 뜻(意)과 법(法)의 괴리가 고통을 낳는 가운데 나의 정신(색수상행식)과 몸(안이비설신의)과 환경(색성향미촉법)이 하나로 뭉쳐 생각이 중심이 되어 나의 전체를 이끌며 삶이 전개되고 있다. 〈안이비설신의〉인 몸은 〈색수상행식〉이 〈색성향미촉법〉을 얻기 위해 중요한 수단이 된다. 그러나 〈안이비설신의〉에만 매이면 오히려 자기 자신의 본체라 할 수 있는 〈색수상행식〉을 스스로 막아버리게 되니 단순한 동물로 전락하고 허무하게 된다. 일체유심조(一切唯心造)이므로 장애에 걸린 상황에서 삶의 어떤 변화를 바란다면 일차적으로 생각을 바꾸어 뜻(意)과 마음을 바르게 갖추어야 된다는 전제조건이 무조건 붙는다. 무조건 최선만 다한다고 되는 것이 아니라 정사(正思)가 관건인 것이다.

〈색수상행식〉을 근원으로 〈안이비설신의〉가 생겨 심신을 형성할 때 개개인마다 천차만별의 차별상이 생겨나고 동일한 모습은 없게 된다. 각 존재가 모두 우주에서 고유성을 갖는 것이다. 여기서 장애의 모습도 자연법에 따른 순수한 객관적 사실이므로 다양한 모습 가운데 하나의 모습일 뿐이고 주관을 붙일 근거가 없으므로 가치판단을 우리 기준으로 가질 수 없게 된다. 즉, 장애는 잘못된 것이라거나 나쁜 것이라거나 비정상이라거나 열등한 것이라는 등등의 상대적 생각은 일체가 망상이 된다. 오히려 장애에 대한 내 주관을 없애버려야 되는 것이다.

땅은 장애인과 비장애인을 모두 평등하게 싣고 물과 햇빛과 바람은 장애인과 비장애인을 차별없이 모두 거쳐 가듯이 진실에서는 장애의 모습도 처음부터 비장애의 모습과 한 치의 오차도 없이 동등하고 평등한 가치를 가지는 것이다. 당연히 삶의 의미도 각자 고유할 뿐이고 삶의 가치는 주어진 모습 가운데서 나름대로 창출하는 것이다. 그러므로 동일한 장애의 모습 가운데서도 장애인마다 삶의 의미와 가치가 다른 것이다.

이런 과정 속에서 〈안이비설신의〉를 보면 평소에는 뜻(意)이 〈안이비설신〉에 골고루 퍼져있어 동시에 작용하는데, 그 때 그 때의 대상에 따라 집중되는 감각기관이 다르다. 그 때 나머지 감각기관은 순간 기능이 크게 떨어지게 된다. 음악을 깊이 듣고자 할 때 저절로 눈이 감기는 것도 이런 이치다. 또한 눈을 뜨고 있어도 뜻이 다른 곳에 머무르고 있으면 눈앞의 것도 들어오지 않는다. 무엇을 뚫어지게 쳐다볼 때 자기를 부르는 소리도 듣지 못하게 된다. 무엇을 골똘하게 생각할 때에도 스스로 보이는 것과 들리는 것 등을 차단한다. 그러므로 어떤 한 부분에 뜻하지 않게 장애가 생기면 뜻(意)이 자연스럽게 다른 감각기관에 더욱 집중되어 〈색성향미촉법〉을 이전보다 오히려 더 많게 미세한 부분까지 받아들이게 되는 것이다. 나아가 맹인점술가에서 보듯이 〈색수상행식〉이 그에 맞게 기능을 못하는 감각기관을 대신하게 된다. 눈을 감고도 볼 수 있고 귀가 멀어도 들을 수 있는 능력을 발휘하는 것이다. 이 때 이 사람은 영특한 영물(靈物)이 된다. 몸이 온전하게 움직이지 못하더라도 마음의 능력이 몸을 비교적 대체할 수 있다. 자기내면의 〈색수상행식〉에 들어가 무언가를 찾고자 할 때에도 조용한 곳에서 눈을 감아 〈안이비설신의〉를 스스로 최대한 차단시키게 된다. 그래서 마음 깊은 차원에 들어갈수록 장애는 희미해지고 궁극에서는 없게 된다.

자폐증관련 장애는 특이하게도 〈안이비설신의〉가 〈색수상행식〉에 대해 스스로 감옥이 되어 있기는 하지만 그래도 어느 정도 극복할 수 있는 것은 온전한 〈색수상행식〉을 일부만이라도 잘 이끌어내면 되기 때문이다.

치매는 뜻(意)이 〈안이비설신〉 모두에 제대로 작용하지 못하는 상태라서 가족을 봐도 알아보지 못하는데, 그렇다고 치매 걸린 사람을 함부로 대하면 안된다. 〈색수상행식〉은 여전하기 때문에 마음속 깊은 곳에서는 모두 제대로 보고 듣고 있다. 다만 몸으로 드러내지 못할 뿐이다.

늙어 뜻(意)이 약해지고 〈안이비설신〉이 고장난다고 해도 생명의 존엄성, 인간의 가치가 조금도 상실되지 않으니 스스로는 그리 슬퍼하지 않아도 된다. 오히려 몸이 퇴보하므로 〈색수상행식〉이 자연스럽게 전면에 많이 나오므로 영적인 활동이 활발해진다. 그래서 꿈에서 자식의 큰일을 미리 예지받고 죽은 사람들도 만나고 하는 것이다. 즉, 노인의 존재가치 내용이 달라지고 노인을 둘러싼 〈색성향미촉법〉이 근본환경인 영적 환경 위주로 재편된다는 것이 젊음과의 차이점일 뿐이다.

또한 어린아이는 〈안이비설신의〉의 분화와 분별심이 미약하여 오히려 어른이 느끼지도 못하는 미세한 〈색성향미촉법〉을 정확하게 잘 받아들인다. 〈안이비설신의〉를 거쳐 헤아려 받아들이며 내보내는 것이 아니라 말랑말랑한 〈색수상행식〉으로 직접 〈색성향미촉법〉을 대하고 상당부분 깊이있게 보이지 않는 것까지 객관적으로 상응한다. 직관과 유사하다고나 할까. 당연히 장애아동에 대해 집중적인 재활치료나 소질계발도 어릴수록 효과적으로 이루어질 수 있다. 어른이 되어 〈색수상행식〉마저 굳어지면 아주 늦어지거나 답이 없게 된다.

장애가 힘든 것은 〈색수상행식〉이 아직 미약하거나 왜곡된 부분이 자리잡고 있는 데다가 밖의 모습과 소리와 향기와 맛과 촉감을 내 뜻(意)이 원하는 만큼 안이비설신(眼耳鼻舌身)을 통해서 받아들이고 내보내지 못하기 때문이다.

그런데 실은 누구나 이런 상황이다. 왜냐하면 자기의 마음이 한정되어 있으므로 그만큼만 받아들이게 되어 있기 때문이다. 더구나 감각기관의 분별에만 지나치게 의존하면 한 덩어리의 정보를 나누게 되므로 표면적인 것만 부분적이고 왜곡되게 받아들이게 되어 모든 것은 주관이 되므로 전체실상을 있는 그대로 알지도 못하게 된다. 그래서 잘못 대응하니 곧 화근이고 고통이 생긴다. 마음이 열릴수록 장애로 인한 한계가 극복되어 가는데, 그것은 그만큼 〈색수상행식〉 가운데 새로운 부분이 나오게 되어 생각과 마음이 자연스럽게 달라져 용기가 생겨나게 되고 대상의 정보가 보다 정확하게 많이 그리고 넓게 내 속으로 들어오기 때문이다. 이때 점차 진정한 비(非)장애를 보게 된다. 강력하고도 새로운 〈색수상행식〉을 이끌어내는 것이 그리 쉽지만은 않고 많은 노력을 기울여야 되겠지만 이치로 보면 불가능은 사실상 없다. 사실 비장애인들도 장애인만큼 큰 노력을 해야만 되니 이 점에서는 별 차이가 없다.

〈색수상행식〉이 새롭게 전면에 나오면 희한하게도 장애 자체가 오히려 인생에서 장점으로 되어버린다. 그 이유는 〈색수상행식〉의 마음이 〈안이비설신의〉를 완전히 지배하여 〈색성향미촉법〉에 자신을 맞추어 활용하기 때문이다. 그래서 주어진 〈색성향미촉법〉을 원하는 대로 바꾸게 되니 곧 성공이다.

난독증의 단점을 오히려 연기의 장점으로 만든 미국배우 올랜도 블룸이나 말더듬을 개성으로 만든 미국 배우 제임스 얼 존스 등을 비롯하여 프랑스의 세균학자 루이스 파스퇴르는 지체장애 때문에 미생물의 아버지가 될 수 있었다.

그리고 본인도 장애인인데 다른 장애인들을 적극 도와주고 있는 이들 역시 마찬가지다. 위대한 아이디어도 뜻(意)이 움직이지 않는 순간 〈안이비설신〉이 차단되어 대우주의 정보를 받는 〈색수상행식〉으로부터 나오게 된다.

고(故) 현대그룹 정주영회장의 "해봤어?"라는 말도 지식을 통하는 〈안이비설신의〉가 아니라 대상인 〈색성향미촉법〉에 마음이 걸리지 않는 지혜를 가진 〈색수상행식〉에서 직접 나오는 마음인 것이다.

이렇게 〈색수상행식〉이 모습을 넘어서 초월적인 힘과 용기와 지혜를 갖고 〈안이비설신의〉로 화(化)하니 〈색수상행식〉을 근거로 〈안이비설신의〉가 서로 걸림없이 한덩어리가 되어 본래 고정된 감각기관이 없어지므로 참으로 묘하다. 눈으로 듣고 사방을 동시에 모두 보며 귀로 보고 코로 먹고 입으로 냄새를 맡고 손으로 읽는 것이다.

『반야심경』에서 '제법공상(諸法空相)…… 무수상행식(無受想行識) 무안이비설신의(無眼耳鼻舌身意) 무색성향미촉법(無色聲香味觸法) 무안계(無眼界) 내지(乃至) 무의식계(無意識界)'라고 했다.

모든 모습과 현상은 공(空)한 모양이라서 장애와 비(非)장애는 다름이 없고 둘이 아니다. 또한 둘을 합한 모습과 현상도 공(空)하니 서로가 서로를 공(空)하게 해주고 있다. 이와 같이 장애의 모습과 비장애의 모습은 본래 고정됨이 없으므로 우리 모두 장애로 인한 일체의 괴로움과 액난을 반드시 건널 수 있게 된다.

〈색수상행식〉은 장애를 극복하게 해주는 근원인 반면 색(色)으로서의 〈수상행식〉이 있으므로 해서 〈안이비설신의〉가 생겨나므로 〈색수상행식〉은 자연스럽게 장애와 비장애를 낳는 근원이 된다. 무수상행식(無受想行識)은 나의 개별적 욕망인 뜻(意)이 소멸되어 〈색수상행식〉의 마음을 넘어선 진리체(眞理體)로서 움직임이 없어 부동(不動)의 모습이므로 장애를 찾아볼 수 없고 장애와 비장애 모두 영원히 소멸되어 사라진 자리의 청정한 몸이다. 그러므로 눈에 보이지 않는 이 몸에서는 〈색수상행식〉에 따라 변하고 분별되며 한정되어 생기고 사라지는 모습의 허망한 〈안이비설신의〉와 〈색성향미촉법〉도 없다. 당연히 차별이란 없게 된다.

〈무수상행식〉에 의해 가지는 몸인 〈무안이비설신의〉는 주관이 사라져 장애와 무관하게 물질세계인 〈색성향미촉법〉뿐만 아니라 〈무색성향미촉법〉인 영적(靈的) 모습과 영혼세계의 정보도 받아들이고 아는 영적 감각기관의 모습이다. 이때 뜻(意)은 비로소 〈무수상행식〉으로부터 직접 나오니 곧 부처님의 자비와 예수님의 사랑이다.

이때 〈안이비설신의〉는 신통한 능력을 가진 반야(지혜)의 몸으로 화(化)하여 진리를 내보내게 되니 곧 부처의 화신(化身)으로서 드러난 몸과 방편이 된다. 그리고 일체대상인 〈색성향미촉법〉은 내 욕망충족의 대상이 아니라 오로지 순수하고 지극한 자비(慈悲)가 함께 하는 대상이 될 뿐이다. 그러므로 자연스럽게 항상 무주상보시가 된다. 장애로 인해 〈안이비설신의〉 가운데 어느 것을 잃은 후 나머지 부분에 대한 집착마

저도 근원적으로 모두 비워버리고 마음이 불구부정(不垢不淨)으로 청정해지면 이렇게 된다. 〈색성향미촉법〉이 보이지 않는 세계까지 확장되어 〈무색성향미촉법〉이 되니 비로소 법의 등불을 밝히게 되어 이른바 무법(無法)으로서 법등명(法燈明)이다. 그래서 나 자신이 갖고 있는 모습과 시간과 공간과 대상의 물리적 한계와 일체욕망을 단번에 벗어나 자유롭게 된다. 비단 장애만 벗어난 것이 아니라 비(非)장애의 한계와 굴레까지도 해탈한 것이다.

〈색수상행식〉과 〈안이비설신의〉인 내 몸이 〈무수상행식〉과 〈무안이비설신의〉가 되어 비로소 나 자신의 등불이 밝아진 것이니 이른 바 무아(無我)로서 자등명(自燈明)이다. 이렇게 〈색수상행식〉과 〈안이비설신의〉와 〈색성향미촉법〉은 본래 인(人)과 뜻(意), 그리고 법(法)이 모두 공(空)하므로 색(色)이 없어 그림자가 없이 온통 밝음뿐이다.

공(空) 가운데는 색(色)이 없으므로 이와 같아서 자연스럽게 무안계(無眼界) 내지 무의식계(無意識界)가 된다. 〈무수상행식〉이 되어 〈무색성향미촉법〉까지 〈무안이비설신의〉에 환하게 비추어 온전하게 있는 그대로 전체를 순수한 객관으로 보고 완전히 파악할 수 있는 것이다. 여기에서는 〈안이비설신의〉 때문에 가지게 된 객관과 주관의 상대성과 경계도 소멸되어 있기 때문이다. 그래서 있는 그대로 순수해진 〈안이비설신의〉와 〈색성향미촉법〉이 무심(無心)으로 청정해진 〈색수상행식〉과 합해지므로 일체동관(一體同觀)이 된다. 육안과 천안, 혜안과 법안, 그리고 불안(佛眼)의 오안(五眼)이 하나가 되어 육안을 통해 나오는 것이다.

이때의 눈은 순수하므로 어느 눈으로 보나 차별이 없게 되어 대상이 나의 안목에 따라 주관적으로 달라지지 않는다. 그리고 볼 수 없는 것이 없게 된다. 과학연구의 물리적 한계도 나로 인해 근본적으로 극복되는 것이다. 불이(不二)는 모든 힘을 통일적으로 통합하고 있다. 여기에서는 몸과 마음과 영혼과 대상 등의 일체가 불이(不二)이기 때문에 장애도 없어 내가 따로 나오고 들어감이 없다. 항상 여여(如如)하지만 고정됨이 또한 없다.

그러므로 심심하지 않으면 장애라는 무명(無明)이 있니 없니 따질 것도 없다.

본래 일체가 공(空)하여 평등하므로 〈색성향미촉법〉 전체의 양(量)과 품질은 동일하여 장애인과 비장애인을 구분할 것도 없이 누구에게나 완전히 평등하다. 그리고 〈안이비설신의〉 역시 경계가 없어 받아들이는 한계도 없다. 그런데 보이는 〈색성향미촉법〉과 보이지 않는 〈색성향미촉법〉을 합해서 받아들이는 정도는 마음이 얼마나 열려 있느냐 하는 것과 집착을 가진 무의식과 의식의 구성이 어떻게 되어 있느냐에 달려있게 된다. 이것은 몸의 장애와는 전혀 무관하다. 마음이 몸의 상태에 달라붙어 있을수록 보이는 〈색성향미촉법〉만 중점으로 받아들이게 되고 또한 분별된 감각기관에만 의지하게 되니 보고 듣는 모든 것이 주관이 되고 그 주관대로 살아가니 법에 어긋나 고통이 생기는 것은 자연스럽다. 몸에 붙은 감각기관에 의지만 해서는 보이지 않는 〈무색성향미촉법〉은 받아들이지 못하게 된다. 시간과 공간의 경계를 넘어서 있어 보이지 않고 미세한 〈무색성향미촉법〉은 마음이 몸의 상태와 어느 정도 떨어진 독자성을 갖추어야만 비로소 받아들이게 되는 것이다.

장애인도 〈색수상행식〉을 잘 갖추면 〈안이비설신의〉와 별 관계없이 몸이 온전한 사람보다 〈무색성향미촉법〉을 훨씬 크게 받아들여 풍성한 삶을 누릴 수 있게 되어 있다. 물이 막히면 돌아가거나 기다려 넘쳐서 둑을 넘어가고 완전히 막히면 하늘로 올라가 다시 넘어 내려오듯이 멈추어 고이지 않고 스스로 흘러가기만 하면 되는 법이다. 그러면 또 다른 것을 반드시 만나게 된다.

내 마음의 본체인 〈색수상행식〉을 비롯하여 몸(감각기관)인 〈안이비설신의〉와 그것이 대하는 대상인 〈색성향미촉법〉의 경계와 한계가 일체 없는 무(無)가 되니 내가 허공과 같이 무한하다. 일체는 고정되어 정해진 모습이 없이 허공을 동일하게 품고 있으니 그에 따라 자기만의 몸과 감각이란 것은 따로 없다.

그러므로 눈과 귀와 코와 입과 몸과 뜻이 각각 고정된 바가 없이 하나로 되어 있고 그에 따라 모습과 소리와 향기와 맛과 촉감과 일체현상역시 나 자신과 나누어져 있지 않고 주관적인 것도 없다.

그러므로 보이고 들리고 냄새맡고 맛보고 느끼고 접촉하고 움직이는 경계는 물질적인 것에 한정되어 있지 않다. 그래서 밝게 보고 아니 어둠이란 본래 없이 장애의 무명(無明) 속에서도 밝음을 변함없이 이루고 있다. 나 자신이 조금만 깊이 들어가도 온전한 〈색수상행식〉이 있어 〈안이비설신의〉에 그 어떤 장애를 가지고 있어도 존재가치는 변함이 없고 타고난 능력이 조금의 손상도 없으니 마음에 따라 얼마든지 발휘할 수 있어 장애가 아님을 저절로 알게 된다.

또한 구경(究竟)에는 〈무수상행식〉이 있어 장애란 영원히 없고 과거에 있은 적도 없었고 현재에도 없고 미래에도 있지 않다. 그리고 이 우주 어디에서도 장애를 가진 존재는 찾아볼 수 없다. 또한 본래 가지고 있는 무한한 능력이 조금도 줄어들거나 늘어남이 없이 그대로 갖추어져 있다.

그러므로 장애라는 단어를 쓸 필요도 없고 굳이 장애와 비장애가 평등하다고 말할 것도 없다. 더구나 장애를 극복한다는 것도 없으니 마침내 장애가 극복된다. 다만 넓은 호수의 살얼음판이 있으니 욕망을 가진 육신 차원에서 지극히 얇게 형성되어 있는 심신의 장애를 각자 잘 대하면서 서로 잘 보듬어줄 뿐이다. 그리고 살얼음을 애써 깨고 녹이면서 모두 한 배를 타고 노를 저으며 안전하게 호수를 건너면 된다.

본래 인간을 비롯한 일체생명은 온몸이 바로 뿌리로서 오로지 불이(不二)의 평등 밖에 없다. 이 실상을 깨달아가는 길이 곧 중도(中道)를 가는 것이다.

이상과 같이 나의 본래모습은 〈무수상행식〉과 그에 따른 〈무안이비설신의〉로서 구분된 감각기관에만 의존하지 않는 영적(靈的) 존재다. 온몸이 안팎으로 오고 갈 뿐이다. 그러므로 장애보다 비장애가 우월하고 더 나으며 환경과 정보를 더 잘 파악하고 받아들인다는 생각은 실은 오류인 것이고 전체적으로 보면 우열이 없이 동등하다.

〈안이비설신의〉가 있다고 해서 모두 다 이상 없이 사용하는 것만을 정상으로 보는 것은 편견이다. 〈안이비설신의〉 가운데 어느 부분을 기능적으로 쓰지 못한다고 해서 비정상이라는 것 또한 편견이니 장애 또는 장애인이라는 이름은 터무니없다. 장애인과 비장애인은 단지 뜻(意)이 〈안이비설신〉 가운데 어디에 집중하여 어느 것을 중점으로 받아들이고 있느냐의 차이만 있을 뿐이다. 그리고 마음이 장애에 매여 있어 현상적으로 걸리니 능력발휘가 제한되어 곧 스스로 장애인이 될 뿐이다.

장애인인 나 자신은 3가지 차원의 몸을 갖고 있으니 첫째는 장애의 〈안이비설신의〉 + 〈수상행식〉, 둘째는 장애의 〈안이비설신의〉 + 비(非)장애의 〈수상행식〉, 셋째는 무(無)장애의 〈무안이비설신의〉 + 〈무수상행식〉이 된다.

첫째 몸은 마음까지도 장애가 되어 〈색성향미촉법〉 가운데 거친 부분만 받아들이므로 삶이 앞으로 나아가지 못하고 운명과 한계에 걸려 고생하는 몸이다.

둘째 몸은 장애가 있기는 하지만 마음에서 그 장애를 벗어나 극복한 몸으로서 능력을 충분히 발휘하게 되어 장애가 더 이상 인생을 훼방놓지 못하게 된다. 이 몸은 미세한 〈색성향미촉법〉까지 받아들이게 되니 장애에도 불구하고 삶의 내용물이 풍성해진다.

셋째 몸은 장애가 없고 장애의 운명도 없으며 장애가 아닌 절대적 몸으로서 불변이다. 이 몸은 〈색성향미촉법〉의 영적인 모습까지 있는 그대로 받아들여 보고 알게 된다. 뜻(意)이 조정되거나 소멸되지 않으면 둘째 몸과 셋째 몸은 등장하지 않는다. 둘째 몸과 셋째 몸이 은행나무의 말처럼 온몸이 곧 뿌리가 된다.

이와 같이 장애의 모습이 불성(佛性)과 다르지 않고 불성은 장애의 모습과 다르지 않으니 장애의 모습은 곧 진여(眞如)로부터 나온 것이고 천지자연(天地自然)이 장애의 모습과 하나로 움직이고 있다. 받아들여 느끼며 일으키는 생각과 행동과 의식의 장애 역시 이와 같아서 불성과 서로 다르지 않고 일체생명과 하나로 돌아가고 있다.

그러므로 신(神)은 장애의 모습과 함께 하고 장애의 의식은 물론 무의식과도 함께하며 장애의 눈과 귀와 코와 혀와 몸과 뜻도 함께하고 일체의 형상과 소리와 향기와 맛과 접촉과 법과도 항상 함께하고 있다. 그러므로 눈과 귀와 코와 혀와 몸과 뜻의 경계와 한계가 없고 어둠과 밝음의 경계도 없으며 물질세계와 신령세계가 찰나 찰나에 하나로 돌아가고 있다. 그러므로 장애로 인한 마음의 걸림이 없고 자유로우므로 공포를 갖지 않고 장애와 비장애의 일체 헛된 꿈과 상념을 멀리 떠나서 본래부터 영원한 평화와 밝음에 이른다. 과거와 현재와 미래의 모든 부처님들도 반야바라밀다에 의하여 장애를 여의지 않고 모든 복덕과 일체의 지혜와 우주의 힘이 구족되어있는 대광명을 얻는다.

반야바라밀다는 천지인(天地人)의 삼신(三神)을 품고 큰 광명을 품고 위없는 힘을 품고 비할 수 없지만 또한 평등한 자비의 덕을 품고 있는지라 능히 일체의 장애로 인한 고통을 제거한다. 또한 장애의 법은 장애의 마음이 있으므로 비어있지는 않다. 장애의 마음이 사라지면 장애의 법 또한 사라지니 우리 모두 장애로부터의 영원한 해탈이다.

"가자 가자 어서 가자. 장애와 비장애를 넘어선 한마음이 여여하게 빛나고 있는 마하반야의 차원으로 우리 함께 들어가게 해주소서!"

부처님은 인간을 비롯한 생명의 잠재되어 있는 무한한 능력과 가능성을 일깨워준다. 그리고 내 몸을 새롭게 가지도록 해준다. 그래서 장애는 스스로 떨어져나가고 일체소원이 저절로 이루어지게 된다. 이렇게 보이는 세계와 보이지 않는 세계 모두에 있어서 장애란 없고 장애가 아닌 불변(不變)과 동시에 장애가 비장애와 항상 함께 있는 변화(變化)를 하나의 몸에 모두 갖추고 있으니 어느 쪽을 선택해서 나 자신을 드러낼지는 오로지 내 마음에 달려있을 뿐이다.

몸은 마음을 일부 담는 그릇일 뿐이니 단지 장애의 몸에 어떤 내용물을 가득 담느냐 하는 일이 오로지 중요할 뿐이다. 내용물이 향기를 품으면 모든 이가 나에게 다가온다. 그 몸으로 불행만 느끼고 있다면 그것은 오염된 마음을 담아서 〈색수상행식〉의 장애까지 가지게 된 것으로서 본래부터 장애가 없는 나를 버리고 또한 당연히 할 수 있거나 해야 할 일을 하지 않고 마냥 빈 그릇만 들고 있다는 뜻이 된다. 이런 사람은 육신과는 비교할 수 없는 참된 몸을 잃어버린 것이니 설사 황금그릇이 될지라도 행복을 구하고 담을 자리가 없게 된다. 그것은 죽은 장애이고 장애로 내가 진정코 죽은 것이다. 생각이 굳어지면 그것이 곧 불치의 장애이니 진짜 시시한 장애인이 되고 만다.

나를 알고 찾아내는 깊이만큼 불행이 덜어지면서 행복이 채워지는 것은 법칙이다. 그러므로 장애의 뜻을 원만하게 이루려면 새로운 몸과 무(無)장애의 마음을 품고 있는 자연의 길을 따라 장애인이라는 이름을 벗어나 내가 새로워져야 된다. 그때 행복은 당연한 내 권리가 되므로 새롭게 다가온 시간과 공간을 밝은 안목으로 계속 살려가서 새로운 행복이 보이고 창조된다.

〈색수상행식〉이 부드럽게 살아있는 장애는 곧 장애가 아니고 또 하나의 새로운 세상일 뿐이다. 그 세상으로 나 자신에게 생기를 불러일으키면서 만족과 불만족을 새롭게 행복으로 재창조한다. 그 노력이 곧 나 자신이 여전히 살아있다는 것을 증명하고 새로운 산소를 항상 마시고 있다는 것을 널리 알리는 것이다. 나에게 장애란 없고 장애가 아님을 지금 이 자리에서 어떻게 증명할 것인가?

내 온몸이 바로 뿌리다

몸의 기능이 불완전하다는 것은 사실 인간세상에서는 여러모로 보통 큰 일이 아니지요. 그러나 우리는 이 큰 일을 작은 일로 만들어갈 수 있습니다. 나아가 아무 것도 아닌 일로도 만들 수 있습니다. 우리는 마음을 아름답게 합칠 수 있기 때문입니다. 그리고 다행히도 인간은 육신이 전부가 아니기 때문입니다. 그래서 전부 가진 것도 아니고 전부 잃는 것도 없습니다.

또한 어떤 처지건 삶을 새롭게 가꾸고 이어나갈 수 있는 씨앗은 마음 땅 속에서 결코 소멸되지 않습니다. 그러나 그 씨앗이 싹을 틔우기 위해서는 몸의 장애가 마음의 장애까지 만들지 않도록 애쓰고 마음의 힘을 새롭게 이끌어내 몸을 바르게 인도해나가는 것이 필요합니다. 그래서 인생을 당당하게 영위하고 몸의 기능적 한계를 넘어선 의지를 발현하는 일이 기적도 아니고 장애를 극복한 것도 아니라 누구에게나 당연하고 평범한 사실이 되어야 되겠지요.

"내 온몸이 바로 뿌리야!" 하는 말이 가슴에 진정 와 닿은 사람은 앞으로 어떤 힘든 지경에 처할지라도 두려움에 결코 쓰러지지 않게 됩니다. 왜냐하면 그 몸속이 하늘과 땅으로 꽉 들어차서 인생의 허무한 끝은 없어지고 항상 새로운 시작과 창조만 나타날 뿐이기 때문입니다. 이것은 우리 모두에게 공통된 삶의 의미와 보람이 되고 내 생명의 가치를 스스로 키워가는 일이기도 합니다.

상대적 물질세계에서 비록 장애는 비(非)장애의 벽에 막혀 있고 비장애는 장애의 벽에 막혀 있어 서로 꼼짝달싹 못하고 생각마저 모두 다르지만 다행히 바라만 봐도 서로 통하는 마음이 있는지라 장애의 진실한 모습을 깨닫고 우리 모두 벽을 넘어서 숨통을 조금이나마 틔웠으면 합니다. 개개인의 마음이 지형을 따라 겉으로는 다르게 흐르는 듯 보이지만 윗물과 아랫물이 하나이듯이 본래 하나의 마음만 있을 뿐이기 때문입니다. 이 한마음이 드러날 때 우리 모두 동시에 마음의 장애와도 이별하게 되어 즐겁게 살 수 있는 세상이기도 합니다.

장애인은 비장애인을 장애인으로 만들지 않고 비장애인은 장애인을 장애인으로 고정시키지 않을 때 한마음이 드러나 진리를 따르는 것이 되어 우리 모두에게 큰 혜택이 생겨납니다. 모든 존재가 상대적인 모순의 힘에 의해 이루어져 있어 그 어떤 모습을 하고 있건 장점과 단점을 반드시 함께 갖추고 있으므로 장애인은 자기 자신의 전체모습에 대해 함부로 단정 짓거나 스스로 편견을 갖지 않았으면 합니다.

살아 있다는 것 이상으로 생명에게 소중한 사실이 어디 있겠습니까?

죽지 않도록 해준다는 것 이상으로 인생사에 가치 있는 일이 또 어디에 있습니까? 여기에 비하면 그 외 나머지 일체는 부질없이 어지러이 흘러 다니는 뜬구름에 불과합니다.

장애아동의 부모님은 이 세상에서 가장 중대하고 가치 있는 일을 해 나가고 있는 중이니 어깨를 당당하게 펴고 스스로에게 자랑스러워하기 바랍니다. 전도몽상(顚倒夢想)되어 있는 세상이니 이 주관적 세상기준에 나 자신을 억지로 끼워 맞추어 스스로 존엄성을 모독하며 내 존재가치를 깎아내릴 것 없습니다.

힘냅시다! 나를 밝히면 반드시 밝은 세상이 다가옵니다.